La Commune Et La Milice De Nantes

Camille Mellinet

NANTES.

—

SECOND VOLUME.

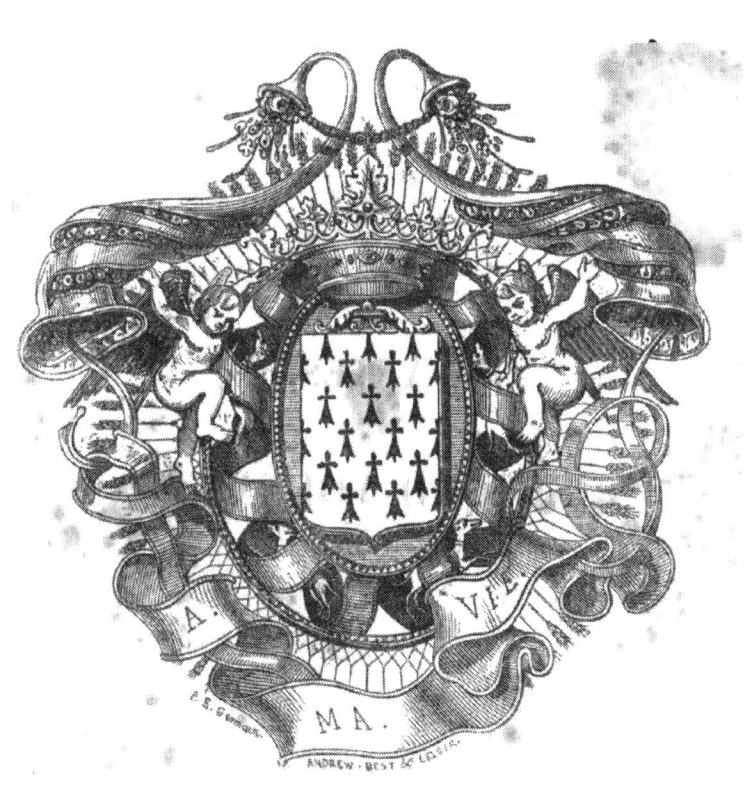

LA COMMUNE

ET

LA MILICE

DE NANTES

PAR CAMILLE MELLINET

IMPRIMEUR.

SECOND VOLUME.

A NANTES,

DE L'IMPRIMERIE DE CAMILLE MELLINET.

LA COMMUNE

ET

LA MILICE

DE NANTES.

SECOND VOLUME.

« Il y avait en pour la cité droit de justice et
» d'administration libre, avant que la France fût
» en royaume. » AUGUSTIN THIERRY.

Sɪ, comme l'ont dit nos historiens, la nation
bretonne fut paisible et florissante sous les sénats
des Gaules, peut-être devrions-nous rechercher
jusque-là l'origine de la commune de Nantes.
D'autre part, il ne faut pas croire, comme l'ont
dit ces mêmes historiens, que la nation devint

esclave sous la puissance romaine ; du moins,
en nous bornant à l'histoire des grandes cités,
où rarement l'asservissement garde une longue
durée ; en nous bornant à la ville, objet unique
de nos recherches , nous croyons fermement
que les institutions romaines furent implantées
dans notre ville, à mesure que la domination des
empereurs s'y affermit. Les habitants admis au
droit de cité, en plus ou moins grand nombre,
suivant leur fortune , comme les électeurs de nos
jours, y eurent des droits et des priviléges,
achetés par des devoirs, qui se continuèrent après
l'anéantissement de la domination romaine, mais
qui furent interrompus, à intervalle, par les dévastations des peuples du Nord ou par les invasions
des Francs ; droits et libertés que purent méconnaître certains chefs nationaux, suivant leur esprit
plus ou moins envahisseur de la souveraineté.
Ainsi vit-on plus tard Henri IV et Louis XIV s'efforcer d'anéantir ces mêmes libertés bretonnes,
malgré la résistance des Bretons , et Napoléon
annuler les libertés plus générales par lesquelles
nos priviléges nationaux avaient été remplacés à la
Révolution française. Mais, antérieurement, nul ne
peut assigner le commencement du privilége communal de Nantes, quelle qu'en ait été le titre ou
la désignation, car les plus anciennes ordonnances
des ducs de Bretagne à ce sujet *reconnaissent,*

confirment , étendent , échangent , modifient les priviléges nantais, mais elles ne les concèdent pas.

NANTES, VILLE MUNICIPALE ROMAINE.

> « Les Romains soumettaient les peuples
> » par la force des armes, et les gouvernaient
> » par la politique. » HOCHE.

Après la conquête de César, quand sa vengeance fut assouvie, puis calmée, il dut porter son attention sur les points de l'Armorique où Rome pouvait fonder quelques grandes cités, et Nantes, si admirablement situé, s'offrit sans aucun doute comme un des points les plus importants : César dut comprendre l'avenir de cette ville et y placer divers établissements , puis l'appeler au droit de cité romaine. — Fût-ce dès les premiers temps de la conquête, lorsque César s'efforçait de propager le droit représentatif dans les provinces soumises, pour amoindrir l'aristocratie romaine, cette aristocratie vaniteuse dont les chefs ont été transformés en républicains par les révolutionnaires français , parce qu'ils conspiraient contre un empereur ? — On pourrait faire remonter jusque-là notre première organisation municipale, en partageant l'opinion du moderne historien de l'Anjou , quand il montre César dispensant largement le droit de cité à la Gaule, en tirant d'excellentes troupes, et ouvrant même les portes du sénat de Rome à quelques notables Gaulois, ces Gaulois parmi lesquels des Nantais pouvaient se trouver, et *que César*, suivant les expressions de Suétone, *ne faisait marcher devant son char que pour les mener au sénat, afin qu'ils y quittassent leurs braies pour y prendre le laticlave*, lorsqu'on s'y plaignait, dit Tacite, que *les Vénètes eussent fait irruption dans le sénat*. — Ou bien les priviléges municipaux ne furent-ils concédés aux Nantais qu'après l'affermissement de la conquête sous Vespasien ? Toujours nous semble-t-il certain qu'au plus tard dans le III.ᵉ siècle, le droit de cité dût être acquis à Nantes, lorsque Caracalla déclara citoyens romains tous les hommes libres de l'empire.

C'est donc jusqu'aux premiers siècles de l'ère chrétienne que nous irons constater le droit incontestable auquel ont toujours tenu les Nantais de se gouverner eux-mêmes par des magistrats électifs, choisis parmi ceux des habitants qui avaient droit de bourgeoisie, et peut-être avec certaines conditions comme on en exige actuellement pour la candidature à la députation.

Les libertés communales de Nantes doivent dater, au plus tard, de l'époque où Rome, ne réduisant plus en servitude les villes conquises, se bornait à se proclamer la capitale du monde, en faisant des peuples qu'elle avait soumis des provinces régies par les lois romaines, comme nous avons vu Napoléon placer sous l'administration de l'empire français les départements du Tibre, du Pô, du Léman, des Deux-Nèthes, de la Dyle, du Zuyderzée, de la Roër, du Mont-Blanc, de la Méditerranée, des Bouches de l'Elbe, de l'Arno, etc., ces départements qui avaient pour chefs-lieux Rome, Turin, Genève, Anvers, Bruxelles, Amsterdam, Aix-la-Chapelle, Chambéry, Livourne, Hambourg, Florence, et toutes ces autres grandes cités que l'empire avait divisées en sénatoreries. Ainsi agissait Rome.

Sous les Romains « Nantes, dit J.-B. Huet, dans sa Statistique de la Loire-Inférieure, devint un entrepôt célèbre : les géographes de l'empire ne l'appelèrent plus que le Port des Nantais. La Loire, comme le Rhin, le Rhône et la Seine, eut sa compagnie de Nantes, de négociants dont la résidence était à Nantes, ainsi que le prouve l'inscription votive découverte en 1580. » — Nantes dut donc jouir du droit civique concédé aux notables des grandes cités. Ce droit emportait avec lui le droit de cens et de suffrage dans l'élection des magistrats locaux. Il était acheté par un devoir, celui du concours au service militaire dans les légions, qu'on pourrait comparer au droit actuel de contribuable-électeur qui impose le devoir de concours à la garde nationale, que la loi autorise à mobiliser.

S'il fallait multiplier les probabilités pour conférer l'antique droit de cité municipale à Nantes, que J.-B. Huet a brièvement indiqué dans l'introduction de sa Statistique, nous appliquerions à cette ville ce que M. Louis Viardot a dit de l'Espagne en rappelant qu'après la chute de Carthage et de Numance, après les conquêtes de César, Rome, maîtresse des Gaules, de la Bretagne et de la Péninsule hispanique, donna une organisation uniforme à toutes les provinces occidentales.

Toute ville ayant droit de cité recevait le titre de *municipe*. Ses fonctionnaires avaient autorité sur l'exercice du culte, les cérémonies et les fêtes religieuses, les recettes et les dépenses spéciales à la localité, l'entretien de la voirie, la police urbaine, le jugement des contraventions aux règlements sur la salubrité.

Les habitants payant, comme de nos jours, un cens électoral déterminé, nommaient leurs magistrats municipaux dans un collége électoral qui portait le nom de curie.

Le gouvernement était à Rome, comme il est aujourd'hui à Paris, et, par un de ces retours de fortune communs dans le monde, n'avons-nous pas vu Rome, département français, avoir Paris pour capitale administrative? Les provinces étaient divisées en cités régies par leurs magistrats municipaux pour les affaires locales, et pour toutes autres par un commissaire impérial nommé *comte,* relevant d'un proconsul, lequel relevait à son tour, ainsi que *le duc*, ou chef militaire, du préfet du prétoire, intermédiaire supérieur.

Rome se réservait donc l'autorité suprême ; mais elle ne l'exerçait que pour lever les troupes et les impôts, et, ces obligations remplies, les cités se gouvernaient municipalement.

Aulu-Gelle parle de l'indépendance et de la liberté qui étaient le partage des villes municipales.

« Les villes municipales (voir un mémoire sur *les sénats des Gaules,* publié par M. Dulaure en 1807) jouissaient des prérogatives les plus éminentes : leurs habitants se gouvernaient par leurs lois particulières et partageaient les honneurs et les avantages de la cité avec le peuple de Rome. »

Rome, Montesquieu l'a dit, était devenue la tête d'un corps formé par tous les peuples du monde.

» Mais l'indépendance, suivant l'observation de M. Ch. Giraud dans ses *Éléments de droit romain*, fut, en apparence du moins, respectée malgré le lien politique qui unissait les pays conquis à la métropole. Les grandes scènes de la ville de Rome purent se jouer dans les villes assujéties. La vie locale acquit un grand développement, et ce caractère devint, par la suite, un principe fécond de civilisation. »

C'est d'ailleurs de Rome même que nous vient le mot de *commune* comme celui de *municipalité*. M. Amédée Thierry a rappelé la symbolique tradition qui racontait qu'à la création de Rome, cette colonie universelle où s'agglomérèrent, sans distinction de rang, des hommes de tous les coins de l'Italie, chaque habitant nouvellement admis dut apporter avec lui et déposer, dans une fosse commune, une poignée de sa terre natale, et qu'ainsi se forma, suivant l'expression de Denis d'Halicarnasse, *la ville commune par essence.*

A la fin du IIIe siècle, Nantes, cité municipale, faisait partie de la 3.e lyonnaise, qui comprenait les cités de Tours, le Mans, Angers, Nantes, Rennes, Vannes et Quimper.

Le pouvoir municipal, redisons-le, a donc accompagné les premiers siècles de l'ère chrétienne : il a pu disparaître dans les tourmentes, dans les invasions ennemies, dans les envahissements du despotisme, mais il a toujours reparu aussitôt que le peuple de Nantes a pu secouer le joug d'un ennemi intérieur ou extérieur; et surtout le sentiment de l'indépendance dut se propager lorsque le christianisme appela tous les hommes à la liberté et surtout à l'égalité. Alors le christianisme, avec plus d'avenir, et en tenant compte de la différence des temps, remplissait la mission qui s'accomplit plus tard au nom de la liberté ; mais il eut, de plus qu'un entraînement humain, ce qui fait les miracles, le martyr et la foi divine. Par sa force morale, il battit en brèche les vieilles institutions romaines, malgré le précepte qui lui ordonnait le respect de l'autorité reconnue. Et d'ailleurs, « lorsque Constantin, répèterons-nous après M. Georges Demangeat, eut, par sa profession publique du christianisme, placé la nouvelle religion sur le trône impérial, il dut donner à l'établissement chrétien, qui jusque-là était resté en dehors du gouvernement, la sanction de l'autorité publique. » — Alors, en effet, l'influence du clergé s'accrut matériellement : le peuple y vit l'avénement de sa croyance : or, cette croyance c'était l'opinion libérale d'alors, et on peut se figurer l'enthousiasme du peuple, quand il put assister à son triomphe, si l'on a vu de nos jours le peuple arborant l'étendard de la liberté. L'étendard de la liberté était porté par les chrétiens, et, il faut l'avouer, beaucoup tendent à l'arborer de nouveau tel qu'il le fut à cette lointaine époque. Ainsi les esprits attentifs et observateurs de toutes nos transitions politiques et des progrès divers de l'esprit humain croient apercevoir, dans l'avenir, une alliance qui se révèle, lentement peut-être, mais qui se réalisera, si les vieux préjugés des uns et la fougue étourdie des autres ne viennent pas la précipiter en la faisant avorter. Toute création ne peut, en effet, arriver qu'avec le temps fixé par la providence pour être durable, ou pour n'être pas fatale au sein dans lequel Dieu l'a fait germer.

Mais revenons à la décadence de Rome.

M. Guizot a bien révélé la situation de la puissance romaine, qui sera toujours celle des pouvoirs qui ne sauront pas prévenir les exigences de la civilisation pour n'être pas forcés aux concessions. « Le despotisme a ce vice (dit M. Guizot avec une haute raison politique qu'il a parfois oubliée dans l'inexplicable aveuglement du pouvoir) que son exigence croît dans la même proportion que décroissent ses moyens. Plus il s'affaiblit, plus il a besoin de s'exagérer. Plus il s'appauvrit, plus il faut qu'il dépense. En fait de force comme de richesse, la stérilité et la prodigalité lui sont également imposées. La société, hommes et choses, n'est dans ses mains qu'une matière morte et circonscrite, qu'il dépense pour se soutenir, et dans laquelle il est contraint de pénétrer d'autant plus qu'elle est déjà plus épuisée, et qu'il est lui-même près de tout perdre. »

Qu'on médite ces mots : ils renferment l'histoire complète des révolutions.

Dans une explication plus spéciale de l'époque que nous rappelons, M. Guizot ajoute : « Le despotisme des empereurs romains vivait en présence de trois dangers : les barbares qui avançaient toujours et qu'il fallait vaincre ou acheter ; la populace qui augmentait toujours, et qu'il fallait amuser et contenir ; les soldats, seule force contre ce double péril, et force d'autant plus périlleuse elle-même qu'il fallait l'étendre et lui accorder chaque jour davantage. »

A l'époque de cette décadence, la cité de Nantes se ressentait de ce despotisme. Rome ayant affermé ses impôts comme de nos jours quelques grandes villes ont mis en ferme leurs octrois, les fermiers, pour accroître leurs revenus, devinrent d'une exigence intolérable, à ce point que les officiers municipaux furent rendus responsables des contributions qu'ils avaient la tâche de recueillir, et qu'ils se virent souvent obligés de les payer d'avance. Alors nul ne voulut accepter cette charge : on la fit obligatoire. Alors encore le pouvoir suprême se priva du plus puissant appui auprès du peuple, celui du pouvoir local.

D'autre part, si un certain nombre de citoyens possédaient divers privilèges, le peuple souffrait, réduit à une servitude dans laquelle les devoirs restaient pénibles, sans être rachetés par aucun de ces droits qui font étouffer les plaintes par la vanité. Le nombre des privilégiés était restreint, et ne formait point cette masse imposante d'une classe

moyenne qui seule maintient l'équilibre entre les
envahissements du despotisme et les tentatives de
l'anarchie (1). Les administrateurs municipaux,
loin de pouvoir défendre leurs concitoyens contre
les vexations romaines, se voyaient contraints de
se rendre les agents de ces vexations. Les Bretons
chassèrent les magistrats romains, et, suivant Zo-

---

(1) Nous placerons ici une observation de M. Bizeul, faite
à ce passage de notre récit :

« Nantes, municipalité romaine, était sans doute soumise
au duc armoricain mentionné dans la notice de l'empire,
comme depuis à l'intendant, au gouverneur de la province,
et enfin au préfet. Mais, en la considérant comme municipalité, il faut dire que son administration intérieure était confiée aux hommes choisis par ceux, seulement, qui habitaient
l'enceinte très-resserrée de ses murs, par ceux qui ont été
nommés *bourgeois.* Or, quels étaient ces *bourgeois ?* il me
semble qu'ils n'étaient autres que les *marchands* qui seuls
habitaient les *villes,* parce que c'était là seulement qu'ils pouvaient se croire en sûreté. En effet, il n'existait à cette époque et long-temps depuis que quatre classes : les gens de
guerre, les prêtres, les marchands (bourgeois) et les laboureurs (pagani, paysans). Il faut bien faire attention que ce
que nous appelons actuellement la *classe bourgeoise,* par opposition à ce qui reste de la vieille classe nobiliaire
bien qu'elles aient un terrain commun par des alliances
assez nombreuses, cette classe bourgeoise, dis-je, n'existait pas. Elle est même très-moderne et ne remonte guère
qu'au xv.ᵉ siècle, par l'établissement des officiers de justice,
notaires, etc., auxquels sont venus se joindre les marchands
enrichis qui ont quitté le commerce. »

zime, *proclamèrent une espèce de république.* Donc la représentation communale dut s'étendre au lieu de se restreindre. Nous la retrouverions encore lors même que nous nous bornerions à admettre ce que le poète Rutilius nous dit d'Exupérantius, préfet du prétoire des Gaules, qui *apprit aux bords armoriques à aimer les préliminaires de la paix, rétablit les lois et ramena la liberté.*

Mais, admettant l'indépendance bretonne, nous suivrons ultérieurement, et siècle par siècle, les mouvements politiques provoqués par le sentiment si puissant de la nationalité. Pour le moment, dans ce premier et rapide aperçu, demandons si les Nantais purent eux-mêmes proclamer ou accepter Mériadec comme chef national, Mériadec, premier roi chrétien en Europe, pour faire abandon de leurs libertés communales? — Cela est peu probable : cependant il se pourrait faire qu'alors le peuple, ne voyant les droits et les priviléges communaux qu'entre les mains d'un petit nombre, se fût révolté à-la-fois pour l'indépendance nationale et pour avoir part à ces libertés dont il était exclu, puis que, fatigué des débats qu'elles auront fait naître, il eût accepté Mériadec. La France n'accepta-t-elle pas Napoléon après la République, Napoléon annihilant la liberté qui l'avait porté sur le trône?

Dans le système historique que nous suivrons

pour ce livre, nous nous efforcerons de faire comprendre le passé par des comparaisons fréquentes avec les temps présents. L'humanité est toujours la même : elle tourne dans le même cercle : pour découvrir ce passé qui nous échappe, peut-être ne s'agit-il que de placer exactement les événements sur les points du cercle auxquels ils se rapportent.

Après cela, l'époque que nous interrogeons est tellement obscure ; l'histoire de la cité s'y confond tellement avec celle du reste de la province, elle-même fort obscure, que pour tout ce qui ne concerne pas les ducs et les faits militaires, on ne peut se livrer qu'à des conjectures.

LES ÉVÊQUES DEVENUS MAGISTRATS MUNICIPAUX.

> « Cette ville de Nantes, première entre les
> » Armoriques et grandement nobilitée et célébrée
> » pour avoir, du temps de l'église primitive, esté
> » instituée et endoctrinée, régie et gouvernée par
> » saints évêques, vigilants pasteurs et diligents
> » ministres ecclésiastiques, par rois, ducs, comtes,
> » barons et gentilshommes vertueux et pacifiques,
> » par doctes magistrats et bien expérimentés en
> » fait du droit de la justice et équité, par fidèles,
> » loyaux et notables bourgeois, marchands et
> » artisans, ce qu'il convient attribuer à l'exercice
> » de la religion. »
>
> *Les habitants de Nantes à leur évêque, en* 1582.

En laissant de côté l'histoire générale de la Bretagne, qui a beaucoup trop dominé les historiens spéciaux des cités qui en faisaient partie, pour nous occuper exclusivement de la ville de Nantes, peut-être trouverons-nous que la municipalité romaine, succombant sous les vexations de tout genre, dut se retrouver plus tard dans les mains du clergé.

La liberté est chrétienne, a dit M. de Châteaubriand. En effet, mettant de côté nos préjugés révolutionnaires, nous reconnaîtrons qu'à une époque où le christianisme était, à part la sublimité du dogme, ou par cette sublimité même, le parti de la liberté, celui de l'affranchissement humain, le peuple, après avoir chassé les magistrats romains, dut appeler ses prêtres pour les remplacer. Alors la paroisse fut la commune : à Nantes, le premier magistrat du peuple fut l'évêque, tel qu'on le vit d'abord, comme Saint-Félix, améliorer la condition du peuple et embellir la cité nantaise par d'utiles travaux ; tel qu'on le vit ensuite, comme plusieurs de ses successeurs, suivant les circonstances et les variations de l'esprit populaire, mettre l'épée à la main et conduire au combat les habitants sous la bannière épiscopale.

Ainsi dans notre ville, nous expliquerions-nous mieux ces débats perpétuels entre le duc et l'évêque qui, du moins avant le XII.ᵉ siècle, en remplissant un devoir imposé à sa magistrature urbaine, dut défendre sa commune contre les envahissements du pouvoir central. Plus tard, nous avons également vu nos maires s'efforcer de résister aux exigences du pouvoir administratif-moderne.

Alors l'évêque était la représentation communale, représentation qui se transforma avec les siècles. Il provenait de l'élection, il avait remplacé la municipalité romaine, il avait gardé les institutions de Rome, il s'y était rattaché en les modifiant comme pour ne jamais délier les liens des chrétiens avec la capitale du christianisme, la cité de Tours était restée la métropole bretonne : elle l'est encore.

M. Georges Demangeat devait avoir la pensée de la municipalité ecclésiastique quand, en parlant de Nantes, il a récemment montré que le gouvernement ecclésiastique, copié sur le gouvernement civil des Romains, n'a subi aucune altération jusqu'à la Révolution française.

Si, après dix-huit siècles, le clergé se retrouve tel qu'il fut à la naissance de l'ère chrétienne, on peut se faire une idée de sa puissance aux premières années de son développement.

Dans l'*Essai sur la Bretagne armoricaine*, M. Aurélien de Courson s'est efforcé, avec raison, de prouver que l'origine de la commune est bien plutôt ecclésiastique que civile.

Le clergé, en effet, remplissait réellement les fonctions municipales dont il a conservé jusqu'à la révolution la principale attribution, celle de recevoir les déclarations de naissances, attribution qui se retrouve dans les baptêmes. En outre, dans les plus anciens titres on voit désignés, sous le nom de *vicaire,* les fonctionnaires établis pour veiller à la sûreté des villes et à la voirie ; et les curés et les recteurs ne rappellent-ils pas également la désignation de magistrats locaux dans les cités romaines ? Au moyen-âge ils remplissaient encore quelques-unes des fonctions des juges-de-paix et des notaires, en constatant les décès et recevant les testaments.

« Aujourd'hui même, a dit M. de Châteaubriant, on ne peut jeter les regards autour de soi, sans s'apercevoir que le monde extraordinaire d'où nous sommes sortis, était presque entièrement l'ouvrage de la religion et de ses ministres... Les évêques sont souverains dans les villes épiscopales. »

Les évêques de Nantes étaient à-la-fois les chefs temporels et les directeurs spirituels de la cité, comme on peut surtout s'en assurer dans la vie de Saint-Félix, évêque de Nantes. L'indication même de leur juridiction l'atteste. Cette juridiction s'appelait les *Regaires,* nom formé de deux mots bretons : *rheïs-gher* (ou *ker*), *royauté de la ville...* Or, la royauté de la ville, était-ce autre chose que la puissance municipale ? — Ainsi à Nantes comme à Quimper, comme à Saint-Malo, comme à Saint-Brieuc, l'administration municipale offrait la représentation du gouvernement de la fabrique, qui est restée comme souvenir de la municipalité ecclésiastique.

A l'époque où « le clergé possédait seul quelque crédit, ce fut dans ses mains, a dit M. Guizot, que tomba presque partout ce qui subsistait encore du régime municipal... L'évêque était devenu dans chaque ville le chef naturel des habitants, le véritable maire. Son élection et la part qu'y prenaient les citoyens, fut l'affaire importante de la cité. Entre l'ancien régime municipal des Romains et le régime municipal-civil des hommes du moyen-âge, le régime municipal-ecclésiastique est placé comme transition. »

A Nantes, ce fait surtout frappera tous ceux qui, sans prévention, étudieront consciencieusement notre histoire locale : on gémira seulement que tous nos historiens anciens aient négligé de l'étudier de ce point de vue ; les détails, en effet, échappent dans les écrits les plus anciens : on ne peut apercevoir que l'ensemble de l'institution. L'évêque Saint-Félix particulièrement, dans les grands travaux qui ont immortalisé son nom dans notre cité, agit constamment comme un maire de Nantes, et les sommes considérables employées à ces travaux, que les chroniqueurs font provenir à tort de sa fortune personnelle, se composaient sans aucun doute des deniers municipaux : on lui attribuait personnellement ces travaux, comme tous les maires ont eu depuis les honneurs des grands ouvrages exécutés sous leur administration.

Mais Saint-Félix, dira-t-on, était gouverneur de la cité au nom du pouvoir supérieur. Cette objection ne changerait rien à notre conviction. Choisir le magistrat communal pour gouverneur, c'était faire acte de haute politique, et peut-être ce titre ne lui était-il pas attribué autrement.

M. Guizot a bien fait remarquer que les évêques furent respectés comme une nécessité sociale par les vainqueurs et par les vaincus : ils s'en firent les intermédiaires. Les vainqueurs recouraient à eux pour leur faire connaître le pays; et les habitants, pour obtenir quelques concessions des vainqueurs.

Si nous en croyons M. Aurélien de Courson, et s'il ne confond pas, comme l'ont fait quelques anciens historiens, la portion du comté nantais dépendant des *Marches,* avec les Marches elles-mêmes, « le servage proprement dit n'a jamais existé en Bretagne, et, depuis Alain-Barbe-Torte, les liens mêmes de l'ancienne obéissance féodale y ont été brisés. Lorsque les Bretons revinrent de l'exil avec ce jeune prince qui délivra la Bretagne de la domination des pirates, cette contrée ne présentait plus que l'image de la désolation... Les murailles des villes furent relevées, et Nantes offrit un asile inviolable à tous les serfs de France qui voulurent fuir la domination de leurs maîtres. »

Cependant, de cette époque peut-être commence à dater la décadence municipale du clergé dans la ville de Nantes. L'évêque était le premier magistrat : sans posséder, il était moralement le chef le plus influent ; mais lorsque Alain partagea la ville en trois fiefs, il y eut le fief de l'évêque, et, avec la propriété privée, dut venir l'envahissement progressif ; car l'évêque de Nantes, comme l'a dit plus généralement M. Augustin Thierry, transforma sa part d'autorité et de juridiction civile en seigneurie absolue.

L'évêque se mit donc au-dessus du peuple dont il tenait son mandat : ce fut un premier grief. Peut-être faut-il y joindre l'inconstance populaire qui se fatigue d'une même situation prolongée (quelquefois l'unique motif d'une révolution). Dans sa défiance, le peuple dut invoquer l'exercice complet de ses anciens priviléges qui lui laissaient la faculté de choisir ses magistrats municipaux. Or, au XII.ᵉ siècle, époque où dut s'opérer cette transformation, les richesses et le faste s'étaient introduits dans les hauts rangs du clergé ; les évêques marchaient non plus par leur seule puissance morale, mais par leur splendeur, les égaux des ducs : ils s'appelaient *Monseigneur,* ils avaient leur cour, ils se proclamaient princes de l'église ; leur tribunal communal et paternel s'était transformé en une juridiction moins tolérante et plus absolue ; ils déployaient, à leur entrée, la même solennité qu'au couronnement des souverains.

A Nantes, il ne se faisait d'assises générales ni de règlements quelconques qu'avec l'autorisation de l'évêque, et, mêlant l'ancien pouvoir municipal ecclésiastique avec les prétentions plus récentes, on vit Amaury d'Acygné, évêque de Nantes, déclarer que son église ne dépendait ni de duc ni de prince ; qu'elle était la troisième de la chrétienté fondée en l'honneur de Saint-Pierre et de Saint-Paul ; qu'elle possédait toute la cité de Nantes ; qu'elle ne reconnaissait aucun autre pouvoir temporel que celui de Rome, c'est-à-dire du pape ; qu'elle avait droit de régale et de juridiction ; que jamais aucun évêque de Nantes n'avait reconnu tenir son fief des ducs de Bretagne ; que le duc ne pouvait faire exécuter ni jugement, ni contrats, ni autres exploits sur le fief de l'évêque sans son consentement ; que des sentences rendues par le sénéchal de Nantes on n'appelait qu'au Conseil de l'évêque et non au parlement du duc ; enfin, que le duc ne pouvait prétendre à la régale de l'évêché, qu'il fût ou non vacant.

POUVOIR COMMUNAL DU MOYEN-AGE.

La puissance ecclésiastique put effrayer à la

fois les ducs de Bretagne et la bourgeoisie nantaise, et la transformation dut s'opérer. C'est,
en effet, au XII.ᵉ siècle que l'on fait remonter,
sous Alain-Fergent un Conseil communal, qui ne
fut pas exclusivement ecclésiastique; mais dont les
charges, se modifiant au XIV.ᵉ siècle, sous Jean IV,
quand sa reconnaissance étendit les priviléges
communaux des Nantais, et se régularisant au
XVI.ᵉ siècle, sous Charles IX, se maintinrent cependant dans les limites des attributions de l'ancienne municipalité romaine dont nous retrouvons
les traces, sans interruption, jusqu'à nos jours.

En effet, la comparaison est facile à suivre. —
Les magistrats de la ville municipe, après un
temps d'exercice déterminé, acquéraient le droit
le plus élevé des citoyens romains, celui d'aller
voter au forum; nos maires acquéraient la noblesse
après un temps d'exercice également déterminé,
et avaient droit d'aller voter aux États de Bretagne.
Leurs attributions étaient les mêmes.

Mais rentrons dans notre récit chronologique;
revenons sur nos pas, et, après notre étude communale, recherchons, s'il est possible, ce qu'était
la milice de Nantes au moment de l'invasion romaine, pour reprendre ensuite notre histoire
municipale.

PREMIERS SIÈCLES.

En quelque état de nécessité qu'ils fussent réduits, jamais n'oublièrent la valeur de liberté qu'autant de fois que, la lueur de l'espérance du recouvrement d'icelle se présentant, ils ne levassent l'œil pour regarder.   D'ARGENTRÉ.

Il faut remonter à la fondation de Nantes, pour trouver l'origine de sa Milice, sous ses noms divers, sous ses transformations successives. Indique-t-elle autre chose, en effet, que les habitants armés pour la défense de la cité, contre les attaques extérieures, ou contre les troubles intérieurs?

Mais, aux premières époques de notre histoire, ce fut plus qu'une institution bourgeoise : tout homme libre était soldat. Aux esclaves et aux femmes restaient réservés les travaux habituels de la vie.

La manière de combattre des Bretons était à peu près celle des peuples actuels de l'Afrique contre l'armée française ; nous dirions presque celle des Vendéens au début de la première guerre civile : tous les habitants en état de porter les armes se réunissaient dans un lieu désigné, pour y prendre part à un combat, après quoi, vainqueur ou défait, chacun retournait à la famille, pour y trouver des vivres, du repos, et recommencer à se battre si besoin était. Leur costume se rapprochait également de ceux des guerriers nomades de l'Afrique : ils y ajoutaient des vêtements de peaux.

Nantes était entouré de forêts et de prairies : chasseurs et pasteurs, nos aïeux avaient donc une occupation qui développait constamment leurs forces musculaires, et en faisait des combattants redoutables. Les mêmes armes qui leur servaient pour attaquer les animaux sauvages, étaient celles dont ils se servaient à la guerre ; c'est-à-dire des arcs et des flèches, pour les atteindre de loin et les arrêter dans leur fuite ; de lourdes épées de cuivre, pour les abattre quand ils les approchaient.

« Ils n'avaient alors, a dit Duchâtellier, que leurs champs et leurs troupeaux : les portes de leurs demeures étaient closes par des claies en osier, et la corne du taureau ou du buffle, ornée de légers filets d'or et d'argent, leur servait à rappeler leurs chiens de chasse. »

Les Namnètes, comme les anciens Bretons, étaient d'une haute taille, portaient des cheveux fort longs avec des coliers qui semblaient désigner les chefs par leur matière ou leur éclat, comme le hausse-col des officiers de nos jours, reste lui-même du hausse-col des armures de la chevalerie.

Les chefs portaient en outre des manteaux de peaux d'hermines qui n'ont pas disparu complétement avec les vieilles forêts de la Bretagne. On en trouve même encore, plus touffues que celles de Russie, aux environs de Nantes, où les couleurs blanches et noires de ces premiers insignes de nos aïeux se sont toujours conservées dans les armes de notre ville. Les hermines les distinguaient des autres combattants vêtus de peaux d'animaux moins rares.

Ainsi l'hermine, comme signe distinctif de la nationalité bretonne, remonterait aux traditions les plus anciennes de notre histoire, jusqu'à l'époque peut-être de ces Bretons qui (suivant Cornélius-Nepos) auraient partagé les travaux d'Hercule.

Ils avaient pour armes des épées à deux tranchants, des poignards également à deux tranchants, tous en cuivre. Les épées ne gardaient pas toute la durée désirable. Ils s'en servaient en frappant de haut; s'ils atteignaient leurs ennemis, ils les pourfendaient; mais lorsqu'on leur opposait des armes de fer, les épées de cuivre se faussaient, se pliaient, et la défense s'en ressentait.

Les Namnètes, comme les autres peuples des Gaules, avaient aussi des lances, des arcs à

pointes en silex, et des *matars*, espèce de javelots d'une atteinte dangereuse, dont l'extrémité
présentait la forme d'un marteau taillant, ou d'un
très-petit hachereau.

Suivant Sidoine Apollinaire, les matars étaient
des haches qu'on pouvait décocher comme une
flèche.

Virgile les appelait des traits gaulois, qui, à
raison de la pesanteur, ne pouvaient être lancés
fort loin, mais qui brisaient avec une force extraordinaire ce qu'ils rencontraient. — Ainsi, le
consul Popilius Lœnus, à l'attaque de Rome par les
Gaulois, eut l'épaule gauche brisée par un matar.

Ce trait, suivant une induction de M. Bizeul,
revenait à celui qui l'avait lancé, quand une main
exercée s'en servait. Probablement, comme pour
retenir nos lances modernes, une lanière de cuir
était attachée d'un bout à l'anneau qu'on remarque
au matar, et l'autre au bras du guerrier, qui pouvait ainsi ramener à lui cette arme pour s'en servir de nouveau.

Au 57
avant J.-C.   Tels étaient nos aïeux lorsque César, occupé
de la conquête des Gaules, envoya en Armorique
trois légions romaines.

Les armes des Romains étaient le javelot, le
pilum, la pique, et le glaive, l'arme la plus formi-
dable contre leurs ennemis dans nos contrées, le
glaive acéré, épais, pesant, tranchant des deux

côtés, l'arme victorieuse des soldats de César, cette même arme dont sont arm'es aujourd'hui les soldats d'élite de l'infanterie française. Ils y joignaient le bouclier.

Dans leurs premières attaques, les Romains employèrent souvent le *pilum*, lourd javelot qui, par sa pesanteur et la trempe du fer, était une arme terrible; mais qui ne put résister au *matar*, bien autrement destructif, et dont les coups se renouvelaient sans cesse.

Les piques acérées des Romains furent également impuissantes contre la première fougue de leurs ennemis audacieux, et l'armée romaine faillit plus d'une fois être anéantie par ce premier choc, devant lequel elle dut céder, pour aller se retrancher dans les retraites qu'elle savait se ménager. Aussi Napoléon, dans ses observations sur les campagnes de César, a-t-il dit : « Les Romains » durent la constance de leurs succès à la mé-» thode dont ils ne se sont jamais départis, de ne » pas donner une bataille sans avoir derrière eux » un camp retranché pour leur servir de retraite. » — Nos officiers les plus habiles de l'armée française en Afrique, emploient les mêmes moyens, pour ne jamais se laisser vaincre par les Arabes, lorsque, toutefois, les chefs supérieurs leur laissent ou leur donnent les moyens de se retrancher, chose que les Romains n'oubliaient jamais, comme l'a observé Napoléon avec ce coup - d'œil qui juge tout un système d'attaque ou de défense dans une seule phrase.

Les camps retranchés des Romains, très-nombreux et de différentes formes et dimensions, se retrouvent encore dans le voisinage des voies romaines, au moins dans toute la Bretagne.

Cependant, les Romains reconnurent promptement la faiblesse réelle des armes de leurs adversaires. En effet, ceux-ci chargeaient avec de larges épées, mal fabriquées, mais dont les premiers coups étaient bien dangereux, puisque les Romains, pour s'en garantir, furent obligés de garnir les bords de leurs boucliers d'une lame de fer. Le premier choc était redoutable, et, dans les premiers combats, eut décidé souvent du sort des batailles, sans les camps fortifiés des Romains.

Mais les épées bretonnes avaient des pointes mal acérées; elles n'agissaient que du coupant et d'un seul coup, après quoi le fil s'en émoussait, et elles se pliaient d'un bout à l'autre. Si celui qui s'en servait n'avait pas le soin de les appuyer contre terre et de les redresser avec le pied, le second coup n'était d'aucun effet. Il ne s'agissait que de profiter de ce moment d'interruption forcée du combat individuel; et c'est ce que firent les Romains avec l'intelligence de soldats exercés.

Étourdis seulement sous les premiers et terribles coups des Bretons, les Romains, protégés par leurs casques et leurs cuirasses, apprirent à ne pas se laisser abattre à ce premier choc, dont l'impétuosité, mêlée à d'horribles cris, comme en poussent encore les Kabyles, était faite pour effrayer des guerriers moins aguerris. Les Bretons, dit César, *n'étaient vêtus que de fourrures;* leurs vêtements n'étaient pas, comme ceux des Romains, faits pour résister à une arme aiguë. Alors ces derniers, au lieu de s'effrayer de la première impétuosité bretonne, la bravèrent en s'avançant à l'abri de leurs boucliers, sur lesquels s'épuisaient les premiers coups, et surent tirer tout l'avantage que donnait leur glaive, sur des armes qui s'émoussaient et pliaient dès le premier choc.

Le glaive romain, à la fois tranchant et acéré, était en même temps une pique et une hache dans la main d'un soldat vigoureux qui, s'il n'avait l'avantage de la taille, avait celui de l'adresse et du sang-froid. La haute taille des Bretons devint même un avantage pour les soldats romains : ils s'approchaient des ennemis en se baissant sous leurs boucliers, et les mettaient dans l'impossibilité de se servir de leurs longues épées; ils leur faisaient de larges plaies, leur plongeant dans la poitrine ces glaives auxquels les vêtements des Bretons ne pouvaient opposer qu'une faible résistance.

Ajoutez à la supériorité de l'arme romaine la tactique habile, et vous comprendrez comment les Namnètes durent céder à la puissance qui dominait le monde, et enfouir ces armes trop faibles, qui ne devaient plus servir qu'à constater la paix faite avec leurs ennemis.

On sait que lorsque les vieux Bretons finissaient la guerre d'un commun accord, ils brisaient des armes et les enfouissaient dans le sein de la terre leur principale divinité. Ce fait a été attesté par plusieurs savantes dissertations, et plus notamment, dans notre localité, par des Mémoires de MM. Athenas et Bizeul, à l'occasion de trois dépôts de débris d'armes antiques trouvées dans des vases de terre, dans des fouilles à Saint-Jean-de-Boiseau, en 1821, et dans les marais de Montoir en 1823, ainsi qu'en creusant le canal de Nantes à Brest, en 1828, dans un lieu nommé l'Ile-aux-Chèvres, non loin de la grande route de Bout-de-Bois à Blain, île qui faisait autrefois partie d'une vaste plaine appelée les *Prés d'Armes*, auprès d'une lande nommée la *Noë d'Armes*, désignations traditionnelles sans aucun doute.

Ces armes étaient de celles que nous avons essayé de décrire entre les mains des premiers Celtes qui, s'étant retirés dans l'enceinte de Nantes, s'efforcèrent vainement de résister à l'invasion romaine.

On a cité de nombreux exemples de l'enfouissement des armes, en signe de paix, chez les peuplades sauvages de l'Amérique. Les romans de Cooper en mentionnent plusieurs, quand il montre ses héros *enterrant la hache dans le chemin*.

La profession ordinaire des vieux Bretons, c'était le combat, mais le combat par le courage individuel, sans ordre, sans discipline. Si ces vertus premières de toute armée ne leur eussent pas manqué, ils n'auraient pas été conquis par César; car on sait qu'en parlant de nos aïeux, il a rendu hommage à leur courage, et a signalé *leur attachement général pour la liberté, leur extrême aversion pour l'esclavage*; mais l'art de la guerre fut plus fort que leur valeur personnelle, et bientôt ils virent s'effacer cette brillante renommée qui, dans la carrière des armes, les rendait les égaux des Romains; ou du moins, cette renommée se confondit avec celle des armées romaines. En effet, nos aïeux firent partie de ces légions qui marchaient à la conquête du monde. La Notice de l'Empire a signalé parmi les troupes romaines, dans les *Espagnes, les jeunes Bretons invaincus*, comme de nos jours les *zouaves* à Constantine, sous le commandement de notre brave La Moricière, l'un des soldats sans peur et sans reproche de notre jeune armée, que nous sommes heureux de pouvoir citer, et, nous ne le dissimulons pas,

de citer avec la fierté de l'amitié, dès les premières pages de notre récit, comme l'un des
plus nobles enfants de la cité nantaise. Cette
citation est, au reste, une première pensée de
l'alliance entre l'armée, et la milice dont nous
nous sommes imposé la tâche d'écrire l'histoire,
afin de la venger du dédain si légèrement jeté par
nos jeunes hommes contre l'institution la plus utile
de nos jours, dédain irréfléchi, parce qu'ils ne
la connaissent pas.... Qu'ils nous pardonnent donc
de chercher à la leur faire estimer et respecter.
Nous ne sommes pas de ceux, et nous en remercions le ciel, qui se plaisent à médire de la
jeune génération. Dans le premier abandon d'une
franchise qui sied à l'âge des illusions, ils voient
le ridicule des hommes qui, vains d'une épau-
lette, s'en amusent comme un enfant de ses ho-
chets ; ils n'ont de respect que pour l'aspect rude
et guerrier du soldat bruni au soleil des batailles,
et le bourgeois en armes, qui quitte son comptoir
ou son atelier pour vêtir le harnais du soldat, n'a
pas cette allure militaire dont l'absence se traduit
pour nos jeunes gens en burlesques caricatures. Ils
ont plaisanté, parce qu'ils n'ont vu que l'habit : ils
ont plaisanté comme ils l'ont fait sur ces jeunes
soldats des compagnies du centre de notre belle
armée, si noblement vengés par Joachim Ambert,
l'historien de l'armée française ; peut-être admire-

ront-ils, s'il leur est démontré que, sous ces habits des bourgeois en armes, il y a de nobles cœurs, des courages qui soutiendraient l'indépendance nationale, si jamais elle était menacée, et qui dans tous les temps ne faillirent pas, quand la voix de la patrie appela leur dévoûment.

Quoi qu'il en soit, ce n'est pas sans un orgueil légitime qu'on retrouve les Nantais au premier rang dans toutes les luttes soutenues pour l'indépendance bretonne, et si l'historien redoute d'aller se perdre aux époques qui ont précédé l'invasion romaine, du moins pouvons-nous constater que lorsque les habitants de Vannes prirent les armes contre César, les Nantais, bravant ce grand capitaine, qui était alors maître de la Loire et y faisait construire des vaisseaux, partirent pour aller défendre la cause commune ; et la cité de Nantes fut soumise ainsi que toutes les villes de l'Armorique.

Ses habitants furent-ils jetés dans l'esclavage comme les Venètes, par un vainqueur irrité de leur courageuse résistance ? — Nous l'ignorons ; mais, plus César avait montré de barbarie, plus il dut se montrer clément ensuite ; et Nantes étant devenu, sous la domination romaine, un port commercial d'une grande importance ainsi que l'attestent les débris de monuments romains trouvés dans son enceinte, et particulièrement celui que l'inscription citée dans notre Topographie a désigné comme un tribunal de commerce, les richesses acquises par l'industrie de ses habitants durent servir, soit à les affranchir, soit à les placer au nombre des citoyens les plus notables. C'est alors, nous l'avons déjà dit, que le droit de cité romaine aura pu leur être donné plus ou moins tardivement.

III.ᵉ SIÈCLE.

« Le Christianisme devint pour nos pays, comme
» pour toute l'Europe, une question d'existence
» sociale et politique à la fois... La loi chrétienne
» fut pour le Breton, comme pour tous les Occi-
» dentaux, une nouvelle enseigne, un vrai labarum,
» comme on l'a dit de la croix de Constantin, prin-
» cipe personnifié de cette vaste révolution. »

A. Duchatellier.

Le temps de l'indépendance n'était pas encore
revenu, et Nantes, ainsi que toutes les villes de
l'Armorique, fut long-temps à s'affranchir de la
domination romaine, que, malgré diverses libertés
locales, le peuple de notre cité ne supportait pas
sans impatience et sans honte, depuis que la foi
chrétienne lui avait été prêchée par Saint-Clair, 275
son premier apôtre, son premier évêque. S.ᵗ-Clair, évêque.

L'auteur à qui nous avons emprunté notre épi-
graphe, a bien compris cette époque de notre
histoire, quand il nous a dit : « Les Bretons ten-
tent-ils, dans le III.ᵉ siècle, de se soustraire à
l'autorité romaine, c'est aux autels des faux-dieux
que Claude et Dioclétien font traîner les nationaux dont les têtes roulent aux pieds des idoles ;
et si, dès les premiers siècles, Saint-Clair à
Nantes, ainsi que le témoignent les légendaires,
professa la foi chrétienne *une et trine*, comme le

dit Albert-le-Grand, ce fut encore dans cette ville que les deux jeunes fils du gouverneur de Nantes, Donatien et Rogatien, renonçant à toutes les douceurs d'une position élevée, se prononcèrent pour la foi nouvelle contre l'envoyé exprès de l'empereur, qui eut mission pour étouffer à sa naissance cet esprit de résistance et de nationalité, que le sang même qui se versait devait faire triompher inévitablement. »

Le titre de gouverneur donné au père des deux martyrs de Nantes, des deux *enfants nantais,* comme les appelle traditionnellement le peuple, n'était peut-être que celui qui indiquait le premier magistrat municipal, et que nos légendaires auront modifié : on conçoit alors comment la foi chrétienne dut s'accroître à Nantes par ce saint martyr pour la religion qui appelait les hommes à l'égalité sociale.

IV.ᵉ SIÈCLE.

LA VILLE DE NANTES CAPITALE DE LA BRETAGNE.

> « J'ignore pourquoi le doyen de notre Cathédrale prenait autrefois le titre de *doyen de la Chrétienté ;* mais je crois qu'on en pourrait trouver la raison dans l'antiquité de notre église, qui remonte au temps même où l'édit de Constantin ordonna de fermer les temples profanes, et d'en bâtir pour le culte de J.-C. »
>
> P.-F.-M. Ussin.

Le martyr ne ralentit pas le prosélytisme pour le nouveau culte ; Ennius, second évêque de Nantes, vint y prêcher la foi pour laquelle Donatien et Rogatien avaient donné leur sang ; Ennius se plaça parmi ces *forgerons de l'Evangile*, qui préparaient la liberté bretonne ; car, au nombre de ces apôtres, il faut citer les évêques de Nantes qui, eux aussi, prirent une part active à la grande œuvre civilisatrice. Une nouvelle nationalité se fondait dans la religion nouvelle : ses ministres en étaient les créateurs. De là leur influence mal appréciée par nos historiens.

310
Ennius,
évêque.

Mais le jour arriva où le christianisme dut avoir son temple ouvert, quand l'empereur Constantin en toléra l'exercice. Ennius put fonder ce temple, qu'acheva et que consacra son successeur Saint-

330
Saint-Si-
milien,
évêque.

**374
Eumelius,
évêque.** Similien, et qu'il laissa, en mourant, à l'évêque Eumelius.

**383
Marcus,
évêque.** L'église de Nantes était desservie par l'évêque Marcus, lorsque Conan, surnommé Mériadec, fut établi duc ou chef de la Bretagne, par Maxime, qui venait de lever l'étendard de la révolte contre l'empereur Gratien, et de s'emparer de l'Armorique. Les peuples du Nord essayèrent d'y pénétrer. Les Nantais implorèrent le secours des Romains : ce fut en vain. Loin de se plaindre de cet abandon, ils en profitèrent. Mériadec, du sang des anciens rois Bretons, était *vaillant et hardi, homme d'entreprise, bien suivi, bien voulu, bien marqué entre les gens de guerre.* Ils placèrent la croix entre ses mains comme le symbole de son commandement et de leur affranchissement.

Pour rappeler aux Bretons leur vieille liberté, Mériadec jeta le manteau d'hermines sur l'aigle romaine, et, de ce jour, l'étendard breton fut adopté aux couleurs blanche et noire : il resta le signe de ralliement des Nantais. Si, par suite des luttes civiles, une autre couleur surgit parfois comme démonstration de l'alliance anglaise ou française, les couleurs de l'hermine revinrent toujours, et la cité nantaise, plus particulièrement, les garda jusqu'en 1793 : à cette époque encore les habits de ses archers de ville étaient blancs et noirs... Qu'on suive attentivement nos annales,

et l'on retrouvera constamment ces couleurs ,
jusqu'au règne de la terreur, soit près du pennon
ducal , soit près de l'oriflamme et des étendards
de la monarchie française, et jusques auprès du
drapeau tricolore.... Les hermines sont encore
dans les armes de Nantes.

Sous leurs couleurs, Conan Mériadec *commença
la maison royale de Bretagne,* et Nantes fut sa
capitale.

387
Conan
Mériadec,
1.er roi
des
Bretons.

Le nouveau souverain commandait les armées ;
mais il n'avait pas le droit d'appeler les hommes
sous ses drapeaux, sans le consentement de l'évêque
toujours chef de la cité.

Ainsi, dès les premières époques de notre histoire, le pouvoir se partage entre les ducs et
l'épiscopat, et il ne faut pas perdre de vue qu'alors
les évêques, élus par leurs religionnaires, repré-
sentaient le peuple : la paroisse fut la première
commune : un évêque de Nantes devint son premier maire : la fabrique fut le premier conseil
communal ou paroissial. — Les campagnes pouvaient posséder moins de priviléges ; mais la cité
de Nantes, encore remplie des monuments romains,
dont les débris ont été retrouvés de nos jours,
avait une importance spéciale. Gardons-nous donc
de confondre , dans nos recherches sur les lois
qui ont pu régir la Bretagne à ses premiers
siècles, les habitants des villes et ceux des champs.

Ces derniers dépendant des chefs entre qui s'étaient partagées les terres, pouvaient, depuis l'invasion, être comparés aux esclaves des habitations éparses dans nos colonies, achetés ou vendus avec les propriétés (1); mais les bourgeois des grandes

---

(1) Une observation critique de M. Bizeul avec qui déjà nous sommes en dissentiment sur l'existence de Conan, aurait dû nous faire modifier ce passage dans ce qu'il a de trop exclusif. Mais nous aurions profité de la note de M. Bizeul sans la citer; nous préférons faire preuve de conscience et d'impartialité en la transcrivant :

« Voici une de ces erreurs sur la condition des personnes qu'une critique sage, et fondée sur des recherches approfondies doit faire disparaître. Non, les habitants des campagnes n'étaient point *esclaves*, ils étaient *laboureurs*, et ils l'étaient devenus après avoir suivi leur chef à la guerre. En effet, ce chef, après la conquête d'un territoire, le partageait entre ses principaux officiers. De là les *seigneurs de fief* reconnaissant un *suzerain* dont ils tenaient leurs terres. Après ces officiers venaient les soldats qui furent placés autour de leur capitaine (le seigneur de fief), et qui naturellement devinrent les *cultivateurs* des terres avoisinant le *château*, demeure du chef qui les attacha à lui par le lien de foi. Il leur devait protection, et ils lui devaient fidélité. Il leur concédait des terres à différents titres : ils lui devaient diverses sortes de rente. Il leur offrait asile dans son château en cas de danger pour leur famille et leur avoir : ils devaient de leur côté accourir pour défendre ce château aux premiers sons du Beffroi. Dans tout cela, où est l'esclave ? j'y vois un colon militaire et pas autre chose. On vendait des terres avec les hommes : sans doute; mais ces hommes étaient les vassaux du fief dont le seigneur pouvait changer, aller ailleurs,

cités jouissaient des priviléges, acquis par leur force d'agglomération : leurs travaux leur appartenaient, et le commerce pouvait les enrichir ; car l'industrie de l'homme dès qu'il est dans la position de l'exercer, est une puissance que le despotisme lui-même ne peut ravir, et qui traite souvent de puissance à puissance avec ceux-là mêmes qui se croient ses maîtres.

Le christianisme venait de resserrer les liens d'union des peuples de l'Armorique lorsque, profitant des discordes entre les divers chefs qui se disputaient la souveraineté du peuple-roi, ils élirent Mériadec pour les défendre contre les derniers efforts *d'une république qui succombait sous le poids de sa grandeur*, en même temps que contre les invasions des barbares. — Mais, par cette élection, ils ne durent pas se livrer à un maître absolu : la liberté conquise ne dut pas avoir le despotisme à son lendemain. Les Nantais durent être libres, comme à toutes les époques, de s'administrer eux-mêmes sous les restrictions de certaines charges d'hommes et d'impôts envers le pouvoir.

Nous sommes donc plus convaincus, à chaque

---

les quitter, sans qu'ils eussent la faculté d'abandonner leurs terres. Tels sont encore les tenanciers de domaines congéables, les teneurs à rente, etc. »

pas dans l'histoire de notre cité, que la ville de
Nantes eut, dès le commencement de la monarchie bretonne, sa vie particulière comme commune.
D'Argentré ne nous a-t-il pas montré Conan Mériadec *établissant des paroisses,* avec évêques, en
six villes de son royaume, notamment à Nantes,
où Arisius occupa le siége épiscopal.

395
Arisius,
évêque.

Mais, au moment où les Nantais pouvaient jouir
des bienfaits de cette civilisation que leur avaient
apportée les Romains, et qui leur devenait plus
chère dans le sentiment d'indépendance nationale,
les barbares du Nord se ruèrent sur notre pays
pour y substituer le pouvoir résidant uniquement
dans la force brutale, pouvoir fatal même après
qu'il eût succombé, car il laissa son exemple
après lui.

Conan ne les souffrit pas sur la terre bretonne.

Après leur retraite, les Romains essayèrent
inutilement de ressaisir leur conquête.

La ville de Nantes conserva son indépendance,

399
Grallon,
2.ᵉ roi des
Bretons.

sous le règne de Grallon, en admettant ce roi
que plusieurs historiens ne considèrent, ainsi que
Conan, que comme un personnage de roman....
Dans ces temps incertains, qui peut affirmer dire
vrai. — Nous conserverons donc notre roi Grallon : si c'est une illusion, elle est née d'un sentiment si honorable que, dans le doute, il est bien
permis de la conserver.

Grallon, compagnon d'armes et successeur de Mériadec, sut, comme lui, défendre son royaume.

« Les Visigoths, par quatre à cinq fois, vinrent jusques au pas de la rivière de Loire, qui borne la Bretagne, pour essayer le guet et passer, s'il leur eût été possible ; mais ils furent autant de fois reboutez comme ils l'entreprinrent. En sorte que, voyant n'y pouvoir rien advancer, ils firent pour la dernière fois une grande armée et vinrent en grande arroy, essayer à passer au-dessus de Nantes, dont Grallon, adverty, leva grandes forces, et vint advancer l'ennemy essayant de passer, et lui donna une bataille en laquelle il en desfit pour un jour environ 20,000 des leurs, et rechassa le demeurant.... Depuis cette bataille, Grallon vécut en repos et n'eut voisin si hardy qui entreprit de le quereller, et pour ce, n'ayant plus de guerre, il s'adonna du tout à la paix et aux choses qui en dépendent, religion, police et justice, constitutions et ordonnances. »

Donc, sous ce règne ou sous cette régence, la cité dut garder ses institutions communales.

Grallon commença-t-il son règne comme le tuteur de Salomon, petit-fils de Conan? On pourrait le croire en les retrouvant tous deux à la même époque. Nos historiens ne sachant, en effet, à quelle date placer leurs règnes, la plupart n'indiquent Grallon que comme troisième

roi des Bretons; mais d'Argentré, que nous suivrons, parce que nous le croyons le plus consé-
quent, n'attribue une action réelle à Salomon
qu'après un premier règne, ou si on le préfère,
une tutelle de Grallon.

V.ᵉ SIÈCLE.

« Un petit peuple, suppplént au nombre par son
énergie, osa donner l'exemple de la plus héroïque
résistance. Ce fut sur le territoire de Rennes et
sur celui de Nantes que se livrèrent les premiers
combats. »   A. DE COURSON.

« Une grande fusion s'établit alors entre les
anciens et les nouveaux maîtres de l'antique territoire des Gaules. Les dernières garnisons romaines
placées sur le bord de la Loire, n'espérant plus
retourner dans leur patrie subjuguée par les Goths,
se donnèrent à la fois aux Armoricains et aux
Francs. »   ED. RICHER.

Sous le règne de Salomon , successeur de Salomon
Grallon, ou arrivant au trône à l'âge de la majorité 1.ᵉʳ, roi des
après la tutelle de Grallon, Desiderius étant Bretons. 407
évêque, les Nantais eurent à résister à une inva- Desiderius, évêque.
sion des Visigoths d'Aquitaine, « lesquels cou-
rurent la marche nantaise jusques à la rivière de
Loire ; mais , autant de fois qu'ils approchèrent,
ils furent reboutez. »

Grallon avait connu le pouvoir : il voulut y   434
rentrer. Il accusa Salomon de n'avoir épousé la
fille d'un patrice romain , que pour livrer la Bretagne à ses anciens tyrans. Cette accusation , toujours si puissante sur les masses, quand on leur
montre leur nationalité menacée, irrita le peuple
breton : Salomon fut tué dans une émeute , et
Grallon s'empara aussitôt du gouvernement.   2.ᵉ règne de Grallon.

436   La cause de la mort de Salomon appelait la vengeance des Romains. Ils ravagèrent la Bretagne. Grallon en appela à l'indépendance nationale : le peuple se leva en masse , et après une longue lutte, après même plusieurs défaites, qui n'abattirent pas la constance bretonne , les Romains furent repoussés jusqu'à Tours.

« Finalement, Grallon mourut au grand regret de ses sujets et dommage du royaume. » Audren, fils de Salomon, monta sur le trône de son père.

445
Audren,
4.ᵉ roi des
Bretons.   En paix sous le règne d'Audren , nos aïeux firent mieux que résister à leurs ennemis : ils secoururent la Grande-Bretagne, et lui donnèrent

446
Léon,
évêque.   un roi dans Constantin, frère d'Audren; puis ils allèrent se joindre à Aëtius, afin de chasser Attila

460
Eusèbe,
évêque.   des Gaules.

462
Nonechins,
évêque.   Pour se venger, les Huns vinrent assiéger Nantes; mais ils furent forcés de se retirer.

464
Erech,
5.ᵉ roi des
Bretons.   Rappelons que, dans ce siècle, Erech, fils d'Audren , couronné roi breton à Nantes , et y paraissant vêtu de son manteau royal qu'on disait brodé par les fées, y ajouta une fourrure d'hermines, pour conserver ce signe distinctif des premiers chefs Bretons.

La ville de Nantes se vit de nouveau menacée

473   par les Visigoths et les Saxons : leurs menaces furent impuissantes.

Comme auxiliaires des Francs, 12,000 hommes

du comté nantais marchèrent contre Euric, roi des Goths. Ils le rencontrèrent dans le Berry et perdirent la bataille.

475
Cariandus,
évêque.

La couronne bretonne fut placée sur la tête d'Eusèbe, usurpant l'héritage de Budick, frère d'Erech.

478
Eusèbe,
6.e roi des
Bretons.

Budick avait été forcé de s'exiler pendant le règne d'Erech : les Bretons le rappelèrent.

490
Budick,
7.e roi des
Bretons.

C'est l'époque des derniers Romains dans nos pays : les débris de leurs garnisons de Guerande, menacées à la fois par Budick et par les Francs, et ne pouvant plus se replier sur l'Italie, se soumirent et se mêlèrent au peuple.

Cervaius,
évêque.

Budick défendit contre les Francs la liberté de sa patrie, qui devait un jour se donner à la France, mais non pas être enchaînée par elle, et qui, après l'union même, n'a jamais perdu son nom de Breton, nom toujours honoré et respecté parmi ceux de nos plus braves soldats. Les Nantais étaient de ceux-là, lorsque, sous les ordres de Budick, ils luttèrent contre l'armée de Clovis. — Le roi franc n'ayant pu vaincre Budick, le fit assassiner.

SIÉGE DE NANTES PAR MARC-CHILLON.

C'est ici le lieu de placer le récit traditionnel d'un de nos chroniqueurs :

« La ville de Nantes fut étroitement assiégée par une puissante armée de barbares païens, conduite par un vaillant capitaine nommé Chillon, lequel les pressa si vivement, qu'au bout de soixante jours il les réduisit à l'extrémité. Les Nantais, se voyant en un danger inévitable, eurent recours à leurs saints patrons, Saint-Donatien et Saint-Rogatien, lesquels ne leur faillirent pas ; car le soixante et unième jour du siége, à l'heure de minuit, le général Chillon, étant campé sur une petite colline de la rivière d'Erdre, entre le faubourg du Marchix et le moulin de Barbin, vit une longue procession, composée de personnages accoutrés de blanc, tenant des cierges allumés dans la main, lesquels, sortant de l'église de Saint-Similien (hors des murs de la cité), passèrent dans la ville, et, à même temps, une autre procession toute semblable, sortant de l'église des glorieux martyrs Saint-Donatien et Saint-Rogatien, leur vint à la rencontre, et s'étant affectueusement saluées, se mirent en oraison et puis se retirèrent chacune au lieu d'où elle était sortie ; et, tout à l'instant, toute l'armée barbare se rompit et mit en fuite, les soldats étant saisis d'une telle frayeur et terreur panique, qu'ils ne cessèrent de fuir jusqu'à ce qu'ils se virent hors de la marche nantaise ; ce qui étonna tellement Chillon, qui avait eu cette vision et l'effet qui s'en était suivi, qu'il abjura l'idolâtrie et se fit baptiser. »

VI.ᵉ SIÈCLE.

« La confédération armoricaine avait accepté
le patronage du roi franc, mais à la condition
qu'il respecterait son indépendance.; et, depuis
cet acte, qui avait été plutôt une alliance qu'une
soumission, le pays était resté à peu près étranger,
quelquefois même hostile à la nation franque. »

TH. BURETTE.

Budic étant mort au commencement du v.ᵉ
siècle, son fils Hoël fut chassé de l'Armorique
par les Frisons, qui s'emparèrent de Nantes.

Hoël s'était retiré dans l'île de Bretagne : il y
demanda des secours, revint dans sa patrie, et à
son tour expulsa les Frisons de Nantes.

Ses exploits parvinrent jusqu'au roi des Francs
et l'engagèrent à proposer une alliance qui fût
acceptée par Hoël ; mais la ville de Nantes ne
passa pas alors sous le pouvoir des Francs, comme
l'ont prétendu quelques historiens : elle resta
ville bretonne ; ainsi, pendant les trente-deux ans
du règne de Hoël, Nantes appartint donc bien à
l'Armorique.

Hoël, ainsi que Erech, porta l'hermine comme
le signe distinctif de sa souveraineté : une mé-
daille qui le représente, si toutefois nous devons
avoir foi dans la description de l'historien des

509
Epiphane,
évêque.
513
Hoël I.ᵉʳ,
8.ᵉ roi des
Bretons.
515
Eumere,
évêque.

évêques de Nantes, a pour revers une croix qui commence par un croissant, et au-dessous une hermine, accompagnée d'un tournesol et d'une étoile : une branche sort de chaque bras de la croix.

Hoël mourut à Nantes, et fut inhumé dans la Cathédrale dont Eumere, évêque de Nantes, avait posé la première pierre.

545
Hoël ii,
9.ᵉ roi des
Bretons.

Le fils de Hoël lui succéda : c'était aussi un *guerrier aux longs cheveux, portant le manteau d'hermines,* comme les premiers chefs bretons qui résistèrent aux aigles romaines.

Il ne put jouir paisiblement de son héritage.

Au prix de son sang l'Armorique avait reconquis sa nationalité ; mais les guerres civiles la mirent en danger par suite des débats entre les cinq frères, qui se disputèrent la succession du roi Hoël. L'un

547
Canao,
comte de
Nantes.

d'eux, Canao, s'empara du comté de Nantes, contre lequel s'avança Clotaire, pour punir l'usurpateur d'avoir donné asile à un fils rebelle, et d'être lui-même l'assassin de ses frères. Une seule victime, le jeune Judicaël, par l'intercession de l'évêque de Nantes, avait été épargnée. Judicaël se réfugia à la cour du roi des Francs. Clotaire

559
Saint-Félix,
évêque.

s'empara de la ville de Nantes, et en confia le gouvernement à l'évêque Félix, *que les Nantais venaient d'élire unanimement leur pasteur.*

Sa tâche fut pénible ; car les hostilités n'avaient

pas discontinué entre les Bretons et les Francs.

« Saint-Félix, voyant que son diocèse servait comme de théâtre sur lequel se jouaient ces sanglantes tragédies aux dépens du pauvre peuple, ne cessait d'aller vers les uns et vers les autres pour tâcher à moyenner quelque bonne paix et, ne l'ayant pu faire, au moins son éloquence gagna cela sur les Bretons qu'encore qu'ils ne voulussent entendre à paix ni traité quelconque, que les Francs ne leur laissassent les deux villes, savoir Rennes et Nantes; néanmoins, en considération de Saint-Félix, ils épargnèrent quelque peu le pays nantais. »

Malgré ces funestes guerres, le VI.ᵉ siècle à Nantes est celui d'où datent quelques grands travaux des évêques de Nantes.

« Saint-Félix vivait en une intégrité si grande et son excellent savoir était tel que sa renommée s'épandait par toute l'Europe, de sorte que la ville de Nantes se pouvait égaler à la Grèce et à tout l'Orient, et, nonobstant, il se maintenait en une grande humilité, usant de grande douceur et bénignité au gouvernement de son troupeau.

» Voyant son église cathédrale (dont les fondements avaient été posés et quelque peu élevés de terre par son prédécesseur) être imparfaite, il se résolut, avec l'aide de Dieu, de la parachever. »

Les premiers évêques n'avaient eu qu'une mission toute spirituelle : ils n'avaient dû songer qu'à se rendre les apôtres du Christ, dans nos pays : ils n'y étaient évidemment que des missionnaires ; mais quand le christianisme fût enfin la religion du pouvoir comme celle du peuple, ils devinrent les premiers magistrats de la cité : ainsi conçoit-on mieux les travaux exécutés à ce titre, par Saint-Félix : c'est de la même manière, répétons-le, que, plus tard, tous les travaux de la ville se sont rattachés au nom du maire.

Le roi Clotaire s'étant emparé de Nantes, « laissa le gouvernement de la ville à Saint-Félix, en laquelle charge il se comporta au contentement d'un chacun et au soulagement de son peuple.

» Nonobstant toutes les guerres et autres calamités qui, pendant son gouvernement, arrivèrent aux Nantais, outre le bâtiment de son église cathédrale, il entreprit et en peu d'années paracheva un ouvrage non moins utile pour la ville de Nantes que somptueux et de difficile entreprise : car il fit couler la rivière de Loire près et joignant les murs de la ville, qui, auparavant, avait son principal canal près Piremil, creusa pareillement le lit de la rivière d'Erdre, et y fit couler le petit fleuve du Saïl, duquel encore une partie se jette dans la Loire près la prée de Thouaré, et fit aussi dresser le Havre de Nantes, nommé la Fosse, où

est l'abord des navires et décharges des navires
et marchandises. »

Nous avons dit ailleurs que ces ouvrages ne
devaient consister qu'en une prise d'eau : l'ins-
pection des lieux semble l'attester.

Pendant ces travaux, la couronne de Bretagne
fut enfin replacée sur la tête de Judicaël, ou
Gicquel, fils d'Hoël II, au nom d'Alain I.ᵉʳ, sous
la protection du roi des Francs.

577
Alain 1.ᵉʳ,
10.ᵉ roi des
Bretons.

Saint-Félix fut en querelle avec Grégoire, évêque
de Tours. Ils s'adressèrent des lettres outra-
geantes. Grégoire de Tours prétendit que la querelle venait de ce qu'il avait refusé à Saint-Félix
une terre de son diocèse que celui-ci désirait,
et il lui répondit un jour : « Souviens-toi de la
» parole du prophète : *Malheur à ceux qui ajou-*
» *tent maison à maison, et joignent un champ à*
» *un champ ! Seront-ils les seuls habitants de la*
» *terre ?* Oh ! si Marseille t'avait eu pour évêque,
» ses vaisseaux t'auraient apporté non de l'huile
» ou d'autres épices, mais seulement du papier
» pour que tu pusses écrire plus à l'aise contre
» la réputation des gens de bien : mais le manque
» de papier met des bornes à ton bavardage. »

Grégoire garda rancune à Saint-Félix, même
après sa mort. Voici, en effet, ce qu'on lit dans
son *Histoire Ecclésiastique des Francs :* « Félix,
évêque de Nantes, atteint d'une maladie conta-

gieuse, tomba sérieusement malade. Alors il appela près de lui les évêques voisins , et les supplia
d'appuyer, par leurs signatures, un projet d'élection qu'il avait rédigé en faveur de Bourguignon,
son neveu. Quand cela fut fait, ils me l'envoyèrent :
Bourguignon était alors âgé d'environ vingt-cinq
ans. Arrivé auprès de moi, il me pria de venir
jusqu'à Nantes, et, après lui avoir donné la tonsure, de le sacrer évêque à la place de son oncle
qui vivait encore. Je m'y refusai, parce que je
reconnus que les canons s'y opposaient. Je lui
donnai cependant des conseils et lui dit : *Nous
trouvons écrit dans les canons, mon fils, que personne ne peut parvenir à l'épiscopat, s'il n'obtient
d'abord régulièrement les degrés ecclésiastiques.
Ainsi, mon très-cher frère, retourne à Nantes, et
demande la tonsure à celui qui t'a choisi. Quand tu
auras reçu la dignité de prêtre, sois assidu à l'église,
et lorsque Dieu voudra que celui-là sorte de ce
monde, tu monteras facilement au rang d'évêque.*

« De retour chez lui, il négligea de suivre mes
conseils, parce que l'évêque Félix semblait aller
un peu mieux ; mais, quand la fièvre eut disparu,
ses jambes se couvrirent de boutons pulvérulents,
et le malade y ayant appliqué un trop fort cata-
plasme de cantharides qui les fit tomber en pour-
riture, termina ses jours dans la trente-troisième
année de son épiscopat, la soixante-dixième de
sa vie. Nonechius, son cousin, lui succéda. »

« Saint-Félix, a dit M. Meuret dans ses *Annales
de Nantes*, fut vivement regretté du peuple dont
il avait fait le bonheur : son zèle pour le bien
public, son habileté dans l'administration, sa per-
sévérance dans les travaux qu'il exécuta, et ses
vertus, ont excité la reconnaissance publique. »

MILICE NANTAISE.

Jusqu'au VI.ᵉ siècle aucune désignation précise
ne s'attache aux habitants de Nantes armés; mais,
en 584, l'histoire constate que la *Milice nantaise*
est appelée comme auxiliaire, par le roi des Francs,
pour renforcer son armée au siége de Bourges.

584
Nonechius,
évêque.

Il est bien permis de regarder cette milice
comme une véritable garde nationale, sortant des
murs ainsi que nous l'avons vu pour nos gardes
nationales mobilisées, comme le fit Napoléon en
1813. En effet, dès cette époque et jusqu'au XV.ᵉ
siècle, la *Milice nantaise* fut entretenue et équipée
par la commune; mais elle ne recevait de solde
que lorsqu'elle sortait de certaines limites. Le
danger passé, elle rentrait dans ses foyers et
reprenait la vie ordinaire.

CONTINUATION DE LA LUTTE POUR L'INDÉPENDANCE NATIONALE.

L'héritage de Hoël ne cessa pas d'être disputé

par plusieurs prétendants ; car sa lignée était
nombreuse, et la protection française n'arrêta
pas les combats autour de la *pauvre cité de
Nantes*, lorsque, suivant les expressions d'un
moderne historien de l'Anjou, se manifestait la
courageuse résistance de nos pères, leur désir de
secouer le joug, leur amour de l'indépendance,
leur invincible obstination, dans le commencement
de ces luttes que l'histoire nous offrira pendant
plusieurs siècles entre les rois de France et les
vaillants Bretons.

La protection française essayait de se rendre
dominatrice, et Nantes n'avait pas moins à souffrir
de ses prétendus alliés que de la guerre civile.

586
Connobert,
comte de
Nantes.

Ainsi Waroch, comte de Vannes, veut s'emparer du comté de Nantes, défendu par Clotaire
II. Il attaque et défait les Francs qui veulent s'opposer à sa marche, chasse ensuite ceux qui dé-
fendent la ville, et oblige les habitants à ouvrir
leurs portes.

La guerre continua, et les malheurs de Nantes,
par les dévastations des campagnes qui l'entourent,
furent portés à leur comble. La famine suscita
d'effrayantes maladies contagieuses, qui déci-
mèrent la population. Le drap blanc, sans cesse
attaché à la cime du chêne des cimetières, attesta
que la mort ne se lassait pas de frapper.

Et remarquons ici les oppositions allégoriques

dans les mœurs de la Bretagne, en même temps qu'elle conservait religieusement les symboles de sa vieille origine : le chêne, symbole de la force, s'élevait au sein de la destruction et demeurait comme un reste vivant du culte druidique, derrière la croix qu'il recouvrait de son ombrage, et cette croix était elle-même taillée dans la pierre d'un monument celtique ; puis, dans la même enceinte où reposaient les ossements de ses aïeux, le peuple, se rassemblant pour ces fêtes joyeuses et bruyantes qui portaient le nom de *pardons*, dansait sur ces tombes qu'il respectait plus que quoi que ce fût au monde. Mais ces fêtes ne s'ouvraient pas avant la prière des morts. — Ces contrastes sont frappants dans l'histoire bretonne ; mais ce n'est pas ici le lieu de les retracer.

La ville de Nantes ne cessa pas d'être prise et reprise : elle semblait s'habituer à la triste destinée qui l'attendait dans l'avenir. Elle se retrouva dans la puissance d'un prince breton, lorsque Hoël III, légitime successeur des deux rois du même nom, s'ouvrit les portes de Nantes, en remportant, près de Rennes, une victoire complète sur les Francs. — Puis, conquise par divers ennemis, elle subit leur domination en cédant à la force ; mais elle ne s'aliéna jamais volontairement. La position de la cité qu'on appelait *l'œil de la Bretagne,* devint la cause qui en fit se disputer

594
Hoël III,
11.ᵉ roi des
Bretons.

la possession : sans cesse donc elle tombait au
pouvoir du vainqueur dans les luttes dont elle
devenait victime : c'est ce qui a fait dire qu'on ne
savait si alors Nantes était ville française ou bretonne. Mais, à ce doute, on peut répondre que si,
cédant à des forces supérieures , elle subit la
domination étrangère, du moins nulle part l'histoire ne constate l'adhésion des Nantais aux lois de
leurs conquérants et l'abandon de leur nationalité.
Les Francs passèrent et ravagèrent , mais ils ne
laissèrent pas leur pouvoir après eux. On put la
vendre ou la vaincre ; mais elle s'efforça toujours
de reconquérir son indépendance aussitôt qu'elle
put en concevoir l'espérance.

VIIe SIÈCLE.

LE PROTECTORAT FRANÇAIS.

> Nos provinces, nos villes, tout ce que chacun
> de nous comprend dans ses affections sous le
> nom de patrie, devrait nous être représenté à
> chaque siècle de son existence. Aug. Thierry.

L'héritage d'Hoël III passa aux mains de Salomon II, sans contestation de ses droits par les
rois francs, et ce règne fut plus paisible que celui
de son prédécesseur : mais, à l'avénement de
Judicaël, le roi Dagobert voulut faire revivre, par
les armes, le protectorat franc, ce protectorat
semblable peut-être à celui que plus tard Napoléon
exerça sur les peuples de l'Allemagne. Les troupes
de Dagobert furent vaincues. Il envoya Saint-Eloi
en ambassade auprès de Judicaël avant de continuer la guerre. La puissance de Dagobert ne s'était
pas anéantie dans la perte d'un combat ; mais ce
combat laissait à Judicaël une position plus indépendante. Il put traiter en roi et non en chef
qui rend hommage. Il fit une alliance et n'offrit
pas une soumission. L'hermine bretonne se plaça
près de l'aigle de Dagobert et ne s'abaissa pas
sous son regard. Avant de mourir, Judicaël put

610
Euphrone,
évêque.
613
Salomon II,
12.e roi des
Bretons.
613
Léobalde,
évêque.
632
Judicaël,
13.e roi des
Bretons.

638

Alain ıı,
14.ᵉ roi des
Bretons.
placer sur la tête de son fils Alain II, en faveur duquel il abdiqua, une couronne que ce faible successeur ne sut pas défendre.

Dans les débats qui surgirent ensuite on sait à peine par qui la Bretagne fut gouvernée : la souveraineté se partagea entre plusieurs princes qui se disputèrent notre malheureuse cité.

L'ÉLECTION ÉPISCOPALE PAR LE PEUPLE ET LE CLERGÉ.

La ville de Nantes, toutefois, ne cessa pas d'avoir, pour son administration intérieure, un chef de son choix, en se maintenant dans le droit d'élire son évêque.

640
Pasquier,
évêque.
« Léobalde, évêque de Nantes étant décédé, *le clergé et le peuple assemblés pour élire un pasteur,* après les jeûnes, et oraisons accoutumées de faire en semblable élection, élurent Saint-Pasquier, absent, et députèrent deux chanoines pour l'aller avertir de son élection. Le saint, mesurant la sublimité de cette dignité à l'âme de son humilité, la refusa tout à plat, et donna sa renonciation en due forme aux députés ; mais les électeurs ne s'en trouvant satisfaits, le pressèrent de si vives raisons, que, craignant de résister à la volonté de Dieu, laquelle il voyait estre telle, il baissa le col et consentit à son élection, et, peu après,

fut sacré en son église cathédrale, au contentement de tous ses diocésains. Se voyant élevé au
trône épiscopal, il commença à exercer soigneusement l'office d'un vigilant pasteur. C'était le père
des pauvres et misérables, auxquels il distribua
tout son patrimoine, qui était ample et riche,
sans rien réserver, et la meilleure partie du revenu
de son évesché. Le refuge des veuves et des
orphelins, son palais leur était ouvert, l'accès de
sa personne libre, sa table commune aux néces-
siteux. Il visitoit les malades, les consoloit et
exhortoit à la patience, se montrant en tout et
partout vray pasteur et père de son peuple. En
ce temps florissoit l'ordre du glorieux Saint-
Bénoit. Pasquier résolut de leur bastir un monastère
en son diocèse. A cet effet, de l'avis de ses chanoines *et plus apparents citoyens de Nantes*, il
députa son archidiacre Turin devers l'abbé du
monastère de Fontenelles, en Normandie, pour
le supplier de lui vouloir envoyer Saint-Herblon
et onze autres religieux. Le bon abbé lui accorda
sa requête, et cette religieuse compagnie arriva
l'an 643. Notre prélat fit équiper deux chaloupes   643
au port de Nantes, et elle s'embarqua priant Dieu
de leur faire connaître le lieu auquel il désirait
être servi d'eux. Ils dévalèrent la Loire sous Nantes,
tirant vers la mer, et laissant à droite les rivages
de Chantenay, et à gauche de Piremil, Rezay, les

Couëts et Saint-Pierre de Bouguenais, abordèrent
la rade d'une agréable île, nommée Aindre, laquelle,
lors était entourée de Loyre de toutes parts. Le
vaisseau arrivé à la rade d'Aindre, s'y arrêta fixe-
ment et ne put dévaler plus bas; ce qui fit connaître
aux religieux que c'était le lieu où Dieu voulait
être servi d'eux. Ils y posèrent l'ancre, mirent pied
à terre, visitèrent toute l'île, designèrent le lieu
pour le bâtiment du futur monastère, puis s'en
retournèrent à Nantes, où, ayant tracé le plan de
l'édifice, Saint-Pasquier convoqua des ouvriers
de toutes parts pour y travailler. Les seigneurs
et bourgeois de Nantes, se conformant à leur
saint prélat, contribuèrent si libéralement à cet édifice, que dans deux ans il fut accompli, et y fut
mis en possession Saint-Herblon et ses religieux. »

Taurinus,
évêque.
Salapius,
évêque.
Sous le successeur de Pasquier, les liens de la
discipline ecclésiastique se relâchèrent : il ne faut
pas s'en étonner, quand la guerre intérieure
mettait en jeu toutes les mauvaises passions.

LES FEMMES ET LE CONCILE DE NANTES.

658
Cependant, le clergé, malgré la dissolution de
mœurs qui commençait à se développer dans son
sein, conservait son influence. Obligé de se re-
cruter parmi les hommes qui l'entouraient, il ne

pouvait qu'être la reproduction de son époque,
sauf quelques esprits d'élite qui n'avaient pas
assez de pouvoir pour rétablir la morale ébran-
lée. Au reste, la religion restait toujours puissante,
ses ministres seuls la compromettaient. On comprit la nécessité de porter remède au mal, et un
concile fut convoqué à Nantes. Ses membres
s'occupèrent de resserrer les liens religieux, et
plusieurs des décisions prises le furent dans cette
intention.

Ils s'efforcèrent de combattre les opinions et
les pratiques druidiques et païennes qui, à l'insu
même de ceux qui les professaient, étaient restés
dans les campagnes : *le culte aux arbres consacrés
aux démons et que le vulgaire tenait encore en
telle vénération qu'il défendait d'en couper un seul
rameau, et l'adoration aux pierres élevées également aux démons dans les antiques forêts, et sur
lesquelles on allait faire des vœux.*

Au nombre des autres actes qui sont restés de
cette assemblée, nous devons citer celui qui était
relatif aux femmes. Nous ne parlons pas de la
peine qui leur fut imposée de 7 ans de pénitence
pour infidélité ; mais elles prenaient part aux
affaires publiques, sinon par le droit, au moins
par leur influence, et, s'il faut en croire nos historiens, les affaires n'en allaient pas mieux : ils n'en
ont pas fourni la preuve. — « Comme l'apôtre

(déclara le concile de Nantes) a dit que les femmes doivent se taire, parce qu'il ne leur est pas permis de parler; comme il est indécent que les femmes discutent les affaires des hommes, parce qu'elles doivent s'occuper des ouvrages de laine et de tissus réservés aux femmes, il leur est défendu, dans toute réunion, d'usurper l'autorité sénatoriale. »

Les femmes cessèrent donc de prendre part aux débats politiques: elles ne furent plus admises dans les assemblées délibérantes, presque aussi communes à ces époques qu'aux nôtres; mais les faits, plus positifs ici que les assertions des historiens, constatent que notre pays ne vit pas disparaître les tristes discordes qui l'agitaient. — Les Francs en profitèrent et se rendirent maîtres de Nantes.

691
Agathée,
évêque,
et comte
de Nantes.

Le concile rendit quelque énergie aux ministres du culte, et, dans ces temps où la religion catholique seule demeurait stable, quand tout changeait autour d'elle, le pouvoir temporel, à Nantes, fut presque toujours confié aux évêques que respectaient les vainqueurs et les vaincus, lorsque les uns et les autres professaient la religion chrétienne.

Ce respect ne fut pas toutefois sans quelques exceptions, lorsque les évêques prenaient une part trop active aux faits politiques. Ainsi Pépin,

700
Amelon,
évêque,
et comte
de Nantes.

s'effrayant du pouvoir temporel des évêques de Nantes, les fit remplacer par des évêques de son choix, avec le titre de comte de Nantes.

VIII.ᵉ SIÈCLE.

LES ÉVÊQUES D'ÉPÉE.

« Après tant de dissentions, la bonne part des seigneurs du pays consentirent en la personne d'un roi qu'ils nommèrent Arestagus, lequel entra en traité de paix avec Charlemagne : tellement que faisant, ledict Charlemagne, le voyage contre Aygoland en Espagne et son armée, Arestagus l'accompagua avec huit mille hommes de pied : lequel Hoël, comte de Nantes, suivit avec deux mille hommes : et où ils firent en sorte qu'entre les aides ils y acquirent réputation de valeur, disant Torpin que dès lors on rechantait en chansons communes les faits d'armes dudit Hoël. Ils moururent depuis combattans en l'arrière-garde à Roncevaux avec le nepveu de Charlemagne. »

Quoique l'évêque, au lieu d'être l'élu du peuple, fût nommé par le roi des Francs pendant sa domination sur Nantes, l'institution communale ne fut pas anéantie. On pourrait comparer cette situation à celle de l'empire sous Napoléon : les magistrats municipaux restaient à la tête des cités ; mais l'élection était supprimée, et le souverain les nommait lui-même. La commune, ou plutôt la paroisse, continua donc d'être administrée par son évêque, et là encore se retrouve la milice telle que nous la comprenons. Les habitants, suivant l'appel du pouvoir supérieur, se rassemblaient, par intervalle, en corps armé ; mais alors le drapeau était la bannière, comme on la voit encore à la tête de nos processions. Chaque paroisse marchait sous la bannière du saint de son église et était accompagnée par son curé, qui ne se bornait pas à remplir parmi ses ouailles les fonctions de son saint ministère, mais qui combattait avec elles. Lors même qu'on n'admettrait pas la magistrature municipale des évêques, il ne faudrait pas s'étonner de leur présence à l'armée. Dans nos guerres civiles et dans les guerres d'Espagne n'en a-t-il pas été ainsi ? A Nantes, aux VII.ᵉ et VIII.ᵉ siècles,

725
Emilien,
évêque.

ce fut plus encore : l'épée à la main, les évêques se mirent à la tête de leurs milices paroissiales, et, dans les grandes solennités, les bannières s'inclinaient devant la croix épiscopale, symbole du commandement temporel, comme du pouvoir spirituel. Alors, l'évêque était le chef de la milice comme celui de la cité. Nos magistrats n'ont-ils pas eu plus tard, nous pourrions dire par continuation, le titre de maire et colonel de la milice bourgeoise.

732
Sylvius,
évêque.

Au nombre de ces *évêques d'Épée*, qui peut-être ne furent jamais dans les ordres, un même titre ayant sans doute fait confondre les chefs de la ville et les chefs du clergé, il faut citer l'évêque Sylvius, qui, se couvrant du vêtement de l'homme d'armes, comme ses prédécesseurs Agathée, Amelo,

Emilien, alla se joindre à Charles Martel avec un certain nombre de ses *paroissiens* nantais, entre Tours et Poitiers, pour chasser les Sarrasins d'Espagne.

732
756
Deomarius,
évêque.

LES NANTAIS A RONCEVAULT.

Ce ne fut pas la seule fois où nos Nantais se mesurèrent contre les Sarrasins. Malgré la domination de Charlemagne, les Bretons avaient élu pour roi Arastagnus, et au nombre de 2,000 ils suivirent le comte Hoël, lorsqu'il marcha avec Charlemagne contre les mêmes ennemis, dans cette armée de Bretons que commandait leur roi Arastagnus, en formant l'arrière-garde de Charlemagne. Dans la vallée de Roncevault, ils furent surpris par une embuscade des Sarrasins. Il y eut d'admirables traits de courage ; mais, forcés de céder au nombre, ceux qui survécurent ne se retirèrent pas sans rapporter avec eux le corps de Hoël, de leur digne chef, qui fut glorieusement inhumé dans la cathédrale de Nantes. Tous les autres étaient également tombés de la mort des braves, avec l'invincible Roland, dont nos romans de chevalerie ont célébré les merveilleux exploits. Les Nantais s'étaient rendus dignes de partager cette renommée : *Entre les autres ils acquérirent*

778
Arastagnus,
roi des
Bretons.

Hoël,
comte de
Nantes.

*une telle réputation de valeur, que dès-lors on re-
chantait leurs faits d'armes en belles romances tant
estoient beaux et chaleureux.*

Charlemagne sut assez peu de gré aux Nantais
de leur courage : il les avait appelés comme des
compagnons de gloire, il voulut en faire des
sujets ; et Andulphe, son grand sénéchal, vint,
en son nom, et à la tête d'une armée française,
s'emparer de Nantes, que défendait le gouverneur Daniel Uva. — Lambert en fut nommé comte.

IX.ᵉ SIÈCLE.

NOMINOË, TRÉPARATEUR DE LA NATIONALITÉ BRETONNE.

> « La trace de la dynastie armoricaine, de la ro-
> yauté, et par conséquent de l'indépendance poli-
> tique du pays, se retrouve non-seulement dans les
> chroniques, mais jusque dans les noms des parti-
> culiers. Ces noms historiques sont une sorte de
> monuments confiés à la garde des familles. » DARU.

Les victoires remportées sur les Bretons étaient achetées chèrement par les troupes impériales : telle se manifestait la résistance de ces peuples qui, malgré l'affaiblissement de leurs divisions passées, avaient retrouvé leur énergie première pour recouvrer la nationalité bretonne, que le mot de Charlemagne après avoir vu quatre fois son lieutenant vainqueur, est connu de tout Breton : « Encore une victoire, et je n'aurai plus de soldats ! » En effet, ces victoires ne firent qu'accroître le désir de l'indépendance, et la mort de Charlemagne ayant transmis l'empire aux faibles mains de Louis-le-Débonnaire, les Bretons s'unirent plus intimement en se plaçant sous un seul chef. Soumis par la force, ils n'avaient pas cessé de protester contre la domination étrangère, et, pour s'en affranchir, ils élurent Nominoë, *roi dé Bretagne.*

820
Otthon,
évêque.
Gonde-
bault,
comte
de Nantes.

827
Lambert,
comte
de Nantes.

829

« Charles-le-Chauve ayant appelé les Bretons
des esclaves révoltés, Nominoë lui avait fait cette
noble réponse : *l'esclavage que le fer établit se brise
avec le fer.* »

Nominoë, *issu des anciens rois bretons*, placé
par Charlemagne, au titre de gouverneur, dans
le pays qu'il regardait comme sa conquête, ne se
crut pas lié envers les successeurs du grand
empereur. Il osa déployer l'étendard herminé,
surmonté du signe du Christ, l'étendard de Co-
nan-Mériadec, contre la *bannière vermeille* de
Charlemagne. *Il remit toute la Bretagne en son
entière et pristine liberté, donna la chasse aux
garnisons françaises, cassa et annula tous les
exploits desdites garnisons*; mais ce ne fut qu'à dix
ans de là que, reprise d'assaut par Nominoë, la
ville de Nantes se retrouva bretonne.

834
Trugard,
évêque.
835
Gohard,
évêque.
840
Nominoë,
roi des
Bretons.

Cette ville était alors gouvernée, au nom de
Charles-le-Chauve, par un jeune seigneur nommé
Lambert : Nominoë l'y maintint. « Il se comporta,
au commencement, assez doucement avec les
Nantais, nous dit Froissard ; mais, ne sachant bien
ménager la fortune, il commença à les grever et
tyranniser extrêmement, le bon prélat Saint-
Gohard s'efforçant plusieurs fois de le remettre à
la raison et lui persuader de ne pas tant fouler
ses citoyens ; mais cet homme était devenu si
insolent, qu'on fut contraint d'avoir recours au roi

Nominoë, lequel, ayant les oreilles battues des plaintes que les Nantais faisaient continuellement des mauvais déportements de Lambert, et qu'il ne se départait de ses violences, quelque réprimande qu'on lui en pût faire, craignant quelque révolte des Nantais, le fit sommer de vider la ville ; ce qu'il fit bien à regret ; mais il le fallait faire ; car, s'il y eût manqué, les Nantais l'eussent assommé. »

La vengeance de Lambert ne tarda pas à se manifester.

« Jusqu'à l'avénement de Charles-le-Chauve, dit M. Godard Feultrier, l'histoire nous offrait encore des couleurs romaines ; mais alors ce fut la force physique, cet élément constitutif de la féodalité, qui prédomina.... L'histoire n'est plus qu'un cahos dans lequel nous voyons les Acquitains, les Bretons, les Normands, se heurter les uns contre les autres... Le Breton s'insurge contre le Franc... Les peuples sont en convulsion, et, pour combler la mesure des catastrophes, une nation vagabonde, les Normands, véritables loups de mer, descendent les grands fleuves, débarquent sur nos côtes, et se jettent dans la mêlée. »

En effet, les Normands sortis des forêts de la Scandinavie pour se livrer à leurs passions guerrières, firent irruption en Bretagne, s'emparèrent de l'île de Noirmoutier, puis allèrent au Croisic.

Le comte Lambert, en leur vantant les richesses
de Nantes, les attira dans la Loire. Ils y entrèrent

avec soixante-seize barques, recouvertes de peau,
faibles barques, disent nos chroniqueurs, si toutefois le mot ne les a pas trompés, car ce cuir n'é-
tait peut-être qu'une plus grande solidité donnée
aux navires qu'il recouvrait, comme de nos jours
le feutre sous le cuivre. Quoi qu'il en soit, ils surprirent la ville de Nantes, et la saccagèrent. « L'église
de Saint-Similien, ès-faubourgs, fut des premieres
assaillie, prise, pillée et rasée, le sépulchre du
saint pontife renversé, son chef vénérable jeté
dans un puits, qui se voit encore en son église,
duquel puits l'eau a retenu une vertu particulière
de guérir les fébricitants et autres malades qui
en boivent avec une vraye foi et devotion. » De là
ils pénétrèrent dans la ville et massacrèrent les
habitants après avoir égorgé l'évêque Gohard sur
les marches de l'autel, se rembarquèrent avec leur
riche butin, et allèrent le partager dans *une île,
où, ayant fait venir de la terre, ils firent des maisons
pour hiverner et s'y établir comme en une perpé-
tuelle demeure.* »

Les habitants échappés à la destruction générale, regagnèrent peu à peu leurs demeures, après
avoir fui dans les forêts qui entouraient la ville,
pour échapper à la fureur des barbares. Une
de leurs pensées premières fut de remplacer

Gohard, qui venait de mourir avec la couronne
du martyre. Ils n'apercevaient personne autour
d'eux pour remplir la plus haute dignité de leur
cité. Ils s'adressèrent à l'archevêque de Tours,
qui leur envoya Actard, clerc de son église.

843
Actard,
évêque.

Sous l'horrible protection des Normands, Lambert était rentré dans Nantes, dont les habitants
ne purent supporter sans dégoût la domination
d'un allié des barbares. Il était d'ailleurs sans
cesse en querelle avec leur évêque, en voulant se
rendre le maître absolu de la cité et méconnais-
sant les priviléges de l'épiscopat.

D'autre part, une conflagration leur présageait
de nouveaux malheurs : ils s'unirent, au lieu de
se livrer au désespoir, et se tinrent prêts à sortir
d'un joug avilissant.

Une guerre générale s'annonçait pour la Bretagne, que Nominoë n'avait pas abandonnée. Pour
mieux attester sa souveraineté, il voulut se faire
sacrer à Dol, et ordonna à tous les évêques de
s'y rendre : celui de Nantes ne fut pas oublié, car
notre ville était toujours considérée comme cité
bretonne. Mais ce couronnement dans un diocèse
où l'évêque ne jouissait pas des droits que possédait celui de Nantes, et dans lequel les rois bretons avaient eu une puissance absolue, fit craindre
à Actard que sa présence ne fût considérée comme
un abandon de ses droits, et surtout comme un

délaissement du parti français , auquel il restait
attaché en secret. Cette position n'a-t-elle pas été
celle du clergé de notre diocèse à plus d'une
autre époque ? Actard refusa donc , et Nominoë,
qui ne se méprit pas sur le motif réel du prélat ,
lança contre lui un arrêt de révocation.

Avant que cet arrêt fut mis à exécution, Charles-
le-Chauve, d'accord avec l'archevêque de Tours
que Nominoë avait méconnu en révoquant l'évêque
de Nantes, et nommant plusieurs autres évêques
en Bretagne, vint faire le siége de Nantes.

845   Nominoë ne l'attendit pas : il se porta à sa rencontre , et les deux armées se trouvèrent en présence sur une plaine marécageuse, située entre
les rivières d'Oust et de Vilaine, près du bourg de
Bains, à l'endroit où s'élevait jadis le monastère
de Ballon. Suivant le vieil usage la force principale
des Bretons consistait dans leur cavalerie, toujours
renommée. Ils étaient armés d'un casque de fer,
d'une cotte de mailles, d'un grand bouclier et de
quelques javelots. Les Francs joignaient aux mêmes
armes des demi-piques et des épées larges et
courtes, imitées des Romains, dont ils espéraient
le même avantage dans les attaques de pied ferme.
Tout allait donc dépendre du premier choc. Il
fut terrible de la part des Bretons , qui , selon
l'antique coutume, s'élançant avec des cris de rage
et d'horribles imprécations contre leurs adversaires,

les culbutèrent, sans même leur donner le temps
de se remettre de cette attaque furieuse. La nuit
empêcha Nominoë de poursuivre ses succès. Les
Francs eurent le temps d'opérer leur retraite,
Charles-le-Chauve, craignant pour sa propre liberté, et n'osant hasarder un second combat avec
des troupes démoralisées par ce premier et vio-
lent échec. Le temps n'était plus pour les Francs
de faire profit des conquêtes de Charlemagne :
Charles-le-Chauve, fils de son fils, fut battu,
chassé, dépouillé, et rebouté jusques aux portes
de Paris.

Nominoë reparut à Nantes en vainqueur : avec
le titre de roi, il y retrouva les Nantais libres : à
la nouvelle de sa victoire ils avaient une seconde
fois chassé Lambert.

A quatre ans de là, Nantes fut de nouveau
ravagé par les Normands ; puis Charles-le-Chauve
rentra en Bretagne et s'en empara : mais, dès
l'année suivante, elle fut reconquise par Nominoë,
le *tréparateur de la nationalité bretonne.*

· On l'a vu, et nous remercions M. Ducrest de
Villeneuve d'en avoir récemment rassemblé les
preuves, la ville de Nantes a pu payer tribut aux
Francs, elle a pu passer souvent sous le joug
d'invasions passagères et multipliées, mais quoi
qu'on en ait pu dire, elle n'a pas cessé d'être
bretonne avant l'union à la France, union volon-

taire, et non par droit de conquête, union qui, en faisant les rois de France ducs de Bretagne, rendit une duchesse de Bretagne deux fois reine de France.

Ceux de nos historiens qui ont soutenu et plaidé l'opinion contraire en s'appuyant des écrits de leurs devanciers au lieu de s'appuyer exclusivement sur les faits, ont eu, comme ceux-ci, le tort de ne considérer les faits que par siècle pour en saisir l'ensemble et les juger comparativement avec les événements de l'histoire de France. Les progrès humanitaires doivent, en effet, s'apprécier ainsi, pour placer les jalons dans l'histoire du monde : mais, quand on applique cette méthode à une seule province, à une seule ville, particulièrement lorsque cette ville est la plus convoitée dans un pays par les parties belligérantes, il est impossible que l'erreur ne se propage pas. N'avons-nous pas vu de nos jours avec quelle rapidité, en quelques années seulement, le peuple a renversé ses vieilles institutions monarchiques, et comment la liberté qu'il y a substituée a été presque aussitôt anéantie par un glorieux despotisme. En dix années nous avons vu l'antique royauté détruite par la révolution de 89, et celle-ci succombant sous la terreur de 93, devenue la cause de l'avénement de l'empire. Des événements aussi opposés ne peuvent-ils pas avoir été plus rapides encore dans une seule cité ?

Ils l'ont été, en effet. La ville de Nantes, la principale
du duché, toujours convoitée et attaquée par les
Francs, a souvent passé sous leur domination par
la force des armes, mais autant de fois elle a été
reprise par les Bretons comme leur cité légitime.

Seulement, ces nombreuses et fréquentes invasions, on le comprend par la situation de Nantes,
en relations fréquentes par cette situation même
avec les peuples qui ne parlaient pas breton, ont
dû introduire l'usage de la langue française dans
notre ville, lorsque tout le reste de la Bretagne
continuait de parler breton. Mais, en Belgique,
aujourd'hui royaume indépendant, ne parle-t-on
pas le français dans les grandes cités, tandis que
les communes rurales ont conservé la langue
belge? La similitude nous semble exacte.

Revenons à notre récit. — L'évêque Actard
s'était uni aux Nantais contre Lambert avec l'espoir que Nantes continuerait d'être sous l'obéissance du roi de France, et deux partis existaient
dans la cité; l'un, sous la direction d'Actard, en faveur de Charles-le-Chauve; l'autre,
pour la nationalité bretonne, au nom de Nominoë.
Ce dernier ne dut voir qu'un ennemi dans l'évêque
de Nantes, dont il redoutait l'influence : l'évêque
avait déjà refusé d'assister à son couronnement.
Rentré dans Nantes, il fit mettre à exécution son arrêt de déchéance du prélat, et mit à sa place Gislard.

840
Gislard,
évêque.

NANTES, RAVAGÉ PAR LES NORMANDS.

851
Erispoë,
roi des
Bretons.

853

La mort de Nominoë, auquel succéda son fils aîné Erispoë, fit revivre les prétentions de Charles-le-Chauve ; mais ses tentatives pour pénétrer en Bretagne furent infructueuses : il s'arrêta à Angers. Cependant, Erispoë consentit à aller lui rendre *hommage,* en plaçant Nantes sous sa protection. Notre population fut loin de ratifier cette condescendance, par suite de laquelle l'évêque Actard reprit son siége, mais pour retourner bientôt dans un exil plus pénible que le premier. Il venait de rentrer dans sa ville épiscopale, lorsque les Normands y pénétrèrent. Après un horrible massacre, ils se livrèrent au pillage et se retirèrent dans une des îles de Bièce, près de la ville ; en emmenant Actard, avec l'espoir probable d'une riche rançon. L'évêque demeura trois ans dans cette captivité. Erispoë, l'ayant délivré après avoir attaqué les barbares dans leur retraite, le ramena dans la cité nantaise.

Aussitôt, Actard s'efforça de relever les ruines de son église, et, pour y parvenir, il obtint d'Erispoë l'octroi de la moitié des péages qui se prélevaient à Nantes, ayant le soin, pour ménager à la fois les deux pouvoirs sous lesquels son diocèse pouvait se trouver, de faire ratifier cette concession par Charles-le-Chauve. La prévoyance était par trop forte : elle tourna contre lui-même. Le peuple se méfie des hommes qui croient pouvoir servir deux maîtres en même temps. On peut suivre les chances de son pays, par l'amour du sol, par le sentiment d'indépendance du territoire, par l'attachement des lieux où se trouve la famille, où l'on conserve ses habitudes et ses affections : des concessions raisonnables, même dans leur timidité, peuvent faire accepter les mutations politiques qu'on n'a pas eu la puissance ou la volonté d'empêcher : c'est céder à la force des choses; c'est suivre la fortune du pays : mais prévoir lâchement ces mutations, mais les prévoir en se faisant traître en pensée, en espérance, en se ménageant un appui pour un avenir dont on ne partagera pas les chances, ce n'est pas là le rôle d'un homme d'honneur.

Erispoë avait un compétiteur redoutable dans Salomon, fils de Rivallon, frère aîné de Nominoë. Salomon se prétendait souverain légitime : mais ses prétentions s'étaient arrêtées devant son frère, appelé au trône par l'élection et non pas uniquement parce qu'il descendait des anciens rois brétons. Quand Nominoë ne fut plus, l'ambition se fit jour dans le cœur de Salomon. Il put se rappeler un

857
Salomon III, dernier roi des Bretons.

roi de son nom mis à mort par le peuple , parce que ce roi avait voulu se placer sous la protection de l'étranger. Il exploita ce même sentiment de nationalité en accusant Erispoë d'avoir l'intention de livrer la Bretagne aux Francs par l'union projetée de sa fille avec le fils de Charles-le-Chauve. Il souleva le peuple par cette accusation , et marcha à sa tête contre Erispoë, qu'il tua sur les marches d'une église où celui-ci s'était réfugié.

C'était le second exemple d'un roi breton massacré par ses sujets pour s'être allié à l'étranger, tant le sentiment de l'indépendance nationale se maintenait puissant en Bretagne.

A Nantes, le peuple confondit la cause d'Actard avec celle d'Erispoë , qui l'avait protégé d'accord avec le roi des Francs. Pour la seconde fois, Actard fut banni comme traître à la patrie qui l'avait adopté. Il se retira auprès de Charles-le-Chauve , en usant de son influence pour l'exciter contre le monarque breton , et lui fournissant un prétexte pour satisfaire son ambition. Cette ambition le fit écouter, et le conseil plut apparemment , car Charles-le-Chauve fit nommer Actard archevêque de Tours , puis il s'avança vers la Bretagne, moins pour venger la mort d'Erispoë, que pour s'assurer par les armes une conquête qu'il avait espéré faire plus pacifiquement au moyen du mariage projeté. Mais, comme au jour où la population s'était défaite d'un

prince allié des Romains et s'était levée en masse
pour arrêter leur invasion, elle se prépara à résister
à Charles-le-Chauve. Il n'osa braver cet enthousiasme : la guerre civile le menaçait d'ailleurs dans
son propre royaume : il contracta donc forcément
alliance avec celui qu'il allait combattre.

Le trône appartenait à Salomon par une émeute
populaire ; une révolte militaire, excitée par Gurvand, l'en renversa.

Charles-le-Chauve, profitant aussitôt du désordre
qui suivit cette révolte, s'empara de Nantes, et y
plaça, pour évêque, Hermangard, recteur de
Saint-Jean de Nantes, tout dévoué à Actard, qui
l'avait établi dans cette cure.

872
Herman-
gard,
évêque.

Salomon III fut le dernier roi de Bretagne. Ses
successeurs ne prirent que le titre de duc, mais
sans cesser de porter les insignes de la royauté.

874
Pasquiten
et
Gurvand.

Son royaume, partagé entre Pasquiten et Gurvand, devint une cause de guerre civile en Bretagne.

Gurvand, l'un des plus braves guerriers de son
temps, gendre d'Erispoë, était soutenu par les
hommes d'armes qui l'avaient aidé à venger la
mort du père de son épouse.

Pasquiten, gendre de Salomon, s'appuyait sur
le peuple, à qui son beau-père devait sa couronne ;
mais il se priva de cet appui en appelant l'étranger
pour auxiliaire.

Gurvand fut alors regardé comme le défenseur

de la cause nationale, et sa valeur personnelle le fit bientôt accepter par tous. Suivi de 200 hommes, il avait osé braver une armée nombreuse de Normands; et, quand ils se présentèrent sous les murs de Rennes, Gurvand, qui n'avait que 1000 hommes avec lui, fit jurer à ces braves de mourir à ses côtés, plutôt que de reculer, en leur adressant ces paroles mémorables qui devaient un jour être répétées par un autre breton : « Que jamais la fuite » ne ternisse votre gloire ! La mort est préférable » à la honte, et la victoire n'obéit pas à la multi- » tude, mais elle dépend de Dieu seul! » — Les Normands furent défaits. Mais, trois ans après, à la nouvelle que Gurvand est dangereusement malade, Pasquiten rappelle ses indignes alliés, et reprend l'offensive.

877

Gurvand rassemble ses officiers autour de son lit : « Je ne puis, dit-il à ses compagnons de » gloire, je ne puis vous donner l'exemple dans » l'état où je suis; mais arborez mes enseignes, » et l'ennemi prendra la fuite. » — Cependant ses soldats, découragés de ne pas le voir à leur tête, hésitent à marcher. — Gurvand, couvert du manteau d'hermines, se fait porter, dans une litière, à la tête de ses troupes, et les Normands sont une seconde fois mis en fuite... Epuisé par les efforts de ce courage surhumain, Gurvand expire dans le combat, et ses guerriers vainqueurs reviennent en accompagnant cette litière qui lui sert de glorieux cercueil.

La succession passa à son fils Alain, et, de ce moment, la ville de Nantes fut successivement la proie d'ennemis qui la dévastèrent. Charles-le-Chauve n'avait pas su la défendre contre les Normands, que commandait Hastings; elle fut cependant reprise par le duc Alain, mais pour être bientôt encore ravagée par les pirates du Nord; car, au milieu de l'abandon général où Nantes était laissé, les évêques restaient ses seuls défenseurs. L'évêque Landran, successeur d'Hermangard, n'avait pas eu pourtant le courage de s'y maintenir; et, on le conçoit, aucun sentiment national ne l'attachait à son diocèse : il était le délégué du conquérant, et non l'élu du peuple. Il en fut autrement, lorsque les Nantais, ayant recouvré leurs priviléges nationaux par la victoire d'Alain, appelèrent Foulcher, abbé de Redon, à l'épiscopat de Nantes.

Et n'omettons pas de faire remarquer comment l'assentiment des Nantais fait faute à la plupart des prélats nommés par une autorité usurpatrice, tandis que leur confiance est entière dans leurs élus.

Homme de bien, homme de prudence et de bon conseil, dit la *Chronique de Nantes*, Foulcher releva de ses ruines la cathédrale d'Evhémère et

Marginal notes:
877 Alain-le-Grand.

886 Landran, évêque.

889

Foulcher, évêque.

de Saint-Félix , en l'entourant de fortifications pour servir de refuge aux habitants contre les invasions des Normands. Il consacra tous les revenus de l'épiscopat à ce grand travail, en se réservant à peine de quoi subvenir à ses propres besoins et à ceux du clergé de la cathédrale.

Tel est le vénérable prélat que purent admirer et prendre en exemple les membres du concile qui se tint à Nantes dans les dernières années du IX.ᵉ siècle.

X.ᵉ SIÈCLE.

LA VILLE DE NANTES PRISE PAR LES NORMANDS, RECONQUISE PAR ALAIN-BARBE-TORTE.

> « Ne nous sera-t-il pas permis, à nous les descendants de ces fiers Armoricains, de penser avec quelque 'orgueil que là , dans l'intérieur de nos paisibles murs actuels, nous foulons encore le même sol d'où nos braves ancêtres revolèrent au combat pour s'y couvrir d'une gloire immortelle, gloire qui rejaillit sur notre ville et ajoute à sa célébrité. »
>
> J.-J. LE CADRE.

Alain-le-Grand devint le digne successeur de Gurvand. Il fut, comme lui, redoutable aux Normands , et prévoyant qu'après ce chef intrépide , les pirates du Nord reprendraient leur audace, l'évêque Foulcher s'était fait autoriser par lui à relever les murailles qui entouraient la Cathédrale, travaux que continuèrent les évêques Isaïas et Adalard, successivement élus. Mais les Normands se montraient puissants : ils s'étaient déjà emparés de la Neustrie, du Cotentin, du Maine, et, à peine Alain-le-Grand venait d'expirer, lorsque « lesdits Normands assaillirent la cité de Nantes, qui n'avait en celui temps nul défenseur, sinon petits hommes démourés des premières pestilences, et la prirent, fors le château, qui, par la

906
Isaïas,
évêque.

908
Adalard,
évêque.

peur d'eux avait été fait (c'est-à-dire l'enceinte
fortifiée de la cathédrale), et auquel tous les citoyens furent, fors ceux qu'ils avaient jà pris ou
occis, afin qu'ils se pussent mieux défendre ; mais
ils ne leur purent résister. Toutefois, celui-jour
se défendirent-ils vertueusement jusques à la nuit,
si s'en retournèrent les Normands grandement las
à leurs navires, quand le soleil fut couché, afin
qu'ils mangeassent et se récréassent, espérant le
lendemain prendre ledit château avec ses défen-
dants ; mais les Nantais, épouvantés par la grande
multitude des ennemis, prirent les ornements de
l'église et toutes les choses qu'ils purent emporter,
et s'enfuirent chacun où il put. Les Normands,
au matin descendirent de leurs nefs, armés, et
retournèrent au château, mais ils n'y trouvèrent
rien. Lors entrèrent dans l'église et emportèrent
à leurs nefs les dépouilles qui y étaient demeurées ;
puis mirent le feu à la couverture de l'église et
la brûlèrent ; et aussi dérompirent les murs du
château ; en après montèrent les Normands par
Loire. »

910   Les Normands, revenus à Nantes, massacrèrent
les habitants qui avaient osé y revenir ; mais ils
n'y demeurèrent pas, et cette ville resta à l'aban-
921   don. Ils y reparurent à dix ans de là, et recom-
mencèrent leurs dévastations, puis allèrent s'établir
dans les îles de Biesse, dont ils s'étaient fait un

lieu de refuge, ainsi que dans les prés autour de la ville délaissée, pour continuer de ravager les pays environnants.

Nous ne suivrons pas les chances journalières des Nantais dans leurs longues luttes contre les Normands, sinon pour rappeler que la France osa céder aux Normands le comté de Nantes, qui ne lui appartenait pas. « Les Normands gâtèrent, saccagèrent et désertèrent d'une horrible et énorme façon la Bretagne, signamment le pays nantais, et puis, sous la conduite de leur prince Rollon, se jetèrent dans la France, où, après avoir fait un long espace de temps de semblables maux, force fut enfin au roi Charles, surnommé le Simple, de faire appointement avec eux par l'advis et le consentement des princes de son royaume, par lequel il donna à Rollon et à ses gens le pays qui est encore aujourd'hui appelé par eux de Normandie, pour le posséder et habiter, à condition de se faire chrétiens. Et, pour ce que la plupart était lors grandement déserte et gâtée par eux, ils ne se voulurent encore contenter d'iceluy, pourquoi la Bretagne, qui était toute joignante, leur fut aussi assignée. »

Ainsi, les Normands s'étaient rendus redoutables au roi de France lui-même : il n'avait pu les chasser que par des tributs, et ces tributs devaient être payés par les Bretons qu'il croyait ses vassaux. — *Nous les paierons avec du fer*, avaient répondu les Bretons ; et, en effet, « jamais Rollon ne trouva homme en Bretagne qui lui voulut rendre obéissance. » Alain-Barbe-Torte, petit-fils d'Alain-le-Grand, sortant de l'île de Bretagne, où il avait été forcé de se réfugier, vint le fer à la main affranchir sa patrie de ces honteux tributs.

Alain, dit Barbe-Torte, com l'histoire raconte....
Il fut en Angleterre porté petit ensfent;
Et illec fut nourri jusques à certains ans;
Puis revint en Bretaigne en chaczer les Normans....
. . . .
Et les desfit : ce fut en l'an neuf cens
Et trante et six, desploya sa bannière....
Bien se montra à celle nascion,
Qui se nommait Roussars de Normandie,
Lesquels tenaient en leur subgection
Pays Nantois, et sa ville iolie :
Il les destruit et se mist en saisie.

Alain-Barbe-Torte, digne successeur de Gurvand, s'efforçant de reconquérir son royaume, et ayant remporté plusieurs victoires sur les Normands, se dirigea sur Nantes, la seule ville restée au pouvoir des barbares, ou du moins dont ils défendaient l'approche en campant dans les prairies, afin d'être toujours prêts à s'embarquer au premier échec. Alain venait de Guerande ; et, pour entrer à Nantes, il traversa le Marchix, et vint se placer sur une hauteur qui dominait la ville, aux lieux occupés aujourd'hui par le quartier du Calvaire : de là il descendit dans la prairie qui était au-dessous, et appelée la *Prée d'Anian* ou de *Nian* (voir la Topographie de Nantes au x.ᵉ siècle), pour pénétrer dans la ville par la chaussée que Saint-Félix avait fait élever dans l'axe de la rue des Halles. Les Normands, afin de s'opposer à son entrée dans la ville, l'attendirent sur la même prée que baignait le fleuve, où se trouvaient leurs nombreuses embarcations. Alain n'hésita pas à les attaquer ; mais sa troupe, composée presque entièrement de cavalerie, ayant été repoussée, il se retira sur la hauteur ou hautière. *Les Normands, dit la Chronique Nantaise, le chassèrent jusqu'à la sommité de la montagne, où Alain, résidant grandement las et travaillé, souffrant soif merveilleuse, commença à plorer grièvement, et, par humble prière, appeler l'aide de la benoîte Vierge Marie, qu'elle lui daignât ouvrir à son vouloir une fontaine d'eau, dont lui et ses chevaliers abreuvés reprissent leur force ; lesquelles prières ouïes par la Vierge Marie, elle lui ouvrit à son vouloir une fontaine*, qui encore est appelée la fontaine Sainte-Marie, *de laquelle lui et les siens suffisamment raffraîchis et récréés, recouvrèrent leur courage, et retournèrent vaillants à la bataille.* Ils s'élancèrent de nouveau dans la prairie. Alors,

936 *si assaillirent fermement les Normands, et, leur re-*
sistant, aigrement les occirent, et détranchèrent
fors ceux qui s'enfuirent que, grandement épou-
vantés , ils descendaient nageant par le fleuve , et
sen allèrent. En effet, Alain, après avoir forcé les
Normands de fuir dans leurs barques, entra dans
la ville, dont les Nantais s'étaient enfuis depuis
trente années, et, pour remercier Dieu de sa victoire, s'avança vers la Cathédrale , qui n'offrait
plus que des ruines. Il ne put pénétrer dans le
temple qu'en écartant avec son épée les ronces
qui en fermaient l'entrée.

« Ains après plusieurs victoires gagnées, les
Bretons recouvrèrent entièrement toutes les villes
et pays de leur main, sans en rester aucune, ayant
achevé de ce faire le premier jour d'aoust de l'an
1.ᵉʳ août. 936 qui fut pour cette occasion ferié par tout le
pays long-temps après. »

Et cette grande commémoration, ce souvenir
de la patrie reconquise, on l'oublie parmi nous.
Nul monument, nulle inscription ne rappelle la
mémoire d'Alain-Barbe-Torte. Nos vieux chroniqueurs seuls ont perpétué sa victoire et la délivrance de nos pères... Pour nous, dominés par
l'affaire de chaque jour, nous bornons à chaque
jour sa tâche : nous dédaignons le passé sans nous
préoccuper de l'avenir...!

NANTES RÉÉDIFIÉ PAR ALAIN-BARBE-TORTE.
PRIVILÉGES DONNÉS A SES HABITANTS.

« Le nouveau duc fut obligé de rappeler les habitants échappés au massacre des Normands, et qui s'étaient réfugiés au loin : il fut obligé de les faire nourrir, sur leur terre natale, aux dépens du reste de la province, et d'obtenir du roi de France que tous les serfs et coliberts qui quitteraient la France pour habiter Nantes, y jouiraient de la liberté, sans pouvoir être revendiqués par leurs maîtres. ». J.-B. Huet.

Alain-Barbe-Torte, frappé de la situation de la ville de Nantes, fit relever la muraille d'enceinte de la cathédrale que les Normands avaient dégradée, et ce fut dans Nantes qu'il prit le titre de duc de Bretagne, dont notre cité continua d'être la capitale.

L'origine des différents fiefs à Nantes remonte à cette époque. Nous avons déjà dit dans le volume consacré à la topographie, comment Alain donna une portion de la cité à l'évêque ; une autre aux chefs qui l'avaient aidé à reconquérir le duché, et se réserva la troisième portion.

Pour repeupler la ville, Alain fit un appel à tous les étrangers qui voudraient venir s'y établir : ne pouvant leur concéder des propriétés territoriales, puisqu'il en avait déjà disposé, il leur accorda des droits et des priviléges particuliers ; puis il confia l'administration de la cité à Octron,

939
Octron,
évêque.

939 évêque de Saint-Pol-de-Léon, qui l'avait suivi, et qui devint ainsi l'évêque de Nantes.

La ville se repeuplant lentement, Alain-Barbe-Torte fit publier que tous les serfs et coliberts qui voudraient y demeurer, y seraient libres.

On conçoit qu'une population ainsi formée, et devant son affranchissement à Alain, avec les facilités de fortune que fournissait à tout homme actif une ville aussi heureusement située que Nantes, cherchait toutes les occasions de lui témoigner sa reconnaissance : elle l'accueillit donc avec enthousiasme, lorsque son mariage fut célébré à Nantes avec la sœur du comte Thibaut. Les fêtes qui eurent lieu à cette occasion, durèrent huit jours.

POSITION ADMINISTRATIVE DES ÉVÊQUES DE NANTES.

« En celui temps, dit *la Chronique*, l'évêque Octron fit démolir une tour qui encore était demourée des anciens édifices de l'église épiscopale, pour la convoitise d'une pomme dorée qui était sur ladite tour, dont il fut moqué et déprisé par le duc Alain, et, par honte, délaissa l'évêché de Nantes. »

Octron n'avait considéré le titre d'évêque de Nantes que comme celui de l'administrateur temporel de la ville, où ne se trouvait aucun autre prêtre : son chapitre formé, il n'avait point réclamé la sanction de l'élection du peuple uni au clergé, suivant l'ancien usage ; aussi n'avait-il pas quitté le titre d'évêque de Saint-Pol-de-Léon, où il retourna. Cependant, on l'appelait l'évêque de Nantes, ce qui confirme ce que nous avons déjà dit assez de fois, que l'évêque était réellement le premier magistrat de la cité, indépendamment de son pouvoir spirituel. Il en fut ainsi de son successeur Hesdren, également nommé par Alain, en dehors de l'élection, qui était alors le principe du christianisme. — L'abbé Travers, sans remarquer les doubles fonctions des évêques de Nantes, fait cependant cette observation, dont il ne tire pas la conséquence naturelle, qu'*Octron et Hesdren ne furent qu'administrateurs et non titulaires de l'Evéché de Nantes.*

950
Hesdren,
évêque.

Hesdren se montra digne de la confiance d'Alain-Barbe-Torte, et lorsqu'à la mort de celui-ci, les Normands, en apprenant, par allusion à cette mort, que *le grand pieu qui fermait l'entrée de la Loire était renversé,* se présentèrent de nouveau devant Nantes, Hesdren dit aux habitants, pour exciter leur courage, quelles avaient été les vengeances de leurs ennemis. Alors les Nantais, *commandés par leur propre courage,* chassèrent les barbares et les repoussèrent jusqu'à Guerande.

952

Mais un nouveau prélat, Gautier, nommé évê-

960
Gautier,
évêque.

que de Nantes quoiqu'il eût à peine l'âge pour
être prêtre, n'eut pas l'expérience et la fermeté
de son prédécesseur : les Normands rentrèrent
dans Nantes : ils ne purent s'y maintenir, mais ils
emmenèrent captif le jeune évêque.

SOUVERAINETÉ POPULAIRE A NANTES.

« Le pays est plus puissant que le monarque. »
Vieux proverbe breton.

Dès que l'ennemi ne menace plus, la discorde
intérieure éclate par l'ambition des prétendants à
l'autorité supérieure. C'est l'histoire de tous les
peuples et de tous les temps, lorsque le chef de
l'état n'est pas assez puissant par lui-même ; c'est
encore l'histoire de nos jours : les désignations des
divers partis en sont la preuve.

La succession d'Alain était devenue un sujet de
guerre civile. Foulques, comte d'Anjou, qui avait
épousé la veuve d'Alain, voulut avoir l'héritage
complet : il fit mourir le jeune Drogon, fils
et successeur d'Alain. Mais les Nantais n'avaient
point oublié la reconnaissance qu'ils avaient vouée
au père : ils s'indignèrent de la honteuse condescendance de la duchesse, qui ne craignait pas de
rester auprès du meurtrier de son fils, et refusèrent toute obéissance au comte d'Anjou. —

Sans doute, la nationalité bretonne n'était pas aussi puissante que par le passé, dans cette ville repeuplée en grande partie d'étrangers ; mais cette ville était pour eux la garantie d'une liberté qu'ils n'eussent peut-être pas retrouvée dans leur première patrie ; or, c'était bien leur patrie, car là seulement ils étaient devenus hommes libres. Ils se proclamèrent donc dans une sorte d'indépendance en conférant l'autorité qu'avaient sur eux Alain-Barbe-Torte, à l'un de ses fils naturels, Hoël, auquel, en l'absence de leur évêque, alors captif, ils donnèrent le titre de comte.

Hoël ɪv, comte de Nantes.

Mais, à la mort de Drogon, seul héritier légitime d'Alain, Conan-le-Tort, comte de Rennes, qui se disait issu des anciens rois bretons, s'était hâté de réclamer la ville de Nantes comme un démembrement du duché de Bretagne, auquel il prétendait. Il crut vaincre la résistance des Nantais par un crime, par la mort de Hoël, qui fut assassiné dans une partie de chasse en la forêt nantaise.

Au décès de l'évêque Gautier, les Nantais avaient appelé à l'épiscopat, toujours par le même sentiment d'attachement à la mémoire d'Alain-Barbe-Torte, un autre de ses fils naturels, Guerech. — Hoël mort, ils ne voulurent point d'un nouveau maître : ils conservèrent leur indépendance en restant sous les seules lois de Gue-

980 Guerech, comte et évêque.

rech, leur évêque et leur comte : cependant celui-ci nomma pour l'administration spirituelle du diocèse le vicaire Hugo, qui reçut plus tard le titre d'évêque.

Conan déclara la guerre à Guerech et se vengea de sa défaite par un nouveau crime.

Guerech avait laissé un fils trop jeune pour pouvoir gouverner: l'administration de la cité, encore par le vœu des Nantais, qui restaient indépendants du duché, fut confiée à un petit-fils d'Alain-Barbe-Torte, à Judicaël, fils du comte Hoël, sous le titre d'évêque et comte de Nantes.

988
Judicaël,
évêque et
comte de
Nantes. L'incertitude sur la véritable qualité de Judicaël, comme sur celle de Guerech, vient, sans aucun doute de ce que nos historiens se sont toujours efforcés de séparer, dans l'évêque, le chef temporel du chef spirituel, tandis que l'évêque était l'un et l'autre, s'il était prêtre; et, lorsqu'il n'était pas dans les ordres, il n'en gardait pas moins le titre; mais, comme pour Guerech, le pouvoir spirituel était exercé par un vicaire.

Judicaël n'eut donc pas besoin de renoncer à l'épiscopat pour être comte de Nantes, comme le suppose Travers: les deux titres s'alliaient naturellement, sauf dans quelques circonstances où un pouvoir envahisseur séparait forcément le pouvoir spirituel de l'évêque de son pouvoir temporel. — C'est ce que fit Conan IV à son entrée dans Nantes, en forçant Judicaël à fuir, et laissant le vicaire Hugo dans les fonctions d'évêque spirituel de Nantes, pendant qu'il confia le gouvernement temporel à Auriscand, évêque de Rennes, établi dans le château qu'il éleva, au Bouffay, sur les fondations d'une ancienne forteresse romaine.

988
Conan-
le-Tort,
duc de
Bretagne.

Hugo,
évêque.

Toutefois, en revenant sur le gouvernement épiscopal, si l'on admet l'opinion de Travers, et nous nous y rangeons, opinion d'après laquelle Guerech et Judicaël ne furent qu'élus populaires de l'évêché de Nantes, sans avoir été consacrés, sans avoir pris aucun ordre, on s'étonnera moins qu'il ne le fait, si l'on se persuade que la désignation d'évêque à Nantes emportait avec elle la qualification de chef-temporel de la cité.

Jusqu'au moment où les Normands ravagent la ville et forcent les Nantais à abandonner leurs demeures et leurs propriétés, le pouvoir temporel de l'évêque n'est pas séparé du pouvoir spirituel : c'est la tradition de l'autorité chrétienne succédant au pouvoir romain. Mais lorsque après la victoire d'Alain-Barbe-Torte, la ville se forme une population nouvelle par la rentrée des anciens habitants, et surtout par les nombreux étrangers qu'ont attirés les priviléges concédés par Alain, la tradition religieuse doit faiblir, même en admettant qu'une portion de la population soit res-

tée dans l'enceinte ravagée par le fer et le feu.
En effet, cette portion demeurée pendant près
de trente années isolée, sans aucun des secours
spirituels de ses prêtres chassés par les Normands,
a dû se renouveler, et les nouveaux venus mécon-
naissent complétement les anciens usages de la
cité. Les uns et les autres savent seulement que
le premier magistrat de cette cité, c'est l'évêque ;
ils donnent donc ce titre aux magistrats, soit
nommés par Alain, soit élus par eux après sa
mort. — Mais nos historiens, n'ayant jamais voulu
considérer notre histoire locale de ce point de
vue, s'étonnent, se troublent en retrou es
évêques non prêtres, et les uns, dans leur
ou suppriment tous les évêques temporels tre
Gautier et Hugo, ou se bornent à dire qu'ils igno-
rent absolument de quelle manière les fonctions
épiscopales furent remplies dans cet intervalle.

Comment a-t-on pu affirmer que, dans notre
histoire, à ces époques, on ne trouve nulle part
l'action du peuple, lorsque cette action nous
frappe à chaque pas, si nous prenons la peine de
commenter les faits consignés dans les livres
mêmes où le doute est émis, au lieu d'adopter
de confiance des assertions que ces faits démen-
tent ? — Comment, le peuple n'était rien dans
notre cité, lorsque son premier pasteur, l'administrateur le plus influent, provenait de l'élection

populaire! — Lors même que l'évêque ne fut
pas le premier magistrat de Nantes, il n'en continua pas moins d'être le représentant électif des
Nantais ses co-religionnaires. — D'ailleurs, si
d'autres administrateurs sous le titre de *comte*,
qu'avait presque constamment l'évêque, furent
introduits à Nantes, ils le furent comme nous
avons vu les commissaires spéciaux envahissant
les droits des maires, notamment le principal,
celui de la police, mais ne les annihilant pas. —
Non, le peuple ne disparaît pas pendant ces siècles
où nous ne voulons voir que le despotisme, soit
d'un seul maître, soit de plusieurs seigneurs ; il
ne disparaît pas, tant que son agglomération lui
laisse la puissance. Disséminé dans les campagnes,
il subit la loi de la force ; mais il se relève souvent,
quand une nature hardie surgit dans une des mé-
tairies, et que le *paysan* qui en est doué provoque
ses frères à la vieille liberté chrétienne. Dans les
villes, il est toujours fort : parfois il s'efface sous un
grand nom, il abdique en faveur de la gloire qui
le domine, parce qu'il la respecte ; mais, suivez-
le, étudiez-le dans le silence où il se maintient
volontairement, et plus long aura été le silence,
plus long aura été son abandon, son indifférence,
plus il sera près de reprendre son pouvoir. Ecou-
tez : vous entendez çà et là de sourds murmures,
bien bas d'abord, puis qui s'augmentent, tout

prêts à éclater sous le premier pouvoir faible
qui remplacera le grand nom dont l'admiration
fatigue déjà la foule inconstante.

Et parce que la bureaucratie n'existait pas alors,
parce qu'elle ne vous a pas conservé les procès-ver-
baux des élections populaires, vous niez l'action du
peuple! — Pour nous, plus nous scrutons le passé,
plus nous voyons cette action. Elle s'efface souvent,
sans doute, mais pour reparaître souvent aussi, et
assez de fois pour que le progrès humanitaire
fasse son chemin, arrêté par des intervalles qui
sont comme des haltes d'une armée qui marche
vers sa conquête, tantôt luttant contre de pénibles
obstacles, tantôt refoulée jusqu'à son point de
départ, puis se remettant en campagne avec de
nouvelles troupes, et remportant enfin la victoire,
quand un chef habile, secondant son ardeur incer-
taine, se place à sa tête et lui montre le chemin
qu'elle suit avec confiance sur la trace de ses pas.

Telle est la force et la persistance de l'élection populaire, qu'au XVI.ᵉ siècle nous la retrouverons encore intervenant dans les affaires
matérielles des églises, comme un acte de 1547,
convoquant *la plus saine et maire partie des paroissiens*, nous en fournira la preuve dans la
paroisse de Saint-Nicolas, jusqu'au moment où,
dans le même siècle, elle est, non supprimée,
mais régularisée par l'institution communale con-

cédée par Charles IX à l'imitation de la communauté angevine.

CONAN ET LA BATAILLE DE CONQUEREUL.

Revenons à Conan : il fit acte de suprématie bretonne à Nantes, en faisant frapper de la monnaie au titre de *roi des Bretons.*

A cette proclamation, Foulques, comte d'Anjou, se mit en marche pour soutenir les droits de Judicaël, qu'il voulait, disait-il, replacer sur le trône de ses pères.

Conan était alors à Rennes : il n'hésita pas à se porter au-devant de Foulques, pour le combattre ; mais, dans un débat semblable, il ne pouvait laisser avec sécurité à Nantes, l'évêque Hugo, ancien partisan de Judicaël : il le remplaça par Hervé, qu'il savait ennemi du prétendant.

Les deux armées se rencontrèrent dans la lande de Conquereul.

992
27 juin.

Conan n'avait pas assez de cavalerie ; et, dans une plaine, la supériorité de cette arme pouvait être favorable à son adversaire ; il profita d'un long fossé qui existe encore à un quart de lieue à l'est du bourg de Conquereul, dans une lande au nord de Pont-Veix, et qui se développe du midi au nord, sur une longueur de 1000 à 1200 toises,

et sur le côté occidental de la voie romaine
de Blain à Rennes, du rebord de laquelle il n'est
qu'à 20 mètres. Conan établit le front de sa ligne
parallèlement à ce fossé, qu'un talus dérobait à
son ennemi. Alors, Foulques se lançant à la tête
de sa cavalerie, pour l'attaquer, se trouva subitement arrêté par cet obstacle. Profitant de ce premier désordre, les troupes de Conan repoussèrent
vivement celles de Foulques ; mais celui-ci ayant
rallié les siens, leur cria : « Compagnons, voyez
» combien nos ennemis nous craignent, puisqu'ils
» ont besoin d'une telle ruse pour nous   »
Disant ces mots, il s'élança lui-même c
nan, et, par la mort de ce prince, rani
rage de ses soldats, en décidant de la victoi   ro-
fit de Judicaël, qui régna peu de temps. Comme ses
prédécesseurs, *il fut occis par détestable trahison.*

LA FIN DU MONDE.

1000   A la fin du x.ᵉ siècle, le peuple fut vivement
agité par la terreur qu'inspirait le bruit général
de la fin du monde, comme punition des méfaits
et de l'immoralité qui régnaient alors dans toutes
les classes de la société. C'est *l'an mil* qui doit
voir le dénouement de tous ces scandales, et *l'an
mil* est en effroi dans le peuple.

XI.ᵉ SIÈCLE.

PRÉTENTION DES ÉVÊQUES A LA SOUVERAINETÉ DE NANTES.

> « C'était dans des institutions locales que les
> citoyens allaient chercher tous les bienfaits que,
> dans les idées actuelles, on considère maintenant
> comme le devoir, le but spécial du gouvernement
> des nations. »   DE BARANTE.

La succession de Judicaël passa à Budic, son fils naturel : celui-ci eut presque aussitôt à la défendre contre Geoffroy, fils de Conan, qui venait de prendre le titre de duc de Bretagne ; mais les Nantais soutinrent si courageusement les attaques de Conan, qu'il dut renoncer à ses projets. Cependant, l'indépendance dans laquelle Nantes avait essayé de se maintenir après la mort d'Alain-Barbe-Torte, et les divers partis qui s'étaient formés pour se disputer cette ville après la mort de Conan, avaient, depuis l'évêque Hugo, laissé une puissance exclusivement religieuse aux évêques de Nantes. Telle était encore la situation, lorsque Gautier II fut appelé à l'épiscopat nantais. C'était un prélat actif, énergique, fier de ses droits : il fit valoir ceux qu'avaient autrefois possédés ses prédécesseurs, et disputa, à main armée, le pouvoir temporel à

1005
Budic,
comte
de Nantes.
Geoffroy,
duc de
Bretagne.

1005
Gautier II,
évêque
de Nantes.

Budic. Ce dernier s'était fortifié dans le château du Bouffay. Gautier se fortifia dans le château épiscopal ; et, chacun ayant ses partisans, les habitants furent les victimes de ces débats (sur lesquels l'histoire ne nous donne pas de détails authentiques), pendant que la famine achevait de ruiner la malheureuse cité nantaise.

Dans un autre temps, l'évêque eût été fort par son seul pouvoir moral ; mais, au X.ᵉ siècle, les évêques ne se montraient plus les apôtres des premiers temps du christianisme : le désordre s'était introduit dans les rangs du clergé, et les institutions succombaient au milieu de ces tristes dissensions, dans lesquelles le peuple n'était compté qu'autant qu'il fournissait des auxiliaires armés à l'un ou à l'autre parti.

L'hostilité était telle que, pour se créer des auxiliaires, les deux chefs sacrifiaient l'indépendance de Nantes : ainsi Budic faisait hommage du comté de Nantes au comte d'Anjou, tandis que Gautier déclarait ne relever que du duc Geoffroy.

Dans notre introduction, nous avons dit comment les évêques de Nantes, après la proclamation du christianisme par Constantin, devinrent les premiers magistrats de Nantes ; comment, après la retraite des Romains, ils se crurent, par la sanction élective du peuple, une sorte d'autorité suprême ; comment la domination française consacra, pour

ainsi dire, cette autorité en leur confiant le gouvernement de la cité ; comment enfin, quand Alain-
Barbe-Torte divisa le comté de Nantes en trois
fiefs, le partage fut fait entre le souverain, l'évêque,
et les chefs de l'armée qui avait aidé Alain à reconquérir la ville de Nantes. En vain avons-nous
cherché les causes réelles des dissidences entre
les ducs et les évêques : malheureusement, nos
historiens, même les bénédictins, ont considéré
les faits sous l'influence philosophique qui dominait à l'époque à laquelle ils écrivaient et qui
les entraînait malgré eux, au point qu'on leur
doit la funeste pensée qui, dans leur ardeur pour
les études classiques, substitua l'architecture my-
thologique à l'architecture chrétienne, en trans-
formant les admirables ornements intérieurs des
temples gothiques en ornements grecs et romains. Ce système historique leur a fait négliger
complétement les documents, détruits par la
révolution, qui auraient pu nous éclairer sur
le pouvoir magistral du clergé, sur ce pouvoir
populaire qui peut-être leur faisait un devoir de la
lutte contre le pouvoir ducal. Si nous ne pouvons
discuter ce que nous ignorons, du moins nous
rappellerons ici la première noblesse, la noblesse
militaire créée par le partage d'Alain-Barbe-Torte,
comme récompense de brillants faits d'armes. Elle
ne fut pas uniquement un titre personnel : les

héritages la transmirent aux descendants de ces officiers : de là, comme ailleurs, la hiérarchie politique de nobles et de vassaux. Quelques seigneurs en abusèrent sous le règne d'Alain V, duc de Bretagne, et les paysans du comté nantais se levèrent en masse contre la noblesse.

1008
Alain v,
5.ᵉ duc de
Bretagne.
1009

RÉVOLTE DES PAYSANS AUTOUR DE NANTES.

La révolte fut générale, audacieuse, et nous ne savons pas aux époques révolutionnaires les plus ardentes, un langage plus hardiment séditieux que celui placé par Wace (en son roman du *Rou*) dans la bouche des paysans :

« Les seigneurs ne nous font que du mal ; nous ne pouvons avoir d'eux ni raison ni justice : ils ont tout, prennent tout, et nous font vivre en pauvreté et en douleur. Chaque jour est pour nous jour de peine : nous n'avons pas une heure de paix, tant il y a de service et de redevances, de tailles et de corvées... Pourquoi nous laisser traiter ainsi ? Mettons-nous hors de leur pouvoir : nous sommes des hommes comme eux : nous avons les mêmes membres, la même taille, la même force pour souffrir, et nous sommes cent contre un... Défendons-nous tous ensemble, et nul n'aura seigneurie sur nous, et nous pourrons

couper des arbres, prendre le gibier dans les
forêts et le poisson dans les rivières, et nous
ferons' notre volonté aux bois, dans les prés et
sur l'eau. »

Nonobstant ce discours, il faut se garder de
confondre, à cette époque, la vie des grandes
cités et celles des campagnes. Dans les premières,
les classes roturières, par la fortune industrielle
et commerciale, et surtout par leur force d'agglomération, obtenaient nécessairement des concessions dans les luttes politiques ; mais les habitants
des communes rurales vivaient isolés, et cet
isolement leur enlevait toute puissance de résistance. Cependant, leur longanimité se lassa, et
produisit un soulèvement inquiétant sous la minorité du duc Alain.

Ici vient l'un de ces exemples, nombreux dans
le comté nantais, du courage des femmes dans
les guerres civiles, jusqu'à nos jours, particulièrement dans les royales mères des prétendants.
Celle du jeune Alain, la duchesse Havoise, fit
monter son fils à cheval, quoiqu'il ne fût pas en
âge de porter les armes : il se présenta « aux
rustiques assemblés contre leurs seigneurs, en
innumérable multitude, qui déjà avaient occis
aucuns des nobles, brûlé leurs châteaux et leurs
maisons deffensables. Aussi, lesdits nobles, se
joignant à leur jeune duc, assaillirent les compa-

gnies desdits rustiques, lesquels ils déconfirent, persécutèrent et détranchèrent ; car ces derniers étaient venus en bataille sans duc et sans conseil. »

Un semblable résultat n'avait pas eu lieu sans que Nantes souffrît des déprédations des paysans de l'évêché, et les approvisionnements, devenus difficiles, accrurent la misère du peuple.

DÉSORDRES SOCIAUX.
INTERVENTION POPULAIRE DANS L'ÉLECTION ÉPISCOPALE.

1037
Mathias,
comte
de Nantes.
1040
Conan ii,
duc de
Bretagne.
1041
Pudique,
évêque.

Au milieu de ces tristes circonstances, Budic, comte de Nantes, mourut et fut inhumé à Saint-Pierre. Il laissa son titre à son fils Mathias, sous l'administration duquel continua de se manifester une agitation qui avait suivi la rébellion rurale. L'esprit d'indépendance, resté dans le peuple, dégénéra en un désordre social tel dans toutes les classes, que la cour de Rome, sous le pontificat réformateur de Léon IX, dut s'occuper des moyens d'y porter remède ; car le clergé (nous voudrions n'avoir pas à le répéter aussi souvent) donnait malheureusement l'exemple du désordre, et le peuple, dans l'élection de ses évêques, se laissait

1049
trop vivement dominer par l'intrigue qui désignait à son choix ceux qui flattaient ses passions au lieu de s'efforcer de les corriger. « Les désastres de l'église

romaine (disent les modernes moines de Solesmes)
se reproduisaient lamentablement dans la société
chrétienne tout entière... la discipline et les mœurs
ecclésiastiques s'écroulaient de toutes parts. »
Ainsi, au concile de Reims, l'évêque Budic fut
accusé d'être arrivé à l'épiscopat par simonie. En
effet, dit l'abbé Fleuri, dans son *histoire ecclésiastique,* « l'évêque de Nantes déclara que son père,
étant évêque de la même ville, lui avait donné
l'évêché de son vivant, et qu'après sa mort il lui
avait succédé, moyennant de l'argent. » Le concile le déposa solennellement en lui ôtant l'anneau
pastoral, et le pape lui donna lui-même un successeur dans le moine Airard, cardinal abbé de
Saint-Paul de Rome. Mais les Nantais, en conti-
nuant de considérer l'évêque comme leur premier
magistrat, tenaient au privilége de son élection,
quoique ce privilége leur eût été parfois ravi dans
les invasions ennemies. Le pape Léon IX ayant
donc appelé Airard à l'épiscopat nantais, en dehors
du vote populaire, les habitants protestèrent en
rappelant leurs antiques priviléges, et objectant
que l'évêque ne pouvait présider son tribunal de
roi de la cité que lorsqu'il tenait ce pouvoir de
leurs suffrages. Ils rappelèrent que le concile
même dans lequel Budic fut déposé, avait défendu,
sous peine d'anathème, *les promotions d'évêques
sans élections du clergé et du peuple.* Cependant,

1049
3 octobre.

1050
Airard,
évêque.

par respect pour le Saint-Siége, ils reçurent Airard, mais en déclarant qu'ils n'entendaient pas que cette nomination pût tirer à conséquence pour l'avenir, leurs droits restant réservés.

Admis sous de si fâcheux auspices, Airard se montra peu bienveillant pour la population qui ne l'avait accueilli qu'avec répugnance : une antipathie mutuelle provoqua des débats, par suite desquels les Nantais adressèrent au pape une lettre mémorable qui prouve, s'il fallait encore l'attester, que le peuple n'était pas compté pour rien, comme on a bien voulu le dire : nous traduisons mot à mot cette pièce authentique, tirée d'un manuscrit de l'église de Tours, et reproduite en latin par D. Morice :

Au vénérable et beaucoup vénéré pape L, le clergé de l'église nantaise, avec le comte et l'humble peuple.

« Parce que vous avez élevé si haut le siége apostolique de nos temps, nous avions espéré de votre paternité le remède à nos perturbations. Vers vous nous avions jeté les yeux, attendant la paix, ainsi que le dit l'Ecriture, et la paix n'est pas venue. Nous cherchions le bien, nous n'avons eu que le trouble. Un homme sans affection, désordonné, un homme que rien n'émeut, connu de nous par de trop nombreuses expériences, un homme non consentant à faire le bien avec les bons , nous a été envoyé par vous , mais en l'envoyant vous ne connaissiez pas cet homme. Il a été envoyé à l'insu de tous , car personne ne nous a consultés. Cet homme est non-seulement indigne de l'épiscopat, mais de toutes fonctions. Votre paternité doit nous croire , car nous en avons fait une trop cruelle expérience. C'est un homme impropre à toute espèce d'administration publique : il est vain , bavard , turbulent, sans aucune considération , aucune dignité , aucune modération, en désaccord avec lui-même. Aussi n'est-ce point par injure de votre autorité , mais pour le salut et le repos du peuple que nous le repoussons. Aucune raison ne pourrait nous le faire recevoir à l'avenir. Ne vous laissez aller à aucune persuasion , aucune importunité qui aurait pour objet de nous injecter une telle peste plus tard. Nous ne méritons pas cela de notre père apostolique, nous , enfants de l'église romaine. Mais si , ce qu'à Dieu ne plaise, vous et nous venions à méconnaître la sublimité du siége apostolique, qui doit être épargnée, vous reconnaîtriez qu'on ne doit imposer à nul homme un fardeau insupportable. Nous avons pensé écrire ceci à votre paternité afin que vous consultiez l'église de Nantes, dans votre paix, et ceux de nos évêques que la chose regarde, en observant les règles des saints canons que vous avez juré de maintenir. »

On comprend qu'après une telle lettre on ne leur renvoya pas l'évêque qu'ils venaient eux-mêmes d'expulser.

De l'excès du mal devait naître le bien par la provocation d'une réaction salutaire : l'exemple de prélats sans influence, parce qu'ils n'avaient pas su se faire respecter par l'autorité inspirant toujours la dignité qui provient de la pureté des mœurs et du savoir, porta profit. Quiriac, jeune frère du duc Conan, ayant été élu évêque de Nantes, sut obtenir le respect de son diocèse, et ses nobles qualités le firent appeler à la présidence du concile qui se tint à Nantes. S'étant plus tard retiré dans un couvent, il fut remplacé par son frère, Benoît, abbé de Quimperlé, également appelé par l'élection au siége de Nantes. De même que son prédécesseur, Benoît se montra pasteur et magistrat. Il rappela, par son activité et ses travaux, le mémorable épiscopat de Saint-Félix, et, comme son frère, présida un nouveau concile à Nantes en 1107.

Mais, avant cette époque, les sages administrations de Quiriac et de Benoît semblaient avoir préparé les mutations politiques que devait opérer leur frère, prince vraiment digne de ce nom.

1052 Quiriac, évêque.

1054 Hoël Mala-thias, comte de Nantes.

1066 Hoël, duc de Bretagne.

1079 Benoît, évêque.

NANTES, VILLE LIBRE.

Nantes, fondé une seconde fois par Alain-

Barbe-Torte, avec tous les priviléges accordés par ce nouveau fondateur pour accroître la population, devait trembler de passer sous un pouvoir autre que celui qui ne proviendrait pas d'Alain. Aussi, après la mort de ce duc, elle repoussa tout souverain qui, n'appartenant pas à sa famille, aurait pu ne pas respecter son œuvre.

Le comte d'Anjou veut s'en emparer : elle le repousse au nom de son indépendance. — Des ducs bretons viennent bientôt la réclamer au nom de la nationalité bretonne : elle craint ce nouveau pouvoir, et veut rester ville libre.

Mais, aussitôt que notre ville cesse d'avoir sa vie privée sous l'unique autorité de ses évêques, et que, de son consentement, dans son impossibilité de se défendre seule contre des ennemis puissants, elle sent la nécessité de renouer les liens qui l'attachaient à la vieille patrie, le sentiment de la nationalité fait chaque jour de nouveaux progrès. Les Nantais ne sont plus des étrangers venus sur le sol breton : ce sont les fils de ces étrangers, parmi lesquels beaucoup d'ailleurs étaient bretons : le temps a consacré la patrie.

PRIVILÉGES CONCÉDÉS PAR ALAIN-FERGENT.

Après les règnes, insignifiants pour Nantes, de

Conan II et de Hoël Matathias, après des débats continuels entre des prétendants, presque annuels, à la possession de la ville de Nantes, qui, depuis la mort d'Alain-Barbe-Torte, ne sachant plus de qui dépendre, s'était efforcée de se rendre indépendante, cette ville redevint enfin cité bretonne à l'avénement d'Alain-Fergent, fils d'Hoël, que Nantes reconnut avec empressement, car il était descendu d'Alain-Barbe-Torte, et portait ce même nom que les habitants honoraient. Sa bravoure personnelle et sa supériorité d'intelligence réunirent les esprits. Toute la Bretagne se rangea sous ses lois. La noblesse eut foi dans son courage; le peuple eut confiance dans le chef qui s'occupait de l'avenir de la patrie. C'est, en effet, à Alain-Fergent, que remontent les traces premières et certaines d'une réorganisation communale à Nantes. Toutefois, il ne les concéda qu'à son retour de la Terre-Sainte. Mais, avant son départ, ayant tenu son parlement général ou l'assemblée de ses Etats à Nantes, il y rendit la charte qui réglait les rangs entre les grands du pays. Ce fut un moyen de suspendre les luttes intestines qui désolaient la Bretagne. Les croisades vinrent aussi faire diversion à ces mêmes luttes.

1084
Alain-
Fergent,
duc de
Bretagne.

1088

DÉPART POUR LA CROISADE.
SOLENNITÉ RELIGIEUSE ET MILITAIRE A SAINTE-CROIX.
ROBERT D'ARBRISSEL ET LA DUCHESSE ERMENGARDE.

Le duc Alain-Fergent qui, sous le règne d'Hoël Matathias, était allé, en brave chevalier, aider Guillaume-le-Conquérant à la conquête de la Normandie, fut l'un des princes qui accueillirent avec le plus d'enthousiasme la guerre sainte. Il rassembla une brillante troupe d'hommes d'armes dans la cour de son château du Bouffay, où s'étaient célébrées ses somptueuses noces avec la duchesse Ermengarde d'Anjou. La solennité de cette revue de départ pour la Palestine fut une grande fête pour le peuple. Il admirait tous ces guerriers bretons, prêts à marcher pour reconquérir le saint sépulcre, et qui révélaient leur céleste mission par une croix rouge sur l'épaule. Tous rivalisaient par l'éclat de leurs armes et la beauté de leurs coursiers, ainsi que par la richesse de leurs bannières, le nombre et le bon équipement de leurs pages et de leurs écuyers. Là, se montraient, parmi les plus braves, Hervé de Léon, Raoul et Alain de Gael, Raoul de Lohéac, Alain Bouteiller. La grande bannière de guerre était portée par le chevalier Chotard, d'Ancenis. Cette bannière à la croix fleuronnée dans un cercle de

1099

rayons, fut bénite dans la chapelle de Sainte-Croix,
qui garda son nom de cette somptueuse céré-
monie, dans laquelle se fit entendre la parole du
fameux Robert d'Arbrissel. Il avait été appelé
exprès par Ermengarde pour cette grande fête
religieuse et militaire ; il s'arracha à la solitude
de Fontrevault pour céder aux instances de cette
célèbre duchesse Ermengarde dont le nom devait
être inséparable de celui de Robert d'Arbrissel
dans l'histoire de Bretagne.

XII.ᵉ SIÈCLE.

INSTITUTIONS COMMUNALES. — UN MAIRE DE NANTES.

> « Ce duc Alain Fergent, qui moult prudent
> » justicier estoit, establit les siéges de la justice
> » de son pays selon les climats et ordonna que les
> » siéges de la comté de Nantes ressortiraient par
> » appel devant le sénéchal de Nantes, et pour cour
> » souveraine il érigea et créa un parlement en
> » Bretagne, auquel parlement toutes appellations
> » interjetées des sénéchaux de Nantes et de Rennes,
> » et aussi des grands cours des évêques de Bretagne
> » qui ont possession du duc de les faire tenir. »
>
> ALAIN BOUCHARD.

C'est assurément à tort que la plupart de nos **1101** historiens ne font remonter qu'au siècle de Louis-le-Gros les institutions communales. Depuis long-temps la ville de Nantes avait sa représentation municipale sous des titres divers, mais inter-rompue à intervalle (comme nous en avons déjà exprimé la croyance) par le despotisme intérieur ou l'invasion étrangère, que notre ville eut à subir plus que nulle autre peut-être, précisément parce qu'on la considérait comme la principale ville de Bretagne.

Une de ces interruptions pouvait, au reste, exister, lorsque après la première croisade on vit la bourgeoisie profiter de la détresse de la no-

1101

blesse pour recouvrer ses anciennes libertés municipales, non pas telles qu'elles furent antérieurement, mais avec les modifications que les mœurs, les lois, les habitudes, apportent à toute

Mathias, comte de Nantes.

institution. Et c'est de cette époque que dut commencer à décroître l'autorité communale purement ecclésiastique.

août.

« L'an 1101, les princes ayant mis bon ordre aux affaires de la Terre-Sainte, le duc s'en retourna, et arriva en Bretagne au mois d'aoust, au grand contentement de tous ses sujets, mais spécialement de la duchesse, laquelle, voyant que la justice se manioit en Bretagne fort confusément, sans règle certaine ni forme déterminée, persuada au duc, son mari, d'y donner ordre pour le soulagement de ses sujets ; ce qu'il fit en instituant deux sénéchaux, l'un à Rennes, l'autre à Nantes. »

Alors Mathias, frère d'Alain-Fergent, était comte de Nantes, et faisait sa résidence au château du Bouffay : il y mourut dans l'année même des institutions d'Alain.

Nous croyons fermement que la représentation communale rappelée, au XIV.ᵉ siècle, en faveur de Nantes, dans les lettres de Jean V, doit se rapporter à une institution quelconque, proclamée par Alain-Fergent.

Le sénéchal qu'il créa, avec des attributions

judiciaires, avait en outre presque toutes les attributions données plus tard aux maires.

Le titre de *maire* était-il alors employé à Nantes
pour une charge quelconque? nous devons le
croire, puisque nous trouvons dans un *mémoire
signifié par M. l'abbé Mergey, prieur-comman-
dataire des prieurés de Saint-Martin, en Sainte-
Croix de Nantes, contre M. Sarrebourse d'Aude-
ville, recteur de Sainte-Croix*, la citation d'une
charte, sans date, comme la plupart de celles
antérieures au XII.ᵉ siècle, portant que *Raïabert,
maire de Nantes,* avait donné aux religieux de
Marmoutiers un terrain appelé *la cour de Raïabert,*
et situé près d'une poterne du château du Bouffay:
l'antériorité au XII.ᵉ siècle est incontestable, lorsqu'on voit la donation confirmée plus tard par
Mathias, comte de Nantes, qui mourut en 1104.   1104

Mais quelle était la charge de ce maire de
Nantes? Ce titre même a-t-il été exactement reproduit par l'abbé Mergey? Était-ce une sorte de
charge du palais ducal? Était-ce un représentant de
la commune? Telles sont les questions que nous
ne pouvons résoudre. Seulement, on peut affirmer
qu'à cette époque, outre ses attributions judiciaires, le *sénéchal de Nantes,* Maurice de   1110
Liré, exerçait cette charge avec les attributions des
maires actuels, et dès lors une assemblée communale s'occupa des affaires de la cité. Les preuves

s'en trouvent dans plusieurs documents où le mot *communauté de Nantes* est employé; mais nous n'avons pu en trouver la composition.

CONCILES DE NANTES. — ROBERT D'ARBRISSEL.

1110 A cette même époque, un concile fut tenu à Nantes : le duc y assista, ainsi que plusieurs seigneurs bretons, et nous avons lieu de croire que l'assemblée ne fut pas moins politique que religieuse; mais ce qui pouvait concerner la politique n'a point été recueilli par les historiens. Le concile s'occupa des désordres des chanoines réguliers de Doulon, qui formaient une collégiale de Nantes, et des débats entre les abbayes de Redon et de Marmoutiers. Robert d'Arbrissel, qui assistait à cette assemblée, y prononça quelques nobles paroles pour rappeler le clergé à sa dignité, déclarant hautement qu'il était honteux de voir des serviteurs de Dieu plaider les uns contre les autres.

Nous retrouverons bientôt, dans un autre de ces conciles, ces débats parlementaires où retentissaient des voix non moins éloquentes, dans ce même siècle où Nantes devait entendre les trois hommes les plus célèbres de son époque : Arbrissel, Abeilard et Saint-Bernard.

PRIVILÉGES DES VILLES. — LES ÉVÊQUES.

Si l'évêque de Nantes n'avait plus sa puissance matérielle aussi complète que par le passé, si la municipalité romaine se transformait, du moins le prélat continuait d'exercer une grande autorité morale sur le peuple. Les Nantais s'étaient bien trouvés du choix de leurs évêques dans la famille ducale : Benoit venait de se retirer, ils appelèrent à le remplacer, Robert, son neveu, également neveu d'Alain-Fergent. — C'était à la fois un homme instruit, très-lettré, et un brave soldat. Il abandonna la carrière des armes pour répondre au vœu des Nantais.

1111
Robert,
évêque.

Il resta peu de temps dans son évêché, et Brice, archidiacre de Vannes, lui succéda. La ville lui dut de nombreux travaux, et plus spécialement la restauration de la cathédrale.

1112
Brice,
évêque.

A cette époque, le pouvoir ducal passa en d'autres mains que celles qui l'avaient si dignement exercé.

« Alain-Fergent avait gouverné son duché en paix et justice jusqu'à l'an 1111, qu'étant tombé malade il se fit porter en l'abbaye de Saint-Sauveur de Redon, et par les conseils de sa femme, se démit du gouvernement du duché ès mains du prince Conan, son fils. »

Conan III, dit le Gros, suivit les inspirations de son père, et subit l'influence de son siècle ; mais nos efforts ont en vain cherché quelques détails précis sur l'organisation communale qui fut régularisée à cette époque : en vain nous sommes-nous efforcé de sonder tout ce passé : nous n'avons pu qu'y trouver des probabilités : les preuves incontestables nous échappent ; mais nos convictions y restent plus fortes que les témoignages authentiques, et nous croyons surtout comme nous l'avons déjà dit, que, si nos historiens anciens n'ont pas mieux vu l'intervention populaire dans les affaires de la cité nantaise, c'est qu'ayant toujours procédé par ensemble, ils n'ont pas su séparer la grande ville de la commune rurale. C'est une séparation que M. Godart Feultrier a comme nous, mais beaucoup mieux que nous, signalée dans son histoire d'Anjou.

« Dans les campagnes, dit cet historien, le château dominait la hutte du serf avec arrogance... Il en était différemment dans les cités populeuses. l'agglomération, les corps de métiers, les études, arrivaient à former une classe mitoyenne, qui tirait sa force du nombre, de son industrie, et des services qu'elle rendit. »

Rappelons, en passant, que, sous le règne de Conan, l'ordre des chevaliers du Temple établit une commanderie à Nantes, dans le quartier Sainte-Catherine.

Le clergé régulier voyait les couvents avec une défiance qui provenait particulièrement des dons considérables que leur faisaient les ducs et les évêques ; à ce point qu'ils obtinrent la propriété de plusieurs églises paroissiales de Nantes : nous ignorons si cette défiance se porta également sur les guerriers de la Croix. Toujours est-il qu'à cette époque le clergé se mit en hostilité avec le duc de Bretagne, et que ce fut peut-être le sujet des deux conciles tenus à Nantes en 1120. Ces débats **1120** avaient été plusieurs fois évités par le choix de l'évêque dans la famille du duc ; mais on n'avait pas voulu ou l'on n'avait pu en agir ainsi en remplaçant l'évêque Robert par l'archidiacre Brice, et l'on eut lieu de s'en repentir ; car il respecta peu la nationalité bretonne à laquelle la ville de Nantes s'était complétement rattachée sous Alain-Fergent.

L'AMBASSADE D'ALFONSE DE GOULAINE.
ABEILARD ET SAINT-BERNARD AUX CONCILES DE NANTES.

A l'avénement de l'évêque Brice, les liens de **1123** la nationalité étaient bien relâchés dans toute la Bretagne : on s'y attendait à de grands événements que le peuple prévoyait avec une mystérieuse crédulité. Le diable étant apparu en Bretagne, avait dit à une vieille femme : « Dieu a

résolu de faire périr un grand nombre d'hommes. »
— La révélation diabolique eut du retentissement,
et fit son chemin jusqu'à Nantes. On s'y effraya
de la division des seigneurs sous l'influence du
démon, car les seigneurs avaient alors la toute-
puissance. Les uns se rattachaient à la France,
les autres à l'Angleterre, dont les rois regardaient
la Bretagne avec convoitise. L'évêque Brice crut
se ranger sous la loi de celui qui pouvait le plus
facilement envahir son diocèse, en réclamant la
protection du roi de France. Quoique allié du duc
de Bretagne, Louis-le-Gros accepta cet hommage,
et en profita pour prélever un droit sur l'église
de Nantes.

La position du duc était difficile : il devait
craindre à la fois les deux rois. Pour combattre
l'un, il eût fallu appeler ou accepter l'autre pour
auxiliaire, et c'était peut-être se livrer à son ennemi le plus redoutable. La diplomatie lui sembla
devoir se substituer aux armes. Il chargea Alfonse
de Goulaine, l'un des plus riches seigneurs du
duché, et sur l'habileté duquel il comptait, d'une
mission spéciale auprès des deux monarques.
Tous deux menaçaient surtout la Bretagne par la
crainte naturelle que l'un des deux n'accrût ses
forces en s'en emparant. Les faire renoncer l'un
et l'autre à leurs prétentions était un moyen de
conciliation. Alfonse de Goulaine s'acquitta de sa

scabreuse mission à la satisfaction complète de
l'un et de l'autre, parce qu'aussitôt qu'ils n'eurent
plus de crainte que l'un s'emparât du pays que
convoitait l'autre, chacun comprit la nécessité de
l'indépendance de Conan.

Alfonse de Goulaine, en noble Breton, n'avait
agi que pour sa patrie, et cependant telle s'était
montrée son habileté, habileté facile, car la plus
loyale franchise suffisait dans cette ambassade,
qu'en témoignage de la double satisfaction royale,
il reçut l'autorisation de porter sur son écu moitié
des armes d'Angleterre, moitié des armes de
France.

Au retour d'Alfonse de Goulaine à Nantes, 1127
Conan ayant hâte de profiter de la position heureuse qu'il devait à ce seigneur, s'empressa de
solliciter de la cour de Rome un concile, dans
lequel se terminèrent, dans notre cité, les différends entre le duc et l'évêque.

Abeilard se trouvait à cette assemblée, comme
abbé de Saint-Gildas-de-Rhuis. Il était né dans
la seigneurie de Goulaine, dont dépendait le
manoir de Berenger, son père, au Pallet. Il rendit
hommage à Alfonse en lui adressant ce distique :

Arbiter hic ambos reges conjunxit amore,
Et tenet illustris stemma ab utroque domus.

« Arbitre entre deux rois, il les joignit par

l'amitié, et de l'un et de l'autre son illustre maison
emprunta ses armes. »

Mais ce qui valut mieux qu'un distique, ce
fut l'influence dont Abeilard fit usage au concile
de Nantes, présidé par Hildebert, archevêque
de Tours, récemment *élu par le consentement
unanime du clergé et du peuple*, et dans lequel,
suivant la lettre de ce prélat, assistèrent le duc,
avec les évêques et les abbés de Bretagne, ainsi
qu'*un grand nombre de religieux et d'hommes sages*,
l'abbé Fleury dit d'*hommes savans et pieux*. Donc
le peuple avait là sa représentation. Les désordres
sociaux qui se montraient dans toutes les classes,
furent signalés par Abeilard avec une vertueuse
énergie. Le duc donna lui-même l'exemple de sa
soumission à la réforme proposée, en renonçant
à plusieurs coutumes inhumaines qui rentraient
dans ses droits.

« Ce concile, lit-on dans l'*Histoire Ecclésiastique* de l'abbé Fleury, dura trois jours, et on
y abolit deux coutumes inhumaines : la première,
qu'à la mort d'un mari ou d'une femme, tous les
meubles du défunt appartenaient au seigneur ;
l'autre, que tous les débris des naufrages étaient
confisqués au profit du prince. Conan renonça à
ce droit en présence de tout le concile, et demanda que l'on prononçât excommunication contre
tous ceux qui ne voudraient pas renoncer à l'autre ;

ce qui fut exécuté. On défendit aussi sous la même peine les mariages incestueux, et on déclara les enfants qui en seraient nés, illégitimes et incapables de succéder à leurs parents. Défense fut faite de promouvoir aux ordres les enfants des prêtres, s'ils n'avaient été auparavant chanoines réguliers ou moines, afin d'ôter l'idée de succession défendue dans toutes les dignités ecclésiastiques. »

Conan, peut-être habilement conseillé par Abeilard, et satisfait de l'heureux dénouement de la mission d'Alfonse de Goulaine, profita avec intelligence de cette occasion pour améliorer la condition du peuple, qui se lassait des exactions des grands. Il sut se faire, pour lui-même, des libertés populaires qu'il concéda ou rappela, un appui contre la noblesse qui lui disputait son pouvoir, et contre l'étranger, s'il venait de nouveau à le convoiter; car il ne fallait pas croire à la sincérité de l'abandon provoqué des prétentions française et anglaise. Mais quelques-unes de ses actes ne furent pas admis sans conteste par l'évêque de Nantes, ce qui provoqua un quatrième concile tenu dans cette cité, sous la présidence de l'archevêque de Tours, comme le précédent.

1135

« En ce temps-là, le glorieux patriarche Saint-Bernard s'étant eslevé contre les erreurs de M.ᵉ Pierre Abaelard, abbé de Saint-Gildas-de-Rhuis,

fit plusieurs voyages vers le duc Conan et la duchesse Marguerite pour se servir de leur autorité,
afin de ranger cet homme, qui était leur sujet,
à la raison, où il trouva la B. H. Ermengarde,
avec laquelle il contracta une sainte amitié, de
sorte qu'elle lui ouvrit son dessein qui estoit de
se retirer du monde et de fonder et bâtir un
monastère. »

1136   Alors, sous le prétexte d'assister à la fondation
d'un couvent de son ordre à Buzay, mais plutôt
dans l'intention de diminuer l'influence d'Abeilard,
Saint-Bernard « vint trouver la duchesse Ermengarde à Nantes, et fut faire la révérence au duc. »
— Il n'eut garde de manquer au concile tenu
dans la cité nantaise. Les abbés y furent encore
admis. Ainsi, notre ville put voir ensemble les
deux célébrités du siècle, et leur parole dut se
répéter au-delà de l'enceinte où elle s'efforçait
d'entraîner les auditeurs assez heureux pour assister à cette grande lutte parlementaire. La voix de
Saint-Bernard y dut être plus puissante, s'il faut
nous en rapporter à l'effet qu'il produisit : il fut à
Nantes l'objet d'une telle vénération, qu'à chaque
pas sa pieuse intervention était sollicitée pour
la guérison des malades. Après une de ces gué-
risons « Saint-Bernard pria l'évêque de Nantes de
faire assembler le peuple dans l'église cathédrale,
et, montant en chaire, il fit une belle prédication. »

Nous l'avouons, en toute franchise, nous regrettons notre insuffisance pour retracer cette mémorable époque de notre histoire locale. Quelle belle page que celle qui, après avoir montré la Bretagne échappant à deux rois ennemis par une diplomatie habile, représenterait la ville de Nantes sous l'émoi et l'influence de la parole des deux hommes dont le nom se lie indissolublement au XII.ᵉ siècle! Croit-on, en effet, que le peuple ne devait pas, comme de nos jours, s'émouvoir de ces grandes conférences auxquelles prenaient part tous les évêques et tous les abbés des monastères de la Bretagne? Nos Chambres législatives entendent-elles souvent des paroles plus puissantes que celles que durent faire retentir parmi nos pères les voix de Saint-Bernard et d'Abeilard, dans cette Chambre législative du XII.ᵉ siècle?

Un débat entre un duc et un évêque est peu de chose avec deux hommes qui pouvaient le terminer si facilement : quelques concessions de Conan suffirent pour le faire cesser ; mais presque aussitôt le duc dut lutter contre les barons de Bretagne, qui n'acceptaient pas sans résistance les limites imposées à leurs exactions par un prince intelligent et ferme.

Quelque influence qu'on veuille admettre, soit celle de l'imitation de ce qui se faisait dans les

1140

autres états de l'Europe, soit celle de deux hommes de génie sur un prince capable de les comprendre, toujours est-il que, dans notre cité, de nombreuses mutations sont à signaler à cette époque.

Mais, de cette même époque date la cessation de l'élection directe des curés dans les assemblées paroissiales, où jusque-là ils avaient été nommés sans aucune intervention. L'évêque exigea qu'aucun élu ne pût être nommé sans sa ratification. L'élection ne fut plus qu'une sorte de candidature.

Le peuple murmura, se plaignit, et le duc, craignant peut-être lui-même l'envahissement du clergé, parut céder au peuple, par une politique habile, en donnant une organisation plus étendue à la représentation communale concédée par Alain-Fergent, ou plutôt ce n'était qu'une modification de l'ancienne municipalité romaine, continuée par le clergé, et que les évêques avaient le tort de laisser échapper en se refusant à l'élection sans laquelle aucun système communal ne peut avoir de durée. Cependant, Brice étant mort, le peuple n'attendit pas qu'on lui imposât un choix : il se hâta d'élire Itère, religieux et abbé de Bourgueil.

1141
Itère,
évêque.

Fière de ses droits retrouvés, heureuse de la confiance de son prince, la ville de Nantes vit sa prospérité s'accroître par la marche régulière d'un gouvernement qui s'efforçait de respecter les droits de tous dans la limite des lois, et huit années furent ainsi passées dans un repos profitable à la communauté nantaise ; mais la mort de Conan vint provoquer une guerre qui ne fit que mieux sentir le fruit de cette paix qu'on avait crue durable, et à laquelle allait se substituer une longue guerre. Le peuple dut garder des regrets vivements sentis d'un règne intelligent, qui peut-être reçut l'inspiration des deux hommes les plus célèbres du siècle, Abeilard et Saint-Bernard, avec lequel Conan eut successivement des relations et dut solliciter et recevoir leurs avis.

1148
17 sept.

Abeilard était mort peu d'années avant Conan, « Abeilard, le représentant de la philosophie la plus avancée de son époque, Abeilard que, suivant les expressions du docteur Guépin, Nantes pourrait revendiquer, si cette ville avait su le comprendre, s'il y avait dans son sein un monument, une statue destinée à consacrer son souvenir, ou même un pont, une rue, une pierre, quelque chose enfin qui portât son nom et qui servît à prouver qu'elle est glorieuse d'avoir vu naître au Pallet, tout proche de ses murs, l'une des plus grandes lumières du moyen-âge. »

ÉON DE L'ESTOILE.

Ce n'était pas assez de Robert d'Arbrissel, d'Abeilard, de Saint-Bernard, pour l'illustration du XII.ᵉ siècle, une autre renommée dut faire non moins de bruit.

La translation des reliques des saints martyrs Donatien et Rogatien allait se faire solennellement à Nantes : ce fut un prétexte au pape pour y envoyer Albéric, évêque d'Ostée et légat du Saint-Siége, avec la mission secrète d'observer une nouvelle secte, créée par un gentilhomme de Loudéac, nommé Éon de l'Estoile, que le peuple accusait de sortilége, et qu'il eût volontiers fait brûler comme sorcier, mais que ses adeptes vénéraient comme un envoyé de Dieu. Il avait au reste ce langage mystique qui en impose à la crédulité enthousiaste. Ainsi, lorsque, sur le rapport que l'évêque Albéric avait adressé au pape, on força Éon de l'Estoile de se présenter devant le concile de Reims, il y parut tenant à la main un bâton fourchu. On lui en demanda l'explication, il répondit : « Ces deux pointes qui regardent le ciel, signifient que Dieu, maître des deux tiers du monde, m'a cédé le troisième, et, si je tournais ces deux pointes en bas, les deux tiers du monde seraient à moi, et je n'en laisserais qu'un tiers à Dieu. »

Éon et ses disciples furent condamnés au bû-
cher : Éon mourut dans sa prison avant l'exécution
du jugement que subirent ses disciples sans vouloir
se rétracter.

GUERRE CIVILE ET GUERRE ÉTRANGÈRE.

Mathilde, épouse de Conan III, avait eu deux
enfants, Hoël et Berthe ; mais Conan, au lit de
mort, déclara qu'il ne reconnaissait pour son enfant légitime que sa fille Berthe, mariée à Alain-
le-Noir, fils du comte de Penthièvre.

Les difficultés s'accrurent par la mort d'Alain-
le-Noir, et par le second mariage de Berthe, avec
Eudes, comte de Porhoët, que le peuple accusait
d'avoir eu des relations coupables avec l'épouse
adultère de Conan, même en croyant réellement
Hoël fils du duc de Bretagne. C'était aussi l'opinion
de l'évêque Bonald, chanoine de Nantes, puis moine
de Clairvaux, que les Nantais venaient d'élire au
décès de Brice, et qui se déclara pour Hoël.

1148
Bonald,
évêque.

Quoique Berthe eût un fils d'Alain-le-Noir, le
comte Eudes osa prendre le titre de duc de
Bretagne : « Toutefois, les Nantais, ne se voulant
laisser persuader de la déclaration de Conan et
parmi lesquels Hoël avait été nourri, empoignèrent
son parti si bien qu'ils l'établirent, et s'en allèrent

Hoël VI
et
Eudes,
ducs de
Bretagne.

le peuple et les seigneurs en partis suivants les uns Eudes, les autres Hoël que les Nantais défendirent tant qu'ils en eurent le moyen. Alors souvent fit Eudes courir le terroir de Nantes, piller et gaster le pays. »

Hoël se montra reconnaissant de l'adhésion de l'évêque de Nantes : il renonça au *droit de régale*, droit qui, à la mort d'un évêque, donnait au duc tous les meubles du défunt et tous les revenus de l'église pendant la vacance du siége.

A la mort de la duchesse Berthe, un nouveau prétendant surgit : le fils qu'elle avait eu de Eudes,

1156
Conan
le-Petit,
duc de
Bretagne. se révolta contre son père, et se fit proclamer duc de Brétagne, sous le nom de Conan-le-Petit. Les Nantais persistèrent à soutenir la cause de Hoël ; « mais, voyant sa lâcheté, et qu'il n'avait ni cœur ni adresse pour défendre sa querelle, ni eux qui s'y étaient enveloppés pour lui, ils le mirent hors

1157
Geoffroy,
comte
de Nantes. de la ville, et mandèrent Geoffroy, fils du comte d'Anjou et frère du roi Henri d'Angleterre, auquel ils se donnèrent et livrèrent leur ville pour la défendre. »

Geoffroy étant mort après deux années de luttes, les Nantais, lassés de ces mutations de souverains, acceptèrent Conan-le-Petit pour leur duc.

Cette adhésion n'arrêta pas la guerre : Henri II fit valoir les droits que lui donnait, disait-il, la mort de son frère, *vray comte de Nantes par le*

tistre de l'élection des habitants. Ce roi que Saint-
Bernard avait autrefois maudit en disant qu'il provenait du diable et qu'il y retournerait, vint en
Bretagne, suivi des Brabançons, milice barbare,
qui ne justifia que trop, dans notre province, son
horrible renommée. Malgré une vive résistance,
il entra en vainqueur dans la ville de Nantes,
que Conan lui céda lâchement, en ajoutant à cette
lâcheté celle de donner sa fille Constance en ma- **1166**
riage à Geoffroy II, fils de Henri II, que celui-ci **1170**
avait proclamé duc de Bretagne en usant de l'in- **Robert II**
évêque.
fluence de sa présence à Nantes pour faire élire **1175**
Geof-
évêque le neveu de Bernard, auquel il accordait **froy II,**
duc de
toute sa confiance. Robert était un prélat d'une **Bretagne.**
grande simplicité de mœurs, qui se plaisait à s'appeler *l'humble serviteur des Nantais.*

Alors était sénéchal de Nantes Maurice de Craon,
qui avait eu une charge moins paisible que son
prédécesseur ; car les Bretons, indignés de la
domination anglaise, se levèrent de toutes parts,
et la guerre civile, nourrie par l'étranger, porta
ses ravages jusqu'aux portes de la ville de Nantes
qui, contenue par le respect qu'elle portait à son
évêque, se maintenait pour le fils de Henri II.

Robert ayant fait le voyage de Jérusalem, **1185**
Maurice
mourut au retour, et fut remplacé par Maurice de **du Blason,**
évêque.
Blason, qui, malgré son élection par le peuple,
accepta, peu d'années après, l'évêché de Poitiers.

Cependant, Geoffroy II demeura duc de Bretagne, et, étant mort, laissa son héritage à son fils Artur, nom cher aux Bretons, par les prophéties de Merlin, Artur qui, encore enfant, dut disputer cet héritage au comte de Chester, nouvel époux de sa mère, en même temps qu'au roi d'Angleterre.

1196
Artur 1.ᵉʳ,
13.ᵉ duc de
Bretagne.
1198
Geffroy,
évêque.

La Bretagne reconnut solennellement Artur, quoique Henri II, venu à Nantes et y ayant rassemblé tous les États, y eût réclamé la tutelle du jeune duc, que les Bretons lui refusèrent en la donnant à sa mère Constance. Celle-ci fit *octroi* aux Nantais, pour la somme de 5,000 *S* ou 250 *ℍ*, du ban du vin, ou le droit qu'elle levait sur les vins vendus en détail à Nantes. L'évêque réclama pour distraire de la vente des quinze jours pendant lesquels il levait seul tout le droit de la vente des vins, et il commença par mettre l'interdit sur la ville. Après quelques débats, le droit épiscopal fut rétabli et subsista jusqu'à la révolution française par l'abonnement que les États de la province en firent à l'évêque. — En général, le clergé de Nantes sut conserver tous ses priviléges sous les rois de France après l'union.

Jean
de Gou-
laine,
gouver-
neur.

Au décès de Henri II, le fameux Richard-Cœur-de-Lion, son successeur au trône d'Angleterre, fit revivre ses prétentions à la tutelle d'Artur et se proclama comte de Nantes. Il vint mettre le siège devant cette ville, dont Jean de Goulaine était alors gouverneur. Tout le pays environnant fut ravagé par ses troupes, mais le secours de la France le força d'abandonner ses projets en se faisant l'appui d'Artur.

Richard-Cœur-de-Lion mort, le trône d'Angleterre revenait au jeune duc de Bretagne. Jean-Sans-Terre, n'acceptant pas cette souveraineté, s'efforça d'abord de détacher le roi de France de la cause d'Artur. « Voyant ne pouvoir mieux faire ses affaires que par argent, il tint ce chemin, et, trouvant l'âme du roi de France disposée, l'induisit, à grand prix et masse de deniers, de s'accorder avec lui, et, par la plus grande lâcheté de cœur qui oncques fut, abandonner le pupille et sa cause. Et fit si bien l'Anglais que ce roy à trac abandonna le pupille pour de l'argent en la faveur du tyran et usurpateur de l'autruy, et prit la cause de l'inique pour prix et loyer qu'il reçut. »

Jean-Sans-Terre profita de cet abandon : il usurpa l'héritage de son neveu, et se rendit légitime par ce crime dont l'histoire a conservé le récit touchant : il fut lui-même l'assassin du jeune Artur.

Au cri d'indignation qui se fit entendre en France et en Bretagne, Philippe-Auguste ne pouvait garder sa neutralité. Il n'avait pas cru se faire l'appui d'un meurtrier. « Se voyant moqué du roi d'Angleterre, il délibéra de se faire raison par les armes, et reprit la querelle du duc de Bretagne, pour s'en servir. »

DROITS DES ÉVÊQUES.

200   A la fin du XIII.ᵉ siècle, les droits des évêques de Nantes étaient considérables dans la cité. Ils ne prêtaient point serment de fidélité au duc, ne plaidaient point à sa cour, et lorsque les hommes de l'évêque de Nantes faisaient hommage au duc, c'était avec cette restriction : « Sauf la fidélité qu'ils devaient à leur évêque. » En temps de guerre le duc faisait publier le ban de l'*ost* (service de guerre) sur les murs, en son nom, puis envoyait avertir l'évêque de Nantes du jour et du lieu de la réunion, après avertissement, en temps opportun, par un héraut du duc pour les hommes de sa dépendance, et par le héraut de l'évêque pour ses hommes. A l'armée, ces derniers avaient leur bannière particulière. Le prince commandait-il les uns et les autres à la guerre, son armée s'appelait l'*ost*. Autrement, l'armée s'appelait *harelle*.

Pendant quinze jours, l'évêque avait le ban du vin dans toute la ville de Nantes, et crédit sur tous les habitants. Il percevait toute amende imposée sur ses hommes, comme le duc sur les autres habitants. Tout règlement et toute ordonnance dans la ville devaient avoir l'assentiment de l'évêque.

Il n'y avait point d'appel des jugements de l'évêque au duc.

XIII.ᵉ SIÈCLE.

SOUVERAINETÉ DES ÉVÊQUES A NANTES.

« Philippe parla hautement de réunir à la France cette province qui, par la conquête de la Normandie, devenait, selon lui, un fief immédiat de la couronne. Une négociation fut entamée à ce sujet. Mais la résistance qu'y opposa l'évêque de Nantes, fit échouer cette entreprise. »

ED. RICHER.

Au commencement du XIII.ᵉ siècle, nous trouvons Philippe-Auguste à Nantes, comme protecteur de la Bretagne, et pour en ceindre la couronne sur la tête de Guy de Thouars.

Le roi de France y passa une revue brillante des chevaliers bretons, sous son enseigne aux deux lions, *enseigne luisante de fin azur à fleurs de lys d'or ornée*, près de laquelle était l'étendard herminé de Guy de Thouars, qui ne fut pas le premier à donner l'hermine à la Bretagne, mais qui, le premier, plaça l'hermine sur l'écusson ducal.

1205
Guy de
Thouars,
duc de
Bretagne.

Guy de Thouars, allié de la maison de France, avait épousé la duchesse Constance peu de temps avant sa mort, cette malheureuse duchesse dont la France et l'Angleterre s'étaient disputé la main, afin d'asseoir sur le trône de Bretagne un prince de leur maison : cette fois, la France l'avait em-

porté, et ce fut à ce titre que Guy de Thouars
se fit proclamer duc de Bretagne, après avoir
obtenu à Vannes l'adhésion nationale des États.

L'adhésion de Philippe-Auguste, malgré son
protectorat, ne fut pas aussi complète : il se saisit
de la ville de Nantes, comme d'une réserve. Le
nouveau duc ne se sentit pas la force de résister ;
mais aussitôt que Philippe-Auguste voulut faire
acte d'autorité absolue, sans égard aux vieux
usages qui rendaient l'évêque *roi de la cité*,
Geffroy, successeur de Maurice, réclama vivement les anciens droits de l'épiscopat nantais. Le
roi de France en appela à une enquête : elle
1206 constata que l'évêque avait constamment partagé
la souveraineté de la ville, soit avec les ducs
quand ils y avaient résidé, soit avec les comtes
lorsque l'évêque ne portait pas le double titre
d'évêque et comte de Nantes.

Fatigué de ces réclamations, auxquelles s'u-
nissait toute la population nantaise, et ne voulant
pas apparemment lutter contre le clergé, Philippe-
Auguste laissa à Guy de Thouars l'entier gouvernement de la ville et du duché, et à l'évêque
sa royauté citadine, avec son chapitre, et sa fabrique, reste de l'ancienne municipalité romaine.

DÉBATS ENTRE LE DUC ET L'ÉVÊQUE.

En apprenant le départ de Philippe-Auguste, Jean-Sans-Terre revint en Bretagne et mit le siége devant Nantes. Le nouveau duc, soutenu par les habitants, obligea les Anglais à battre en retraite.

1206
1.ᵉʳ sept.

La ville ne se reposa pas sur les forces qui l'avaient garantie : elle comprit que l'ennemi pouvait revenir avec des moyens d'attaque plus puissants, et de nouvelles fortifications furent ajoutées à celles que les Anglais n'avaient pu franchir.

Guy de Thouars mort, le sceptre ducal passa aux mains de son gendre, Pierre-de-Dreux, prince du sang royal de France, arrière-petit-fils de Louis-le-Gros.

1208
Gau-
thier III,
évêque.
1212
Pierre-
de-Dreux,
duc de
Bretagne.
1213
Etienne
de
La Bruère,
évêque.

Aussitôt, comptant sur la faiblesse d'un règne récent, ou sur les dissentiments qui pouvaient en résulter, les Anglais reparurent. Après s'être rendus maîtres d'Oudon et d'Ancenis, ils passèrent la Loire, ravagèrent le comté nantais, et s'avancèrent jusqu'au faubourg de Pirmil : les Nantais firent une sortie, ayant à leur tête le frère de Pierre-de-Dreux, qui, par trop d'ardeur, devança les siens et fut fait prisonnier.

Néanmoins, les Anglais ne purent pénétrer dans Nantes, où Pierre-de-Dreux continua les travaux de défense entrepris par son prédécesseur (1). Ce fut le sujet d'une querelle qui dura pendant tout son règne, avec les évêques de Nantes, et qui ne se termina pas même sous son successeur.

C'était toujours le débat antérieur, celui que Philippe-Auguste lui-même n'avait pu éviter, à savoir que les évêques prétendaient partager le pouvoir sur Nantes avec le duc lui-même, et qu'ils ne relevaient que du pape, tenant leur temporel de l'empereur Constantin. Pierre-de-Dreux ne faisant aucun compte de ces prétentions, Estienne de la Bruère, alors évêque de Nantes, l'excommunia et mit en interdit ses domaines. Le duc en appela à l'archevêque de Tours. Un concile fut convoqué et confirma l'interdiction. Le duc poursuivit ses travaux pour lesquels il envahit les propriétés du clergé. Vint une interdiction du pape, qui ne fut pas plus écoutée. Pierre-de-Dreux était l'un des philosophes et des esprits forts de son époque, très-lié avec les poètes du temps et faisant lui-même des vers. Il traita fort dédaigneusement toutes les remontrances ecclésiastiques. « Quand il parlait des gens d'église, il ne les nommait que vendeurs de sacrements, maquignons de bénéfices, et autres tels titres de mépris. » Sa violence envers l'évêque força celui-ci à quitter son diocèse.

_____

(1) Voir notre 1.ᵉʳ volume : *Topographie de Nantes*, au XIII.ᵉ siècle.

Après des démêlés que le rusé duc s'efforçait
d'embrouiller, une transaction amena cependant
une trêve. Aussitôt une autre querelle surgit.
Les barons de Bretagne armèrent contre le duc,
qu'ils accusèrent d'attenter aux priviléges de la
noblesse bretonne. Il arma de son côté, atteignit
les barons près de Châteaubriant, les châtia assez
vigoureusement et en ramena plusieurs dans les
prisons de Nantes.

1222

Dans ses débats avec Pierre-de-Dreux, l'évêque
ne s'était pas borné à défendre sa cause personnelle; il n'avait pas oublié sa magistrature populaire : il réclama des indemnités en faveur des
habitants dont les propriétés n'avaient pas été plus
respectées que celles du clergé.

Tant d'insistance arrêta le duc; mais, à la mort
d'Estienne, il se hâta de profiter de la vacance du
siége pour continuer ses envahissements, afin
d'étendre les fortifications de Nantes. C'était une
chose utile, et Pierre-de-Dreux pouvait avoir
raison en s'efforçant de mener à bonne fin une
aussi grande entreprise, malgré les murmures
qu'elle faisait naître en blessant les intérêts privés,
toujours égoïstes : il eut le tort d'y joindre la
spoliation, et le prélèvement d'impôts arbitraires,
particulièrement sur les gens d'église.

Clément
de
Château-
briand,
évêque.

Les évêques de Bretagne lui adressèrent des
représentations. La noblesse avait été convaincue

par lui : il la flatta dès qu'il ne la craignit plus,
pour la mettre dans ses intérêts, en l'excitant
contre le clergé, sous le prétexte de ses exigences
financières à toute occasion.

Clément de Châteaubriand, successeur de l'évêque Estienne, en se voyant seul contre tant
d'ennemis, n'eut ni la force ni le temps de résister
au duc, que son hostilité contre le clergé avait
fait surnommer *Mauclerc*, mauvais clerc. Décédé
après moins de deux ans d'épiscopat, il fut remplacé par Henri, qui prit aussitôt l'offensive.

1228
Henri,
évêque.

On conçoit qu'au milieu de ces discordes, sans
cesse renouvelées, la position des bourgeois de
Nantes se trouvait assez difficile : aussi les habitants
craignaient-ils avec raison une attaque extérieure
qui les eût trouvés désunis, c'est ce qui manqua
d'arriver, Robert-le-Diable, duc de Normandie,
ayant déclaré la guerre à la Bretagne ; mais l'archevêque de Reims réussit à concilier les deux
princes, tâche assez difficile avec deux caractères
de cette espèce.

L'esprit taquin et actif de Pierre-de-Dreux se
plaisait dans l'intrigue : il l'employa de toute façon,
tantôt en faisant hommage au roi d'Angleterre,
pour s'en faire un appui contre la France, sauf à
nier plus tard l'hommage ; tantôt en prenant parti
pour les grands vassaux de France contre
Louis IX, dans lequel, malgré son alliance de

famille, il ne voyait qu'un ennemi. Louis IX,
pour se venger, pénétra en Bretagne. Il allait
s'emparer de Nantes, lorsqu'il fut désarmé par
la soumission de Pierre de Dreux qui, plus tard,
le suivit en Palestine, en combattant à ses côtés
sous le pennon royal aux deux dragons, qui avait
remplacé les sangliers de Louis VIII. — Mais
aussi long-temps qu'il demeura à Nantes, ses
débats ne discontinuèrent pas avec l'épiscopat.

LES JUIFS CHASSÉS DE NANTES.

Le siége était encore vacant : faire nommer
un évêque par le chapitre, en dehors de l'é-
lection populaire, qu'on semblait laisser de côté
depuis assez long-temps, c'était perpétuer la lutte
cléricale avec le duc. Le pape crut pouvoir tran- **1235**
cher la difficulté en désignant Robert, évêque **Robert III,**
d'Aquilée, pour diriger le diocèse de Nantes. Ce **évêque.**
fut une mission spéciale, plutôt qu'une résidence
fixe. Cette mission devint pénible : le peuple
souffrit de la disette ; il se souleva contre les
juifs qu'il accusa de ses maux, et l'évêque con-
tribua malheureusement à exciter sa colère.

Robert se montrait un des plus grands partisans des croisades : c'était un de ces hommes
d'enthousiasme dont la foi eût fait un martyr au

temps des premiers chrétiens : sa parole enflamma contre les persécuteurs du Christ des esprits déjà prévenus par leurs souffrances.

Les juifs étaient nombreux à Nantes : ils avaient un sénéchal et des juges de leur nation : ils habitaient un quartier spécial, appelé depuis rue de la Juiverie, dont un duc de Bretagne leur avait fait antérieurement concession dans l'ancienne enceinte du Bouffay.

Pierre de Dreux, le duc philosophe, n'était rien moins que dévot ; mais il savait tout paraître pour ses intérêts, et surtout il savait à propos se servir des passions humaines pour s'en faire un moyen de défense. Naguère il avait excité la noblesse contre le clergé : cette fois, il feignit de partager l'indignation populaire contre les enfants de Moïse. Il s'unit donc aux persécutions contre les Juifs, s'il ne les provoqua, et, en les expulsant, il s'empara des biens que leur avaient concédés ses prédécesseurs à prix d'argent, même sans que sa dévotion récente tînt compte des admonestations du concile de Tours.

1236

LUTTE RENOUVELÉE ENTRE LE DUC ET L'ÉVÊQUE.

Cette affaire terminée, Mauclerc recommença sa lutte avec l'évêque de Nantes ; mais son caractère ardent ayant fini par rassembler, dans une inimitié commune contre lui, peuple, noblesse et clergé, il prit le parti d'abdiquer en faveur de son fils Jean I.ᵉʳ, dit *le Roux*, qui continua la guerre paternelle, au moins avec la même âpreté.

L'évêque Robert, fatigué de ces débats temporels, qui sympathisaient peu avec la nature méditative de son esprit, se rendit à Rome, où s'empressa de le suivre Pierre de Dreux, que son abdication n'avait pas rendu au repos. Là tous deux soumirent leurs différends au pape. Robert demanda et obtint de quitter le diocèse de Nantes. Il fut nommé au patriarchat de Jérusalem.

1237
Jean I.ᵉʳ
dit
le *Roux*,
duc de
Bretagne.

1240

L'an mil deux cent et un an et quarant
Que Saint-Louis, le noble roi de France,
Passa la mer à grand nombre de gens
Devotieux et de bonne créance.

. . . .

Les Sarrasins leur firent dure guerre
Tant qu'ils pensaient s'en aller tous mourir
Le bon prélat mit les genoux en terre
Et commença à plorer et gémir : —
« Benoist Jésus qui voulustes mourir
» Pour nous en croix, aïez de nous pitié :
» Contre ces chiens veuillez nous secourir,
» Qui vos saint lieux ont ainsi prophiané... »

. . . .

Dont Saint-Louis se prit à en plorer
Et la noblesse en eut grande amertume.

Par suite des malheurs de cette guerre, l'évêque Robert devint, en effet, le compagnon de captivité du roi Saint-Louis en Palestine.

L'évêché de Nantes se trouvait dans une assez fausse situation. L'élection épiscopale, depuis un certain temps, quand elle n'était pas annulée par le pape ou par l'archevêque de Tours, ne formait plus qu'une sorte de candidature soumise à la sanction du duc, quand celui-ci possédait Nantes. Or, Jean-le-Roux était déjà excommunié comme son père, partant sans aucun pouvoir reconnu par le clergé; et, le diocèse étant en interdit, le chapitre ne pouvait s'assembler pour faire un choix. Cependant, le peuple demandait un pasteur. L'archevêque de Tours n'osa nommer à l'évêché de Nantes; mais il envoya dans cette ville Galerand, doyen de Tours. Déjà le duc, nonobstant l'abandon du droit de régale par le duc Hoël, s'était emparé de tout ce qui appartenait à l'épiscopat. Galerand se rendit à Rome pour y porter ses plaintes; mais Pierre de Dreux, afin de ne pas laisser peser le débat sur son fils, prit tout à sa charge, et, au lieu de résister ouvertement, il se borna à opposer des fins de non-recevoir, tellement multipliées, que, pendant près de dix années, la ville de Nantes fut sans évêque... Le peuple en souffrait, car les volontés opposées empêchaient tout, sans force pour agir contre l'opposition... Enfin, le cardinal

Othon, envoyé à Nantes par le pape, termina le 1250
débat, ou à peu près, et cependant Galerand ne
revint à Nantes qu'à la mort de Pierre de Dreux. 1251

Galerand avait un bref portant défense à Jean-
le-Roux de rien attenter contre les droits épisco-
paux. Le bref ne fut pas écouté, et le duc et
l'évêque allèrent encore à Rome, où le duc,
*voulant obéir avec humilité aux sentences du saint
siége, promit et jura de se conformer aux jugements
de l'église,* et, pour cette promesse, reçut l'absolu-
tion du cardinal de Saint-Sabine, au nom du pape.
— Ce fut une paix qui dura peu.

La longue interruption du culte avait relâché
tous les liens sociaux : Jean-le-Roux en profita, à
l'exemple de son père, pour exciter le peuple et
la noblesse contre le clergé, en demandant l'abolition de diverses perceptions faites au nom de
l'église.

L'évêque s'adressa encore au pape, qui devait 1259
être fort ennuyé de la ville de Nantes, de son
évêque et de son duc. Il renvoya les parties devant
des arbitres, et la paix définitive fut acceptée
devant Eudes, archidiacre de Nantes, et Regnier,
sénéchal de la même ville.

Le peuple ne restait pas inactif dans ces débats
entre les deux pouvoirs de la cité, et la discorde
était complète : cependant, il finit par embrasser
dans son ressentiment le duc et l'évêque. L'un ne

respectait rien, et l'autre était chaque jour en procès : il en avait de tous les côtés : d'une part c'était avec le seigneur de Sucé, de l'autre avec le seigneur de Thouaré. Ainsi voulut-il s'ingérer de savoir s'il n'avait aucun droit sur la terre de la Sauzinière, dont Normand du Marchil venait de faire don à Jehan de Ses Maisons.

1263   On pouvait espérer que le concile provincial tenu à Nantes mettrait fin à ces débats; mais on se borna à y traiter des affaires ecclésiastiques, et notamment de la chasse interdite aux prêtres.

1264   Galerand mort, l'archevêque de Tours, craignant les empiétements du duc, pendant le temps nécessaire pour la nomination d'un évêque, fit administrer provisoirement le diocèse par Gaulier,

Jacques de Guerande, évêque.   qui se trouva au concile de Nantes, et qui, à la fin de la même année, céda la place à Jacques de Guerande, doyen de Tours, qui vint succéder à Galerand : mais déjà le duc avait fait main basse sur tous les revenus de l'évêque.

1265   Aussitôt, une excommunication nouvelle fut lancée, non-seulement contre Jean-le-Roux, mais encore contre Jahenot de la Chapelle, exécuteur de ses ordres. A la mort de Jacques de Guerande,

1267 Guillaume de Vern, évêque.   elle n'empêcha ni l'un ni l'autre de se saisir des revenus que le duc prétendait lui revenir pendant toute vacance épiscopale, et de recevoir fort mal l'archevêque de Tours, qui s'était hâté de venir

lui-même faire acte d'opposition. Le nouvel
évêque, Guillaume de Vern, ne fut pas mieux
accueilli. Jean-le-Roux étant parti pour la Terre- 1270
Sainte, le calme fut momentanément rétabli. Il
dura peu, le retour du duc ayant eu lieu dans la
même année, et alors se renouvelèrent les excom-
munications et les arbitrages sans rien terminer.

Guillaume de Vern tenait à son autorité, à ce 1274
point de n'en supporter aucune autre. Dans un
procès avec Haimeric Davoir, seigneur de la Fosse,
au nom de dame noble Mabile, son épouse, qui avait
vendu une propriété à Matheline de Ses Maisons,
Haimeric en ayant appelé de la cour de l'évêque
à celle du roi de France, Guillaume déclina le
pourvoi par le motif que son évêché ne relevait
du roi de France en aucune façon.

ÉLECTION ÉPISCOPALE.

Depuis que l'église de Nantes avait été gérée
par des étrangers, nommés contrairement aux
usages et aux anciens priviléges de la cité, la
discorde ne cessait pas de régner. Au reste, telle
avait été la situation de Nantes, à toutes les époques,
chaque fois qu'un ennemi ne menaçait pas ses
murs. L'histoire de notre ville n'est peut-être,
sous ce rapport, que l'histoire de la France :

la paix est le temps des discordes civiles , tant le peuple est peu fait pour le repos. Cependant, la fatigue avait opéré une réaction salutaire, et le calme existait, lorsqu'à la mort de Guillaume

1277 il fallut le remplacer. Le nouvel évêque, choisi dans la cité même , nommé par l'élection du

**1278
Durand,
évêque.**

chapitre et des habitants , fut Durand, sacriste de la Cathédrale. Il était de Nantes, et, comme presque tous ceux de ses prédécesseurs choisis dans la cité, son épiscopat fut calme. Il vécut en paix avec Jean-le-Roux, que l'âge avait pu calmer; car il

**1286
Jean ii,
duc de
Bretagne.**

était plus que septuagénaire, quand son décès laissa le duché à son fils Jean II.

LE DUC JEAN II.

1288   Jean II annonça dignement son règne. Dans les premiers États qu'il tint à Nantes, il proscrivit le droit de tierçage et de pabst nuptial. Suivant l'expression de Dom Bonnard, *on put se marier sans payer sa femme à son curé.*

Le nouveau duc codifia les lois qui régissaient ses peuples, et s'efforça de les améliorer. Il enleva au droit d'aînesse une partie de sa rigueur: les fils aînés avaient la totalité de l'héritage de leurs pères : ils n'eurent plus droit qu'aux deux tiers de cet héritage.

Toutes ces améliorations se firent d'accord avec
les États, dans lesquels les villes eurent une représentation plus réelle que par le passé; car on
s'était efforcé de leur retirer des priviléges que
Jean II leur rendit.

Il avait compris que la liberté bien comprise
est un besoin des peuples ; que le monarque qui
la donne avec intelligence, sans attendre qu'on
le force à des concessions qui diminuent l'influence de son autorité, est sûr d'un repos que
la tyrannie ou la faiblesse n'obtient jamais. Son
pays put jouir de ce calme et de cette paix à
l'aide desquels le progrès social est seul possible,
quand un esprit élevé sait empêcher les passions
de se faire écouter.

LES CHEVALIERS D'OST DE LA BAILLIE DE NANTES.

Jean II fut moins hostile au clergé, que son
père et son grand-père, et vécut sans débats avec
les évêques de Nantes. Aussi n'y eut-il aucune
difficulté pour les hommes d'armes que l'évêque
devait au duc. Le nombre des chevaliers d'Ost
de la baillie de Nantes était de 56 à la fin du
XIII.ᵉ siècle. C'était une sorte de recrutement qui
fournissait un nombre de chevaliers d'Ost par seigneurie, savoir : vicomté de Donges, 5 ; d'Ance-

1292
Henri de
Calestria,
évêque.

1298
Henri III,
évêque.

nis, 3 ; de Machecoul, 5 ; de Clisson, 2 ; de
Rieux, 5 ; de la Roche-Bernard, 3 ; de Guerande, 1 ;
de Montrelais, 1 ; de Sebran, 1 ; du Bothereau, 1 ;
de la Muce, 1 ; de Bougon, 1 ; de Sion, 1 ; de
Rezay, 1 ; et quelques autres, parmi lesquels le
seigneur de la Roche devait un chevalier *pour sa
terre de Vitré qui estoit à Nantes et fust donnée
à fondre les Jacobins de Nantes.*

La revue en fut passée, par le duc, en présence
des seigneurs de Rochefort, de Rougé, d'Ancenis,
de Rays, de Rieux, de la Roche-Bernard, de
Sion, de Rezay; de Messieurs Brient Le Bœuf,
Geuffrey de Guerande, Philippe de Montrelais,
Guillaume Sebran, Geuffroy de la Tour, Guillaume
Botereau, Mathé de la Celle, Herlin de Bougon,
James de la Muce. Le duc Jean II était accompagné
de plusieurs des officiers de sa maison, Alain de
Goyon, Geoffroy Syochan, Guillaume de Rochefort, Alain de Quehillac, Alain de Beaumont, et
autres. Cette revue dut être brillante à cette époque
où la chevalerie venait de naître.

Et, pour faire ombre à cet acte de souveraineté,
le duc était forcé d'accepter l'érection de la Bretagne, par Philippe-le-Bel, en duché pairie de
France ; honneur qui le satisfaisait médiocrement,
quoique Philippe-le-Bel l'appelât *son affectionné
et fidèle Jehan de Bretagne.*

XIV.ᵉ SIÈCLE.

Les Bretons se vont aviser
Et leurs espées bien aiguiser :
Pour soy défendre consque fust
Chacun queroist et fer et fust....
Ains vendoient le bœuf et le vau
Pour quérir corsiers et chevaux....
Et si pensoient défendre fort
Leur liberté jusqu'à la mort ;
Car liberté est délectable,
Et belle, et bonne, et profitable !
Pour ce chacun la désiroit
Garder très-bien : c'étoit leur droict.
De servitude avoient horrour
Quand ils venoient treton en tour
Comment en France elle regnoit.
Fouls étoit qui paour n'en avoit.

GUILLAUME DE SAINT-ANDRÉ.

EXTINCTION DE L'ORDRE DES TEMPLIERS.

La ville de Nantes aurait dû jouir de quelque repos dans l'absence de la guerre étrangère ; mais la guerre intérieure ne manquait jamais d'éclater dans l'absence de l'autre : puis, un instant, sous le règne d'Artur II, fils et successeur de Jean II, la ville se souleva contre les prétentions du roi de France, qui, par suite de l'extinction de l'ordre des Templiers, envoya à Nantes deux commissaires, Pierre de Bailleux et Jean Robert, pour faire vendre à son profit les biens de la commanderie de Nantes. « Mais est à savoir que les deux

1304
Daniel
Vigier,
évêque.
1305
Arthur II,
duc de
Bretagne.

1308

commissaires, quand ils furent venus à Nantes, pour
cuider mettre à exécution leur dite commission,
furent chassez et boutez hors de Nantes vilainement par les bourgeois et autres gens notables
demeurant en icelle, disant que au roy n'appar-
tenoit point avoir les biens d'iceux templiers, mais
appartenoient et estoient confisquez au duc de
Bretagne, leur prince et seigneur, et non à autres. »

La ville, en résistant à Philippe-le-Bel, n'était
donc pas entraînée vers la France, comme on
l'a dit parfois : elle restait ville bretonne, et ses
évêques continuaient, comme par le passé, d'y
avoir une grande influence.

FONCTIONS NOTARIALES DE L'ÉVÊQUE.

Dans les premières années du XIV.ᵉ siècle, nous
voyons le successeur élu de Henri III, l'évêque
Daniel Vigier, remplir l'une des plus anciennes
fonctions appartenant au clergé. Jean II meurt
hors de Nantes, et l'évêque, suivant son droit,
procède à l'inventaire des effets laissés par le feu
duc dans le château de l'Hermine.

LE PABST NUPTIAL ET LE TIERÇAGE.

1309   Cette influence du clergé dans les affaires de la
cité le maintenait en lutte avec le duc, et la querelle

éternelle fut remise en cause, celle qui remontait à Pierre de Dreux, la grave question des divers droits perçus par le clergé, à l'aide desquels le duc Mauclerc avait excité le peuple et la noblesse contre l'évêque : Jean II avait proscrit le pabst nuptial ainsi que divers autres droits de l'église. Le clergé réclama. Le pape Clément V termina le différend en réduisant le *pabst nuptial* ou droit de mariage à 3 *S* pour les personnes aisées, et à 2 *S* pour les autres, le droit de l'extrême-onction à 8 ♑, et *au neuvième* le droit de *tierçage,* qui donnait au clergé le tiers des meubles d'un homme et d'une femme à leur mort.

C'était le dénouement d'une affaire d'intérêt : un débat plus grave se présenta, car il s'agissait de l'étiquette et de la vanité, c'est-à-dire des deux choses qui mènent le monde.

LE DUC ET L'ÉVÊQUE.

Jean III ayant succédé à Arthur II, devait croire éteintes les querelles qui n'avaient pas survécu à Pierre de Dreux et à son fils, lorsqu'un incident vint lui rappeler que l'évêque prétendait toujours marcher l'égal du duc. — Selon l'usage dans les grandes solennités, les bannières ducales étaient attachées, la veille, aux principaux monuments de la cité : Geffroy, huissier-sergent du duc, ayant

1313
Jean III,
duc de
Bretagne.

1329

suspendu la bannière aux armes ducales à la porte
du palais épiscopal, l'évêque réclama; et, pour
éviter de nouveaux débats, Jean III fut obligé de
reconnaître que les biens de l'évêque n'étaient
point *ressortant à son fief.*

LE DROIT DE RÉGALE.

La même question se reproduisit bientôt sous
une autre face. Hoël avait renoncé au droit de
régale, c'est-à-dire à la jouissance des revenus de
l'évêque pendant la vacance du siége. Les ducs
n'acceptaient pas cette renonciation, qu'ils consi-
déraient comme limitée au règne de Hoël, qui
n'avait pu engager l'avenir. Les évêques, bien
entendu, soutenaient l'opinion contraire. Cette
affaire, prétexte ou sujet de tant d'excommunica-
tions antérieures contre les ducs, fut cependant
1315 terminée à leur profit. Au parlement général de
Bretagne, les évêques eux-mêmes concédèrent
que *la jouissance des fruits temporels des regaires,
les siéges vacants et devétus,* appartenait au duc.

LA POLICE DE LA VILLE.

1332 Un autre incident manqua de renouveler la querelle : l'évêque, d'usage immémorial, voulait rester

le premier magistrat de la cité, le maire, comme
le dit M. Guizot. De son côté, le duc prétendait au
commandement dans la principale ville de son
duché. Chacun voulait garder la clef de la maison
commune, chacun voulait avoir le droit exclusif
de réglementer la police municipale de Nantes.
Pour éteindre le débat, il fut convenu que
chacun ferait son arrêté de police et qu'ils auraient
l'un et l'autre une clef de la maison de ville, située
alors à l'entrée de la rue des Halles. Ce débat se
termina par l'intervention de César Chabot, seigneur de Machecoul, qui tenait à la famille ducale,
comme mari d'Aliénor de Bretagne, fille de Jean II,
à laquelle ce duc avait laissé en héritage une petite
croix d'or apportée de la Terre-Sainte, et une
somme de 1000 ᴴ *pour aider à marier de pauvres
demoiselles pucelles et autres de Bretagne.*

MUNICIPALITÉ BOURGEOISE.

Le règlement de police épiscopo-ducal défendit
la continuation du vieil usage païen de la danse
et du chant dans les cimetières aux jours d'assemblées et de vigiles des saints, ainsi que les pardons
qui se tenaient plus particulièrement dans le cime-
tière de Saint-Donatien, et qui n'ont cessé que
depuis peu d'années. — Il taxa le pain, le fro-

1338

ment d'Anjou ou d'Amont valant 14 S le septier, et le meunier ne pouvant prendre sur chaque septier que 2 S et un boisseau. — Le prix du vin fut fixé, ainsi que celui de la viande, des denrées et du poisson, qu'on ne put vendre qu'à la cohüe de la Poissonnerie. — La journée des ouvriers fut également taxée à 12 S, le travail devant durer du soleil levant au soleil couchant.

Pour l'exécution de cette police, une véritable municipalité bourgeoise fut choisie : elle se composa de quatre magistrats, savoir : Briand Maillard (1)

---

(1) Il est à croire que c'est à l'officier municipal Briand Maillard qu'on doit le port Maillard, dénomination que Nantes est dans l'obligation de conserver avec autant de soin que celles qui portent les noms de plusieurs autres citoyens qui ont été des bienfaiteurs de leurs pays, et conserver religieusement, de préférence aux plus grands noms qui lui sont étrangers.

Ce Briand Maillard de 1336 était très-probablement un descendant d'un autre Brient Maillart, seneschal du comte de Bretagne, du Palais et de Rezay, devant lequel fut passé, au mois de mai 1226, un acte de vente par Haimeric de Rezay et Agathe sa femme, à Guillaume de Rezay, chevalier. Cet acte, parfaitement conservé, existe encore aux archives du château de Carheil, avec le sceau du seneschal, pendant à une queue de parchemin, et portant en légende: « S. Briencii Mallart, et au centre une fleur de lis dont la pointe est en forme d'épi de blé. Voici la copie de cette pièce entièrement inédite, et qui n'est pas sans intérêt pour la localité nantaise :

et Olivier de la Tournove, nommés par le duc, et Jehan de Talensac et Johannot de Guitres, nommés par l'évêque, lesquels appelèrent, pour conseil et aides, dix habitants, élus en assemblée du peuple.

Ce ne fut pas tout, le duc Jean III écouta les plaintes du peuple sur l'administration judiciaire; et, dans un édit de réformation, voici quelles furent ses propres paroles : « Comme autrefois nous fussent rapportées et données à entendre plusieurs clameurs et déliances que les subjects de notre duché avoient souffert et soustenoient de jour en jour plusieurs griefs, dommages et oppressions, par quoi le gouvernement, le bien et

---

« Ego Briencius Maillart senescallus domini comitis Britannie, de Palacio et de Rezayo, universis presentes litteras inspecturis notum facio quod Hamericus *Sceriz* de Rezayo vendidit cum assensu et voluntate Agathe uxoris sue Willelmo de Rezayo, militi, quoddam dimidium *paragui*, quod habebat apud reddessail quod se tenet Broche. Habendum et tenendum dicto Willelmo et suis heredibus liberè et quietè et pacificè in perpetuùm possidendum, et sciendum est quod dicta Agatha coram me et multis aliis fide praestita corporali se astrinxit quod in dicto feodo titulo dotalicii ut alio titulo nichil de certo reclamabit. Et ut hoc ratum et stabile sit ad petitionem utriusque partis presentes litteras cum sigilli mei testimonio sigillavi. Actum anno domini millesimo ducentesimo vigesimo sexto, mense maii. » —

(Titres de Carheil).

1226 mai.

l'état de justice avoit été et est amenuysié, et
souvent dépérit en plusieurs et diverses manières,
tant par les officiers de notre duché que autrement,
en grand.préjudice, dommage et vitupere de nous,
de l'estat et gouvernement du pays, en péril de
notre erme ; pourquoi, après délibération en
notre grand conseil, avons ordonné et ordonnons,
etc. » — Suivent alors divers articles tant dans
l'intérêt des roturiers que dans celui des *gentils
hommes* et *gentilles femmes*.

GUERRE ENTRE JEAN DE MONTFORT ET CHARLES DE BLOIS.

« Sitôt que le comte de Montfort put savoir
» que le duc son frère fut trepassé, il se traict
» tantôt à Nantes, *qui est le chef et la sou-*
» *veraine cité de Bretagne.* » FROISSART.

1338

1339
Olivier
Saladin,
évêque.

La ville de Nantes allait subir une rude série
d'épreuves, par cette longue guerre entre Jean
de Montfort et Charles de Blois, que devait sus-
citer l'héritage du duc Jean III. Sans entrer dans
*la grand'matière et histoire de Bretagne, qui gran-
dement pourrait renluminer ce livre par beaux faits
d'armes et illustres aventures qui y seraient ramen-
tues,* nous dirons cependant quelques-uns *de
ces grands faits avenus audit duché de Bretagne,*
auxquels prirent part nos pères. Toutefois, les
habitants de Nantes, plus préoccupés encore du be-

soin de maintenir l'ordre dans la cité que d'épouser la querelle héréditaire, suivirent souvent l'exemple de leur évêque Olivier. Celui-ci, dans ces funestes époques de trouble et de tumulte, s'efforça de concilier les esprits sans prendre parti pour ou contre Jean de Montfort et Charles de Blois. On peut croire que ce fut fréquemment aussi la conduite des Nantais : du moins après la première explosion de leur enthousiasme en faveur de Jean de Montfort, ils se bornèrent à lutter pour le maintien de leur nationalité bretonne, en défendant leur ville contre les Anglais alliés de Montfort, et contre les Français qui soutenaient Charles de Blois.

Jean III, à qui Nantes devait plusieurs ordonnances utiles pour son repos, sa défense et les améliorations de sa voirie, *avait été en l'ost avec le roi de France, devant Tournay, plus grossement et plus étoffé que nul des autres princes. Il s'en retourna vers son pays : une maladie le prit sur le chemin, dont il convint aliter et mourir, sans enfants, dont ce fut dommage, car grands guerres et grands destructions de villes et de châteaux en avinrent entre les gens nobles et non nobles de son pays.* — Au détriment de Jean de Montfort, son frère et son héritier légitime (1), il se choisit pour

1341
30 avril.
Jean de
Montfort
et
Charles
de Blois.

---

(1) C'est ici un grand débat historique ; il pouvait donner lieu à une longue dissertation : nous n'avons pas osé l'entre-

successeur Charles de Blois, époux de Jeanne de
Penthièvre, dite *la Boiteuse*, fille de son frère
aîné, cette princesse prétendant au duché par les
droits de son père qui, s'il eût vécu, devait être
sans contestation l'héritier de Jean III.

Charles de Blois était fils du comte de Blois et

---

prendre ; mais nous ne voulons pas que ce soit une raison pour
ne pas soumettre à nos lecteurs l'opinion opposée. Voici
donc à ce sujet une des notes que nous devons à la critique
à la fois consciencieuse et bienveillante de M. Bizeul :

« Je ne voudrois point dire d'une manière formelle que
Jean de Montfort était l'*héritier légitime* de Jean III. Cette
grave question d'hérédité, si elle doit entrer nécessairement
dans l'histoire de la Commune de Nantes, doit être traitée
avec toute l'impartialité qui est dans les intentions de l'auteur. Il est temps que la cause de Jeanne de Penthièvre soit
enfin plaidée, étouffée qu'elle a été jusqu'ici par la victoire
de son compétiteur, par une possession plus que centenaire
de la descendance de celui-ci, par l'alliance royale de la
duchesse Anne, et enfin par la réunion de la Bretagne au
royaume de France. Tous ces motifs ont fermé la bouche
aux historiens bretons et français. Froissart, seul, Froissart
contemporain, a soutenu les droits de la fille de Guy de
Bretagne. Mais Froissart était anglo-français et tout-à-fait
en dehors de l'influence des partis belligérants. L'arrêt rendu
à Conflans en faveur de Charles de Blois ; les plus grands
noms de Bretagne, les Rohan, les Duguesclin, les Beaumanoir, etc., etc., combattant pour sa cause ; les tentatives
des Penthièvre pour ressaisir l'héritage de leur aïeule, et
après tant de défaites les *ratifications* demandées aux *vaincus*
par les possesseurs de fait jusque dans le XVI.ᵉ siècle, tout

de Marguerite de Valois, sœur du roi de France. Encouragé par ce dernier, après avoir enlevé les places d'Oudon et de Carquefou, il vint assiéger la capitale et la première ville du duché de Bretagne, où Jean de Montfort, à la première nouvelle de la mort de son frère, s'était hâté de se rendre,

1341

---

tend à prouver que le droit de Jean de Montfort n'était pas parfaitement clair, et que ce procès n'a point encore été jugé en dernier ressort, quoiqu'il date déjà de cinq siècles.

» Jean III *ne se choisit point pour successeur Charles de Blois*. Il avait fait son testament un an avant sa mort, mais cet acte important n'a pu être retrouvé. Le droit commun restait donc en son entier.

» Jean de Montfort n'était pas sorti de Marie de Limoges, mère de Jean III et de Guy de Bretagne. Il alla cependant prendre à Limoges le trésor de cette seigneurie, qui appartenait à Jeanne de Penthièvre.

» Jean de Montfort commença la guerre. Il fit le siége de Chasteauceaulx, de Brest, de Rennes, de Hennebon, d'Auray, etc., preuve assez claire qu'il n'était pas reconnu pour successeur légitime. — Charles de Blois ne prit les armes qu'après l'arrêt de Conflans.

» Puisque l'auteur donne les raisons qui limitaient en faveur de Montfort, il faudrait donner aussi celles pour Jeanne de Penthièvre.

» Il faudrait parler des États tenus à Nantes à requête de Jean de Montfort, où la meilleure partie des barons se déclara pour Charles de Blois.

» Il faudrait raconter toutes les circonstances du siège de Nantes, et dire que les bourgeois refusèrent d'abord de prendre les armes, etc. »

afin d'y *mander les conseils des bonnes villes de toutes les cités* et d'y faire acte de souveraineté. En effet, suivant la chronique, c'était lui

> Qui au duc devait succéder
> Selon le répons que Dieu fit
> A Moïse quand il lui dit „
> Comme la sainte écriture parle,
> Que, si homme meurt sans fils mâle,
> À sa fille va l'héritage,
> Mais si il meurt sans l'un ni l'autre,
> Au frère va sans nulle faute.

Jean de Montfort, dans un long *escrit,* soutenait donc qu'il avait seul droit au duché de Bretagne : « 1.° par la loy divine, par l'autoryté de Moïse et celle du 4.ᵉ livre des roys ; 2.° par la loy naturelle, étant plus proche qu'aucun autre ; 3.° par droit de moralité, parce que l'homme vaut mieux que la femme ; 4.° par droit de raison, parce que les philosophes ont dit qu'en ligne collatérale le frère succède avant tous les autres au frère ; etc. ; qu'en Bretagne, toutefois qu'il y a eu hoir mâle, il a succédé et forclos toute femelle, quoiqu'en degré pareil ;... *item* nous avons l'exemple de la benoiste vierge Marie, qui ne succéda mie à Dieu au gouvernement temporel ni au spirituel du peuple, ne ne jugea mie ;... que depuis que la duché de Bretaigne est pairie, tous dits mâles y ont succédé, combien que plusieurs femelles en pareil degré y fussent et y aient été... Office de duc est de gouverner le peuple ; or, la femme ne le peut et ne le doit, l'apôtre disant qu'elle ne doit avoir aucune autorité sur les hommes... Les pairs de France sont comme les patrices des empereurs, et sont les conseillers des rois, qui doivent mettre la main à l'épée au couronnement des rois, ce que les femmes ne peuvent pas... »

Et Jean de Montfort ne prévoyait pas alors qu'une femme, que la sienne, lui donnerait bientôt un démenti, en mettant l'épée à la main pour lui conserver son duché-pairie.

Avant que se révèle cet admirable courage, rentrons dans la ville de Nantes.

Si, dans cette ville, plusieurs hésitaient à prendre un parti décisif, il n'en était pas de même du comté nantais partagé d'une manière nette entre les deux prétendants. Toute la partie vers l'Anjou tenait pour Charles de Blois : c'était celle exposée aux attaques du roi de France, et elle trouva plus sage de se tourner de son côté ; mais la vraie Bretagne, tout le côté maritime et notamment Guerande, se déclarant hautement pour Montfort, *lui fit féauté et hommage comme à duc de Bretagne et à son seigneur.*

Il fallait tenir la lutte contre le roi de France, qui avait promis soutien à messire Charles de Blois, en lui adressant ces paroles avant son

départ pour la Bretagne : « Beau sire, hâtez-vous
de reconquérir bel héritage sur celui qui le tient à
tort, et priez tous vos amis qu'ils vous veuillent
aider à ce besoin : je ne vous y faudrai mie : ains vous
prêterai or et argent, et dirai à mon fils le duc de
Normandie qu'il se fasse chef avec vous. Et vous
prie et commande que vous vous hâtiez, car si le
roi anglais notre adversaire de qui le comte de
Montfort a relevé la duché de Bretagne, y venoit,
il nous pourroit porter grand dommage, et ne
pourroit avoir plus belle entrée pour venir par
deça, mêmement quand il auroit le pays et les
forteresses de Bretagne de son accord. »

1341   Le duc de Normandie vint donc, à la tête d'une
grande foison de gens d'armes, pour soutenir les
droits de Charles de Blois. Il avait 5,000 hommes
d'armes français, et 3,000 arbalétriers génois, plus
un certain nombre de gens de trait. Après avoir
passé la Loire à Thouaré, cette armée se présenta
devant Nantes. « Si l'assiégea tout autour, et fit
tendre tentes et pavillons si bellement et adonné-
ment que vous savez que Français savent faire. »

   « Il y avoit dans la ville quelque bon nombre de
gens de guerre, et étoit augmentée par *un nombre
de jeunes bourgeois de la ville,* qui s'étoient vaillamment armés, car les habitants de Nantes s'étoient
montrés les premiers à entrer gaillardement dans
le parti de Montfort. »

Celui-ci, à leur tête, fit une résistance vigou-
reuse ; mais une sortie, qui avait pour but d'enlever
un convoi destiné à l'armée ennemie, devint funeste aux Nantais.

Après un combat sanglant, ceux des assiégés
qui avaient pris part à la sortie, rentrèrent en
désordre, en laissant plusieurs prisonniers.

La défaite des Nantais dans leur sortie, fut une
première cause de démoralisation, à laquelle vint
s'en joindre une seconde. Deux cents Bretons
ayant défié un égal nombre de Français, le combat
eut lieu près du val Garnier et laissa sur le champ
de bataille 170 morts parmi les Bretons. Les autres
emmenés au camp, y furent froidement massacrés :
leurs têtes, tranchées et lancées dans la ville,
apprirent aux assiégés le sort que le vainqueur
leur réservait. Alors on parla de capitulation,
et, en effet, le comte de Montfort, voyant l'impossibilité de résister, livra forcément la ville à
Charles de Blois, ou plutôt au roi de France.

1341

> Montfort, par promesse incité,
> Alla à Paris, la cité,
> Et bailla Nant', n'en doutez mie,
> Garder au duc de Normandie,
> Qui lui jura, et par sa foi,
> Lui promit, comme fils de roi,
> Qu'il la lui rendroit sans débat
> En tel point et en tel état
> Comme il la prenoit de lui.

Jehan se fioit moult en lui...
Mais fut pris Jehan de Bretaigne,
Et en prison mis pour enseigne
Que le roi en avoit puissance
De lui porter très-grand'nuisance...
Et l'on prit ses châteaux et villes
Ses forteresses, domiciles...
Et fut donné à son instance,
Par jugement et par sentence,
Que tout homme recevroit mort
Qui seroit ami de Montfort;
Dont s'ensuivit grand'occision
Sur tous ceux de la nation...
Et pour ce que Jehan étoit
En prison tenu à l'étroit
A Paris dans la tour du Louvre,
En lieu où l'huis derrière n'ouvre,
Et là tenu bien longuement,
Trois ans et plus, étroitement,
Sans pouvoir avoir délivrance,
Ne put pas montrer sa vaillance...
Mais toutefois par pauvre gence
Fut délivré moult sagement
En guise d'un pauvre marchand.

Avant cette délivrance, Charles de Blois croyait
son ennemi sans défense; car Montfort n'avait laissé
en Bretagne qu'un enfant de trois ans et une jeune
femme qu'on craignait peu, parce qu'on ne lui
connaissait pas, a dit l'un de nos historiens, ce
caractère intrépide qui défie et rappelle la fortune;

mais *cette dame avait bien le cœur tel que jamais siècle n'en rencontra tel en femme.*

JEANNE DE MONTFORT.

« Beauté de femme et cœur de lion. »

« Cette femme avoit de grandes parties, et étoit vertueuse outre tout naturel de son sexe; car elle étoit de sa personne vaillante et hardie à la main autant que nul homme ne fut : elle montoit à cheval, elle le manioit mieux que nul ecuyer : elle combattoit à la main ; elle couroit, dormoit parmi une troupe d'hommes d'armes, comme le plus vaillant capitaine; elle combattoit par mer et par terre, tout de même assurance ; et quant au conseil, elle savoit dresser une bataille, garder une place, traiter avec les princes, pourvoir et aviser aux choses requises, surprendre son ennemi, entrer et se retirer à point, autant que nul capitaine; assaillir et se défendre, assiéger et soutenir le siége, endurer la fatigue, porter les armes comme le plus vaillant des hommes. »

« Ayant su la défortune de son mari, elle fut infiniment troublée, se voyant délaissée avec son enfant pupille, de l'âge seulement de trois ans; mais elle se résolut en peu de jours et reprit ses esprits. »

Après avoir rassemblé quelques seigneurs bretons, sur lesquels elle croyait pouvoir compter, elle leur dit, *en tenant son petit fils sur ses bras:* « Mes amis, ne vous défiez de la grâce de Dieu. Nous sommes grandement infortunés de ce qui est advenu en la personne de Monseigneur ; mais j'espère, par la grâce de Dieu, qu'il sortira de là où il est tôt ou tard, et qu'encore nous le verrons sain et sauf. Prenez cœur, et ne veuillez abandonner celui qui a mis toute son espérance, après Dieu, en vous et en votre loyauté. »

Puis, aidée par cette troupe dévouée, elle laissa la ville de Rennes, qui était demeurée fidèle, à la garde d'un vaillant capitaine appelé messire Guillaume de Cadoudal, de Vannes ; et, parcourant les villes, villages, hameaux, elle se fit de nombreux partisans *par beau parler, par promettre et par donner,* et se forma une armée dont elle prit elle-même le commandement, en substituant un vêtement de fer au riche et élégant costume de la plus grande dame de Bretagne.

On lui amena un cheval, on lui apporta des armes ; on la revêtit d'une cuirasse incomparable, que nulle lance ne pouvait percer. On lui donna des chausses de fer ; on lui mit au pied des éperons dorés, et on lui pendit au cou un bouclier où une hermine était représentée. On lui mit sur la tête un casque tout brillant de pierres précieuses, et si bien forgé qu'il n'y avait point d'épée qui pût le fausser.

Mais sa troupe n'était pas assez nombreuse pour lutter contre un ennemi puissant : elle réclama les secours de l'Angleterre contre l'injuste agression de la France ; et, pour recevoir ses auxiliaires, elle se rendit à Hennebon.

1342 mai.

Charles de Blois quitte aussitôt Nantes pour aller faire le siége d'Hennebon.

Mais la présence de la comtesse communique à la garnison l'enthousiasme par lequel se double la force. Qui n'eût pas juré de mourir pour cette femme, jeune, belle, pleine de courage, et qui, l'épée à la main, donnait elle-même à ses soldats l'exemple de la valeur ; cette femme qui partout se trouvait la première où était le danger, et qui avait su faire passer dans l'âme des autres femmes l'intrépidité qui l'animait ! A Hennebon, la population tout entière, sans distinction de sexe, jura de s'ensevelir sous les murs de la ville plutôt que de se rendre... Tout habitant devint soldat, toute femme voulut être digne de la comtesse de Montfort... Mais quelle n'était pas l'ardeur des hommes d'armes attachés à sa cause, lorsqu'ils la voyaient *armée de corps et montée sur un bon coursier, chevauchant de rue en rue par la ville, et sermonant ses gens de se bien défendre !* On voyait à sa voix, *femmes, dames, damoiselles*

*et autres défaire les chaussées, et porter les pierres
aux créneaux, avec bombardes et pots pleins de
chaux vive pour jeter sur les assaillants.*

La défense ne suffisait pas à sa bouillante valeur : *jamais amazone ne se montra si vertueuse,
et si fit un exploit de la plus grande hardiesse
qu'oncques hommes eut su adviser.* Un jour l'assaut
durait depuis plus de dix heures, et le danger
devenait pressant : du haut des remparts, re-
gardant le camp des assiégeants, elle le voit mal
gardé : *pour lors elle s'avise d'une hardie entreprise :* par une porte opposée à celle du côté où se
donne l'assaut, elle sort elle-même à la tête de
300 hommes d'armes bien montés, se jette avec
impétuosité dans le camp, met le feu aux tentes,
massacre ceux qui s'y trouvent, et oblige les
assiégeants surpris à abandonner les murailles
pour aller défendre leur camp.

La cavalerie ennemie la poursuit, sans l'atteindre; mais, ne pouvant rentrer dans la place,
pour échapper à ses ennemis elle disperse sa
troupe, la rallie dans Auray, où elle en double
le nombre par l'admiration qu'elle excite, puis
*un bien matin, à l'aube du jour, remontant à
cheval, suivie de 500 hommes d'armes, revenant
audacieusement, en passant par un côté du camp
des ennemis, elle se rend vers une des portes qu'elle
fait ouvrir,* et, à la vue de l'armée française,

elle rentre dans Hennèbon, *avec grand cri de trompettes, tabourins et clairons, qu'il semblait que tout dut renverser de la joie et allegresse des gens de guerre. Et qui ouït jamais parler de telle valeur et hardiesse de femme, et, à grande peine, d'homme !*

Les Français, ayant su ce qui s'était passé, ne furent jamais si honteux, ni si courroucés d'être tellement menés d'une femme, à la barbe de leur camp.

Cependant toute résistance devenait impossible : quelques esprits faibles parlaient de capitulation. Jeanne de Montfort se montre : sa voix ranimait déjà les plus timides, lorsque la flotte anglaise parut.

Ces auxiliaires, conduits par Gautier de Mauny, voulurent, par une action d'éclat, se rendre dignes de marcher sous les ordres d'un tel chef : ils n'entrèrent dans sa ville qu'après avoir brûlé les machines des assiégeants.

Alors on vit *la comtesse descendre de son châtel à grand'chère, et baiser messire Gautier de Mauny et ses compagnons les uns après les autres deux ou trois fois.* — Et besoin est-il de se demander si chaque guerrier s'anima de l'accolade de *la vaillante dame.* Ce fut bien plus encore quand, après, *voulant les fêter liement, elle fit appareiller son châtel, et donna à diner moult noblement à*

tous les chevaliers et écuyers de renom, leur de-
mandant moult intentivement de leurs aventures,
combien qu'elle en scût-jà grand'partie.

Charles de Blois leva le siége et ne fut pas plus
heureux l'année suivante : son armée fut accueillie
avec un mépris qui coûta la vie à deux braves
chevaliers. Allez, leur criait-on des remparts ;
vous n'êtes mie encore assez ; allez quérir d'autres
compagnons... A ces menaces il fallait répondre
par la bravoure ; on y répondit par la cruauté :
Jean Bouteiller et Hubert de Fresnay étaient
captifs de Charles de Blois ; un de ses chefs
demanda que leurs têtes fussent tranchées à la
vue du camp et de la ville.

La fatale exécution devait se faire le lendemain
du jour de la demande : Jeanne de Montfort l'ap-
prend ; elle n'hésite pas : elle appelle Amaury de
Clisson et Gautier de Mauny, avec des hommes
d'armes déterminés, se jette une seconde fois
dans le camp ennemi, y trouve *les deux chevaliers*
Jean Bouteiller et Hubert de Fresnay qui n'étaient
mie à leur aise : mais ils le furent aussitôt qu'ils
virent la belle comtesse, car leur délivrance ne
tarda pas.

Soit honte, soit impuissance, Charles de Blois
abandonne encore le siége d'Hennebon.

La comtesse de Montfort en profite pour aller
elle-même solliciter de nouveaux secours en An-

gleterre et y conduire son jeune-fils : elle revenait avec une nombreuse flotte, lorsqu'elle rencontra l'escadre ennemie montée par les Génois et commandée par Charles de Blois lui-même. Elle ordonne l'abordage, et *cette belle comtesse, armée, qui bien valait un homme, car elle avait beauté de femme et cœur de lion, tenant un glaive moult roide et bien tranchant, trop bien combat et de grand courage.*

L'escadre ennemie ne résiste pas et abandonne le combat. Quatre des bâtiments montés par les Génois restent au pouvoir de la comtesse de Montfort, qui, allant débarquer sur la côte de Vannes, s'empare de cette place par escalade.

Pour seconder la valeureuse comtesse de Montfort, Edouard, roi d'Angleterre, vint assiéger Nantes ; mais les Français se hâtèrent d'arriver au secours des habitants, qui s'étaient tenus sur la défensive avec beaucoup de fermeté, et les Anglais se retirèrent.

C'est alors que Montfort, évadé de sa prison, alla retrouver Jeanne de Montfort à Hennebon, afin de partager sa gloire et ses dangers.

Toute la Bretagne était lasse de la guerre. Une suspension d'armes, ménagée par le pape, entre les deux rois et leurs alliés, assura pendant quelque temps un peu de tranquillité à Nantes.

Jean de Montfort mourut à Hennebon.

1344
26 sep.

Si mourut!... Dieu fasse pardon!
Et fut Jehan le bon Breton!...
Empres succéde un qui nomma
Jehan son fils qui moult aima
Et fut nourri durant la guerre
En la cour du roi d'Angleterre.

LES TROIS JEANNE.

> « Vraiz Dieu, pardonnez-moi la mort des bonnes
> » gents qui cy meurent pour moy. J'ai guerryé
> » longtemps outre ma voulenté, et par l'enborte-
> » ment de ma femme, qui toujours m'a donné à
> » entendre que je avoie bon droict. »
>
> CHARLES DE BLOIS.

Charles de Blois veut profiter de la mort de
son rival pour se faire proclamer duc de Bretagne;
mais Jeanne de Montfort, qui avait fait revenir son
fils d'Angleterre, rassemble les chèfs de son armée: « Messieurs, leur dit-elle, en leur présentant
» son jeune fils, ne vous ebahissez mie de Mon-
» seigneur que nous avons perdu: ce n'était qu'un
» homme : voicy mon petit enfant, qui sera,
» si Dieu plait, son restorier. » Et aussitôt le
jeune comte de Montfort, présenté à tous par
messire *de Tinguy* et *de Kergorlay, deux des plus
fortement vaillants et bons hommes d'armes*, est
proclamé duc de Bretagne, sous le nom de
Jean IV, aux acclamations de l'armée.

Les femmes semblaient destinées à jouer le premier rôle dans ce drame guerrier, qui tient une si grande place dans l'histoire de Bretagne. En effet, par un sentiment puissant de rivalité, Jeanne de Penthièvre ou *la Boiteuse*, épouse de Charles de Blois, montra une énergie presque égale à celle de Jeanne de Montfort; et une autre femme, une troisième Jeanne, Jeanne de Belleville, se mit elle-même à la tête de 400 hommes d'armes pour venger la mort d'Olivier de Clisson, son époux, tué par ordre du roi de France, et dont la tête apportée à Nantes, avait été exposée, au bout d'une lance, sur l'une des portes de la ville. Elle s'unit à la comtesse de Montfort en lui présentant son fils, le jeune Olivier de Clisson, alors âgé de sept ans, et destiné à être l'un des guerriers les plus illustres de cette époque.

Ainsi trois héroïnes, toutes trois portant le même prénom, furent les chefs réels de cette guerre, où surgirent les noms d'Olivier de Clisson, de Duguesclin, et tant d'autres noms fameux indissolublemènt liés à notre histoire.

Ce fut une lutte dont les récits appartiendraient autant aux poètes qu'aux historiens.

> Pour ce voudrais com par histoire,
> Reducer les faits en mémoire
> Des grands batailles, des grands journées
> Qui pour Jehan furent gaignées...

Mais parce que droit ne regna
La guerre longuement dura,
Tant que Jehan fut parvenu
Et de ses amis reconnu...
Lors vint-il descendre en Bretaigne
Et fit déployer son enseigne,
Portant pour l'amour de sa mie
De blanc de noir robe partie...
Il avait fait dedans son port
A MA VIE je me fais fort..........
Alors mourut maint chevalier,
Maint vassal et maint bon baron;
Et maints écuyers de renom
Furent morts, prits et déconfits,
Les uns armés, autres au lit;
Et moururent en la bataille
Chevaliers de moult belle taille,
Gens d'état et de noble affaire,
Que beaucoup churent en la place
De coups de hache ou bien de masse.

1352
Hugues
de
Montrelais,
évêque.

1353
Robert
Paynel,
évêque.

Nantes continua de soutenir son indépendance contre toute tentative où l'étendard étranger fut déployé près de celui de Bretagne... Mais, entre les deux partis, la position de l'évêque était difficile : déjà Hugues de Montrelais, élu par le peuple, n'avait pu demeurer à Nantes, malgré sa réputation qui, plus tard, le fit nommer *cardinal de Bretagne* par le pape Grégoire XI. Il fut remplacé par Robert Paynel, évêque de Treguier, que le roi de France déclara prendre sous sa protection.

L'immortel *combat des Trente* est resté l'un des faits les plus mémorables de cette guerre. Nantes y fournit plusieurs des siens : *vous pouvez bien croire qu'ils y firent mainte belle expertise d'armes, gens pour gens, corps à corps, mains à mains, car on n'avait point eu devant ouï recorder la chose pareille.*

La guerre était recommencée : le jour du mardi gras, dans la nuit, les Anglais arrivèrent inopinément par la Loire sur de légers bateaux. Ils surprirent le château de Nantes et en chassèrent la garnison. Les habitants, encouragés par Guy de Rochefort, accoururent en aide à cette garnison; ils ranimèrent son ardeur, le château fut repris : il ne resta pas même un soldat anglais pour aller redire cette défaite.

Par cette guerre désastreuse et toujours ranimée, quand on la croyait près de s'éteindre, la ville de Nantes, comme le reste de la Bretagne, était désolée depuis plus de vingt ans, lorsque la peste vint s'ajouter à tant de maux. Alors le fils de Jean de Montfort, l'héritier de son nom et de sa valeur, ému de tant de misères et des plaintes du peuple, proposa à Charles de Blois de partager le duché, partage dans lequel il se réservait le comté de Nantes. Jeanne de Penthièvre s'y refusa avec une fermeté digne d'être opposée à la valeur de Jeanne de Montfort. *Je ne suis qu'une femme,* dit-elle, *mais*

1354
17 au 18
février.

je perdrais plutôt la vie, et deux si je les avais, que de consentir à une chose si honteuse.

La guerre continua donc. — « Monseigneur, dit Jeanne *la Boiteuse* en voyant monter son époux à cheval, vous vous en allez deffendre mon héritage et le vostre, lequel messire Jehan de Montfort nous empesche à tort et sans cause. Si vous prie chèrement que nulle ordonnance ne composition d'accord, ne traité veuillez faire, ne descendre, que le corps de la duché ne nous demeure. » — « J'irai défendre mon peuple ; mais plût à Dieu que le différend se pût vider entre mon adversaire et moi, sans que tant de monde en mourust. »

De son côté, le duc Jean se mit en campagne.

Par son pays, *Jean,* preux et fier,
Lors commença à chevauchier,
Et fit d'armes mainte journée
Et de sa main mainte collée...
Où il étoit tretout trembloit,
Rien devant lui ne résistoit...
Et fit Charles par sa puissance
Chevalerie venir de France.
Comtes, barons et chevaliers
Y vinrent, moult preux et moult fiers...
Le roi moult très-bien le vouloit
Et à chacun si commandoit
Que tous fussent à son neveu ..
Lors véissiez maint chevalier.

Maint baron, maint bon écuyer
Pleurer et faire testaments
Et regretter leurs bons enfants,
Leurs femmes, leurs sœurs et leurs frères,
Leurs bons amis et leurs compères...
Lors fut fait le commandement
Du bon Jehan incontinent.
Ains il disoit : Allons combattre ;
Chacun de nous en vaudra quatre ;
Car pour certain bon droit avon :
Vous êt's avec le vrai Breton...
Et oïssiez les tabourins,
Trompes, naquaires et housins,
Cornemuses et chalemises
Et menestreux de toute guise.
Gens de Charles sont ébahis
Et se muczoint comme souris ;
Mais quand ils virent bien l'affaire
Qu'à chacun se convenoit faire,
Lors requirent avoir bataille
Car leur vie ne prisoient maille...
Lors s'en vont tous dedans la lande.
Chacun ota sa houpelande
Et son manteau et sa poulaine :
Chacun doutoit la malseraine.
Là fut Jehan comme un lion,
Frisque et fier, lui et Clisson,
Tantôt et ses gens arrangés
Et en peu d'heures bien ordonnés
De soi combattre avec talent.
Monsieur Charles étoit dolent,
Car tous ses gens mordoient la terre

Et alloient à genoux grand-erre,
Et prioient Dieu d'avoir accord
Avecque Jehan de Montfort...
La place fut tantôt jonchée
De gens jà morts sans demeurée.
Le sang couloit à gros ruisseaux :
N'est nul qui le cueille en vaisseaux ;
Les bannières sont abattues
Et les cervelles épandues.
De dagues, d'épées et de haches,
De gens étendus comme vaches
Etoit la place toute couverte :
Perdu avoit sa couleur verte.
Là chéit Monsieur Charles mort...

. . . .

Tous furent chatiés ensemble
Et fut ce fait, comme il me semble,
1364   L'an mil trois cent soixante et quatre,
Ne plus, ne moins sans rien rabattre,
En la fin du mois de septembre
Le second jour bien me remembre,
Et fut un jour de la semaine
Que Saint-Michel fut au demaine.

Après cette bataille, que suivit la prise d'Auray,
et Charles de Blois étant mort, Nantes passa
sous la domination de Jean de Montfort, qui garda

1364
Jean ıv,
duc de
Bretagne.

le nom de Jean IV ou *le Conquérant*, que lui
avait donné son armée.

Ainsi se termina cette longue guerre, après vingt-
huit années de luttes, et pendant laquelle on avait

compté 1,500 combats, 800 assauts, 200,000 hommes tués de part et d'autre, sans parler des dettes considérables contractées par le duc. Pour les payer, les États assemblés à Nantes, lui accordèrent la levée d'un écu d'or par feu sur toute la Bretagne.

Puis il reçut les hommages : — « Vous vous » avouez homme lige de Monseigneur le duc de » de Bretagne ci-présent, et promettez lui garder » foi et fidélité, et le servir envers et contre tous » ceux qui peuvent vivre et mourir, plus proche » à lui qu'à nul autre, et ainsi le garderez par » votre serment bien et fidellement? » — « Ainsi » le jure ! »

NANTES CONSERVANT SA NATIONALITÉ.

> « Monseigneur, sitôt que nous pourrons aper-
> » cevoir que vous êtes pour l'Angleterre, nous
> » vous relinquerons tous, et mettrons hors de
> » Bretagne. »   LES NANTAIS A JEAN IV.

Pour mieux attester l'indépendance bretonne, en dépit de tous les hommages, Jean IV prit pour blason *l'écu d'hermines pleines*, afin qu'on n'y pût ajouter aucun autre emblème, et que le manteau d'hermines des premiers chefs bretons fût seul rappelé.

1366
Simon de
Langres,
évèque.
1373
Jean I.ᵉʳ,
évèque.

Ainsi s'efforçait-il de s'affranchir de toute pensée

de domination française, peut-être précisément parce qu'il l'avait subie. ·

Mais ayant montré de la partialité pour les Anglais, en livrant passage à leurs troupes, il fut menacé par le roi de France, Charles V, d'une vengeance éclatante, et celle-ci ne se fit pas attendre. Bertrand Duguesclin fut envoyé en Bretagne, à la tête d'une armée française pour mettre à exécution un arrêt du parlement de Paris qui déclarait Jean IV coupable du crime de lèse-majesté et ses États réunis à la France. Le sentiment de la nationalité ranima le courage de nos pères à ce point, dit Guillaume de Saint-André, qu'*ains vendaient le beuf et la vache pour quérir coursiers et chevaux, et si pensoient défendre fort la liberté jusqu'à la mort...*

« Le connétable de France, messire Bertrand-Duguesclin chevaucha vers la cité de Nantes, *qui est la clef et le chef de toutes les bonnes villes de Bretagne.* Si trouva les portes closes et une partie des bourgeois venus audevant de lui, et eux mis entre les portes et les barrières, et n'y avoit ouvert tant seulement que les postils. Là parlementèrent les hommes de la ville de Nantes moult longuement au connétable ; et avoient ceux de la cité fermé contre lui les portes pour ce qu'il venoit à mains armées, et vinrent là à savoir son intention. Le connétable leur dit qu'il étoit envoyé

et institué de par le roi de France, leur seigneur, pour prendre possession de la duché, et que messire Jean de Montfort, qui s'en étoit appelé duc, l'avoit forfait. Les bourgeois de Nantes demandèrent à avoir conseil pour répondre. Quand ils se furent longuement conseillés, ils se trairent avant et dirent : « Cher sire, il nous vient à grand'-
» merveille de ce qu'on a prend ainsi à Monsei-
» gneur le duc son héritage ; car lui avons juré
» feaulté et hommage, et il nous a juré et promis
» gouverner comme sujets. Et ce nous a-t-il tenu,
» et n'avons encore en lui scu nulle cause de
» fraude ni de soupçon. Si vous yenez en cette
» ville par la vertu de procuration que vous avez,
» nous accordons que vous y entriez, par con-
» dition que, s'il advient que le duc de Bretagne
» retourne en ce pays, de l'accord des prélats,
» barons, gentilhommes et bonnes villes de Bre-
» tagne, nous le reconnaitrons à seigneur et nous
» serons quittes, sans dommages avoir, ni ores
» ni autrefois, et ne consentirez à nous faire
» moleste ni violence nulle, et ne recevrez ni
» les rentes, ni les revenus, ni émoluments de
» Bretagne : ains seront mis y en dépos devers
» nous jusques à ce que nous ayons autres
» nouvelles qui mieux nous plairont espoir que
» cettes. »

« Lors voulurent voir la commission dudit con-

nétable. Quand ils l'eurent ouï, ils répondirent
que ils ne lairoient Anglois entrer en la cité qui
ne fût plus fort d'eux ; mais jà ils ne relinqueroient
leur naturel seigneur qui tenoit leur foi et leurs
hommages.

» Messire Bertrand qui en tout ce ne véoit que
loyauté leur répondit : que il ne le vouloit autrement , et que si le duc de Bretagne vouloit être
ami au roi de France et à son pays, il y fût demeuré en paix ; et, ajouta messire Bertrand,
« quand il se voudra reconnoître , il aura grace
» de notre très-cher seigneur et redouté le roi;
» mais tant que il tienne cette opinion , il ne
» levera de Bretagne nul des profits. »

» Ains entra le connétable en la cité de Nantes
et y séjourna huit jours, et en prit la saisine et
possession ; mais il n'y fit rien de nouvel. Au
neuvième jour il en partit et s'en vint demeurer
en un village lez Nantes, en un beau manoir qui
est du duc, séant sur la rivière de Loire , puis
de là s'en alla à Brest. »

Ce départ ne fit pas grande peine aux belles
dames de la ville : messire Bertrand était brave ,
mais peu galant, et l'on se rappelait ses mots de
dédain, que, moins durement, devait un jour
répéter François I.ᵉʳ : « Fol et bien chétif qui
» se fie en femmes ! Il n'est pas moult subtil, car
» il n'y a en lui de sens neant plus que en une

« berbiz. » Puis il n'y avait pas de quoi plaire dans ce guerrier petit, laid, gros et noir, au nez large et camus, aux yeux verts, aux épaules larges, aux bras longs et aux mains courtes.

Mais c'était un vaillant capitaine, et, si les dames le redoutaient, elles l'admiraient du moins, en son absence, et redisaient entre elles ses actes et ses paroles de guerre.

Charles V, désireux d'ajouter la Bretagne à son royaume, refusa de ratifier les conditions acceptées par Bertrand Duguesclin. Néanmoins, Amaury de Clisson, que Duguesclin avait laissé gouverneur de Nantes, voulut tenir la promesse faite par son frère d'armes, et, cédant au vœu des habitants, lorsqu'une garnison française vint pour s'emparer de Nantes, il refusa de la laisser entrer.

En apprenant cette nouvelle, Jean IV s'empressa de revenir d'Angleterre, où il s'était réfugié, et se présenta devant la ville avec une armée anglaise. Les Nantais ne voulurent se livrer à aucun ennemi : ils prirent l'énergique détermination de maintenir leur nationalité : ils résistèrent à la fois à la France et à l'Angleterre, avec une constance telle qu'ils supportèrent un premier blocus de 64 jours, et un second de la Toussaint de 1380 au 7 janvier 1381.

1380
1381
7 janvier.

« Cette ville était fort garnie de bons capitaines

et de bons hommes qui ne se tenaient pas en peine par la venue des Anglais.

» Ceux, environ la Toussaint, commencèrent le siége : ils se logèrent ès faubourg de Nantes , les uns à la porte Sauvetout, les autres à la porte Saint-Pierre , d'autres encore à la porte Saint-Nicolas , et le reste à la poterne de Richebourg.

» Avint que la nuit de Saint-Martin , un des chevaliers qui étaient en Nantes dit à ses compagnons :« Beaux seigneurs, nous sentons nos ennemis » près de ci, et encore ne les avons-nous point » réveillés : je conseille que en la bonne nuit de » huy, nous les allions voir et escarmoucher. » — « Par ma foi , répondirent ceux à qui il en » parla, vous parlez loyaument et dites ce que » nous devons faire , et nous le voulons. »

« Adonc se cueillirent-ils sur le soir, et se armèrent eux six vingts, tous gens de fait. Si firent ouvrir la porte de Saint-Pierre et commencèrent à férir et abattre Anglais de toutes parts. Là en y eut de boutés et reboutés d'une part et d'autre, après quoi les gens de Nantes rentrèrent en ville à petit dommage , et tint-on dedans et dehors cette escarmouche à bonne et belle.

» Quand vint le jour Saint-Martin au soir, les gens de Nantes , au nombre de 200 hommes d'armes et 100 arbalétriers, et pourvus de six ou sept gros bateaux, allèrent par la rivière, sur-

prendre leurs ennemis. Là y eut des navrés et
des blessés, et moult vaillamment se portèrent
les capitaines de Nantes, et y firent grande ap-
pertise d'armes. Toutefois il y en eut, au rentrer,
pris, morts et noyés. Encore tinrent cette entreprise, ceux qui en ouïrent parler, à grand hardiment et à grande vaillance.

» Cependant le siége continuait; mais ceux de
dedans se défendaient si vaillamment qu'il n'y
avait guères espoir d'y rien faire du côté des
assiégeants, et environ la Saint-André, deux
sorties, par la porte de Richebourg, furent heu-
reuses et profitables.

» La vigille de Noël au soir, tous les capitaines
de Nantes issirent par la porte Sainte-Pierre, en
grand'volonté que de bien faire la besogne, et
avaient en leur route 600 hommes d'armes, et se
départirent, quand ils furent hors de la porte, en
deux parties : l'une des parties s'en vint parmi la
rue, et l'autre parmi les champs. Si les ennemis
firent sonner leurs trompes et allumer grand feu
en des falots et développer leurs bannières. Alors
chacun se mit à bien besogner, lançant, trayant
et escarmouchant. Là s'abandonnaient aucuns jeunes
chevaliers et écuyers pour eux montrer et agrandir
leur renommée moult avant... Puis rentrèrent en
Nantes tous ceux ou en partie qui issus en étaient;
car il convient que en tels faits d'armes il y en

ait des navrés, des trépassés, et des pris et des blessés : on n'en doit autre chose attendre.

» Quand l'ennemi eut été à siége devant la cité de Nantes environ deux mois et quatre jours, et vit que il n'en aurait autre chose, il se retira. »

Jean IV dut céder : il signa un traité avec le roi de France, et les portes de la cité de Nantes lui furent aussitôt ouvertes. Il y entra en grande solennité de guerre, avec une belle chevauchée, que précédaient les archers de sa garde, au nombre de vingt-cinq, commandés par Phelippe de Malestroit, tous vêtus de leurs riches jacquettes d'orfèvrerie.

Par après venaient les rois d'armes, avec leurs robes de drap d'or à poil noir fourré d'hermine.

Puis s'avançait Jean IV, sur un magnifique destrier breton, du plus pur sang connu dans le pays de père en fils, sans qu'un souvenir pût se reporter à ses premiers pères, tant sa noblesse était vieille, plus vieille, disait le peuple, que celle même de son duc.

Jean IV se tenait entre ses deux officiers de prédilection Jehan du Fou, auquel il venait de faire une riche dotation, et Gilles Delbiest, capitaine de Nantes.

Il était suivi des gens d'armes de son ordonnance, commandés par Johan Blosset. C'était sa garde privilégiée , au nombre de cinquante chevaliers choisis parmi les plus braves entre les braves , à savoir : Jehan Chauvin , Robert l'Espervier, Jehan de Rohan , Jehan Eder , Raoul de Rosmadec , Bertrand de Mareil , Pierre de la Jaille , de Chasteauguy, le bâtard de Villars , Eustache de l'Espinay, Jehan Bouteiller, Raoul Payen, Berthelot de la Ville-Eon , Robert de Beaucé , Guion Leheuc, Brient du Quelenec, Jehan Labbé , Alain Le Voyer, Collax d'Anglure , Bertrand du Parc, Arthur de Thouaré , Pierre de la Motte, de Mancigny, Guillaume des Rames , François l'Espervier, Robert l'Espervier, Bertrand Hingant, Henri de Saint-Nouan , Jacques du Bois Riou, Th. de Kerazet, Henri du Val, Jehan de la Tousche, Jehan Guillemet, Jehan Buddes, Alain de la Roche, Guillaume de la Clartière , Plessis de Guerif, Olivier du Chaffault, Amaury de la Moussaye, Guillaume du Tiercent, Bertrand Le Sant, Guillaume de Kerfloux, Jehan Meschinot, Hervé de l'Essongères, Pierre de Comenan , Eustache du Trieuc , Jehan Pantin , Alain Rouxel , Yvon Resseuf.

Jean IV fut reçu à Nantes, aux acclamations de la population, mais sans les Anglais, et les Nantais lui répétèrent après maint chevalier, avec la rudesse bretonne : « Monseigneur, sitôt que » nous pourrons apercevoir que vous êtes pour

» l'Angleterre , nous vous relinquerons tous et
» mettrons hors de Bretagne. »

Les Anglais , furieux , se répandirent alors
autour de la ville et s'y livrèrent au pillage. On
en vint à un combat. Ils furent battus et obligés
d'abandonner le pays.

L'ORDRE DE L'HERMINE.

L'ordre de l'hermine , composé d'un collier
d'hermines , fut créé par Jean IV. Après le courage dont les femmes avaient fait preuve , il était
naturel que les femmes eussent le droit d'être
décorées de cet ordre de chevalerie. Ce droit
leur fut acquis, en effet ; mais la gloire des hommes
ne s'en affaiblit pas ; car, sous le règne de Jean IV,
appelé *le Vaillant* et *le Conquérant ,* « les grands
hommes que produisit la Bretagne , dit Bicher ,
ont été l'honneur de la France entière : ses guerriers ont été les premiers de l'Europe. »

L'ÉVÊQUE JEAN DE MONTRELAIS.

1383
mars.

Pendant la longue guerre de Blois et de Montfort, la ville de Nantes avait plus songé à se défendre derrière ses murailles , qu'à étendre ses

libertés : la guerre n'est pas une époque de progrès social. Ses évêques n'avaient donc eu que
peu d'importance sous tout autre rapport que
celui du culte ; mais la guerre terminée, le diocèse eut le bonheur de recevoir un prélat plein
de dévouement à la sainte cause de l'humanité,
un de ces vertueux prêtres qui ne possèdent que
pour donner au pauvre et à l'orphelin. Tel fut
Jean de Montrelais, transféré de l'évêché de
Vannes à celui de Nantes, le second évêque de
Nantes (après Olivier Saladin) qui se qualifia
d'*évêque de Nantes par la grâce de Dieu et du
Saint-Siége.*

Jean de
Montrelais
évêque.

Son entrée à Nantes fut solennelle ; et, selon l'antique usage, il n'omit pas la semonce au duc d'assister à son entrée comme Baron de Raiz :

1383
avril.

« Jehan, par la grâce de Dieu et du saint-
siége de Rome évesque de Nantes, à notre très-
cher et amé fils en Dieu et féal, très-puissant et
très-redousté prince Jehan duc de Bretagne, comte
de Montfort et de Richemont, et sir de Raiz en
nostre diocèse ; salut et dilection en Dieu. Nous
vous faisons savoir, comme à sire et baron de
Raiz, et intimons par ceste nos presentes lettres,
que à l'aide et ordonnance de Dieu nostre créateur
et sauveur, nous entendons c'est jour de mardi
prochain, omprez pasques flories prochenement,
venant faire nostre entrée et estre reçues en nostre

église de Nantes solempnement, selon l'ordonnance
ancienne et comme nos prédécesseurs l'ont fait
au temps passé. Si vous requerons, que comme
sire et baron de Raiz, à la dite journée vous
venez et soyez à Nantes *personnellement*, pour
faire le deu, en quoi vous estes tenu à nostre dicte
église et à nous, à cause et par raison de votre
dicte seigneurerie et baronie de Raiz, tant en nous
portant en nostre dite église, que aultrement,
selon que vos prédécesseurs seigneurs de Raiz
l'ont fait au temps passé, en prenant tel droit
comme vous appartient en ce faisant et est accous-
tumé. »

Le duc ne faillit à cette semonce, également
faite aux trois autres barons de Bretagne, et qu'il
avait lui-même provoquée : il aimait le bon êvèque
Jean, aussi celui-ci l'appelait-il *son très-cher et
amé fils*. — Le cher et amé fils, toutefois, après
avoir dîné avec l'évêque, à la suite de la céré-
monie d'intronisation, n'oublia pas la vieille coutume : il enleva tout le linge de la table, droit acquis
au baron de Raiz, et, en l'absence du baron de
Chateaubriand, eut aussi la haquenée de l'évêque.

Jean de Montrelais, peu désireux des dignités
mondaines, laissa faire. Il devint le prélat aimé
du peuple dont il se montra le véritable père,
en employant ses revenus en aumônes. D'autre
part, sa sagesse ne faillit pas à l'administration de

son diocèse, ainsi que l'attestent les statuts sy-
nodaux restés sous son nom.

Une assemblée des États se tint à Nantes dans
l'année de la réception épiscopale.

DUEL A CHEVAL
ENTRE LE SIRE ROBERT DE BEAUMANOIR
ET LE SIRE PIERRE DE TOURNEMINE.

En celuy an, fut occis monsieur Jehan de Beaumanoir, qui moult était preux et vaillant chevalier,
par aguet, près sa propre maison, et fut dit,
d'aucun public, que messire Pierre de Tournemine,
chevalier, l'avait ainsi fait faire.

Or, voici le récit qu'en donne un historien
véridique, auquel récit nous ajoutons les détails
du combat, compulsés consciencieusement dans
les diverses archives de Nantes.

Jehan de Beaumanoir, sire de Beaumanoir, était
homme de grande maison, et de prédécesseurs
entre les premiers seigneurs de Bretagne, et lequel
avait toujours manié de grandes charges, et acquis
réputation de vaillant homme, et de bonne et
très-ancienne maison. Ce seigneur s'amoura de la
fille d'un sien métayer, nommé Roland Moysan,
l'une des plus belles filles de la contrée à dix
lieues à la ronde. De cet amour le métayer s'étant

1385
20 déc.

aperçu s'irrita fort ; mais toutefois il le lui fallut
endurer. — Si ne laissait-il pas de porter sa
fâcherie grièvement en son estomac ; cause que
n'y pouvant donner ordre et contenance, il en
parla à messire Pierre de Tournemine, seigneur
de la Hunaudaye qui, de sa part, était mêmement
de grand lieu, et, de plus, les seigneurs de cette
maison se trouvent toujours marqués par tous les
endroits de nos chroniques parmi les batailles et
affaires du duché.

Ce sire de Tournemine ne voulait pas de bien
audit de Beaumanoir, et aussi l'on disait qu'il n'était
pas insensible aux charmes de la jolie fille de
Roland Moysan. Or donc, écoutant ce paysan
raconter sa peine, il prit occasion de mal faire à
l'encontre de son rival et son ennemi, et dit au
métayer courroucé qu'il était bien sot d'en endurer
tant et de souffrir à sa vue la honte que lui faisait
le sire Jehan de Beaumanoir, et qu'il était lâche
de cœur s'il ne le tuait, dont il avait fort bon
moyen, le surprenant seul et en lieu fort bien
à propos quand il allait chez lui. La métairie où il
demeurait n'était pas loin, et pour ce, y allait
souvent de Beaumanoir seul ; mais le paysan ne
se osait pas hazarder seul d'entreprendre si grande
chose. Parquoy Tournemine, pour faciliter la besogne et induire le paysan, lui assura qu'il lui
donnerait le moyen, et lui assigna jour pour re-
parler de cette affaire.

Ce pendant Tournemine pratiqua un varlet dudit de Beaumanoir, appelé Roland Robin, lequel voulait, d'ailleurs, mal à son maître; et, l'ayant gagné au jour assigné, il manda quérir le métayer Roland Moysan, et, le trouvant résolu sur sa première parole, il lui mit en main ce varlet, lesquels complotèrent ensemblement du jour et de l'heure qu'ils devaient occir Jehan de Beaumanoir venant devers la fille qu'il aimait, et accordèrent des avertissements qu'ils s'entredevaient faire à ce sujet.

De fait, Roland Moysan et Roland Robin se lièrent si bien ensemble qu'une nuit du mardi de carême, que le varlet découvrit que son maître devait aller seul, ils s'embusquèrent en un chemin creux, et rencontrant ce seigneur sans armes, comme il passait, ils saillirent de leur embûche sur lui, n'étant aperçus, et lui donnèrent deux ou trois grands coups de hache sur la tête, et le laissèrent mort sur la place.

Venant le jour, on trouva là le cadavre du sire Jehan de Beaumanoir. Tous les serviteurs de sa maison accoururent, et Roland Robin ne se montra pas le moins surpris et chagrin; le peuple s'assembla; on commença à murmurer de toutes parts, et chercher à deviner qui ce pouvait avoir été. L'affaire demeura long-temps sans se découvrir.

Messire Robert de Beaumanoir, frère dudit messire Jehan, se douta d'où était venu cela; et, s'en enquérant, et de l'heure que son frère était parti, et où il avait dit aller, et le chemin où il fut trouvé, fit tant qu'il découvrit le commerce de son frère avec la belle paysanne, laquelle était moult chagrine de sa mort. Alors Robert de Beaumanoir entra en grand soupçon que ce avait été le paysan, et lui en parla, et, le trouvant variable en ses propos, le menaça tant que ledit lui confessa comme les choses s'étaient passées, et qui était avec lui, qui l'avait enhardi à le faire, et le sire Robert connut enfin, suivant son doute, que c'était Tournemine, qui, d'ailleurs, en voulait mal à leur maison, et toujours se mettait à leur encontre.

Incontinent le sire Robert de Beaumanoir se mit sur pied ; mais il n'avait pas la preuve suffisante de convaincre le sire de Tournemine en justice. Parquoy il délibéra de le combattre, et de l'appeler, en sa juste querelle, au combat, et, de fait, monta à cheval, et s'en alla à Nantes, où était le duc, auquel il bailla sa requête contenant le fait.

Ce fut la matière du procès et poursuite que fit donc par-devant monseigneur Jehan, duc de Bretagne, et son noble conseil, messire Robert de Beaumanoir, frère du défunt, contre messire Pierre de Tournemine.

Les deux chevaliers comparus devant ledit sei-

gneur, en la ville de Nantes, le mercredi, 3.ᵉ jour
de janvier 1385, le sire de Beaumanoir maintint
le fait envers et contre le sire de Tournemine,
que celui Tournemine avait pourchassé et procuré
la mort du feu Jehan de Beaumanoir, promis et
donné du sien pour le faire mettre à mort, requérant que ledit Tournemine fût puni selon le cas,
offrant, lui, Robert de Beaumanoir, d'en faire la
preuve par son corps, selon et comment en tel
cas appartient, en appelant au jugement de Dieu.

Le sire de Tournemine nia le fait, ni d'en être
coupable. Messire Robert insista que, faussement
et proditoirement, et en mauvaise manière, Tournemine avait fait faire ledit homicide, et avait
attiltré à cette fin Roland Moysan, et lui avait baillé
en aide Roland Robin.

Le 23.ᵉ jour de janvier, l'an susdit, comparurent
de nouveau, lesdits de Beaumanoir et Tournemine,
devant monseigneur Jehan, duc de Bretagne, et
son conseil, en la ville de Vannes.

Le métayer Moysan fut mandé, interrogé, et
confessa le fait d'ordre comme il s'était passé.

Nouvel ajournement fut assygné, pour enquête,
au premier lundy de carême, prochainement venant.

Audit jour comparurent les susdits ; mais l'ajournement fut porté au 14.ᵉ jour d'avril, et de là au
13.ᵉ jour de mai, et successivement au 17.ᵉ jour

dudit mois, au 26.ᵉ jour de juin, au 2.ᵉ jour d'août,
ledit sire de Tournemine prétextant toujours cause
de maladie, comme déclinatoire ; mais à nouvelle
comparution du 1.ᵉʳ jour d'octobre, le sire de
Beaumanoir, maintenant son propos envers ledit
sire de Tournemine, pour sa preuve en mist et
jeta son gage, à la coutume ; à quoi le sire de
Tournemine dit au sir de Beaumanoir *qu'il men-
tait,* et en jeta le sien gage : et, sur ce, fut la
bataille jugée par droit et par amendement, et,
pour procéder, en outre sur le choix de personnes
et d'armes, fut jour assigné entr'eux au 10.ᵉ jour
de novembre, à Nantes.

Les deux chevaliers baillèrent caution, chacun
de son côté, de vingt mille livres, de se représenter au jour assigné (autrement il eût fallu qu'ils
eussent tenu prison) et furent élargis jusques au
jour, lequel venant, furent dressées les lices au
Bouffay de Nantes, de quatre-vingts pas de longueur et soixante-six de largeur.

Le 10 novembre, le sire de Tournemine présenta par devers la cour une cédule de parchemin, en laquelle était contenu le choix des armes
et harnois pour combattre, de laquelle le sire de
Beaumanoir demanda copie, qui lui fut délivrée.

S'ensuit la teneur de la cédule :

« Au nom du Père, du Fils et du Saint-Esprit.
Amen. — Je Pierre de Tournemine, chevalier,

connais et suis confessant que ci-dessous, en cet écrit, se ensuit et est fait mention de la lecte, choais et lection du corps et à quelles armes je pense, à l'aide de Dieu, mon père et mon créateur, de la benoîte vierge Marie, sa mère et de tous et toutes les saints et saintes du Paradis, lesquels je déprie et humblement supplie que veuillent et leur plaise me être vers lui intercesseurs, si dévotement que, par sa grâce et divinité, je puisse résister, avoir victoire et me défendre, tant A CHEVAL ARMÉ, ledit cheval comme ci-dessous s'ensuit, que A PIED, en la forme et de meilleure manière que, de la grâce de Dieu, le pourrai faire, vers et contre messire Robert de Beaumanoir, sur le fait et des cas dont il m'a accusé, dont sommes chais en gage de bataille, selon les mots de mots de la bataille jugée entre lui et moi, devant mon très-souverain prince et seigneur le duc de Bretagne et son très-noble conseil, et que, par la grâce de mondit créateur et par ladite intervention, je fasse desdits cas et gages de ma défense mon innocence y démontrer, par manière et en état que ce soit, à la gloire et louange d'iceux, à la confusion dudit messire Robert de Beaumanoir, et à l'honneur et accroissement d'état de tous ceux à qui je suis consanguin et attenant, de tous mes bienveillants et de je même, et que, par ce, j'ai en outre d'icelui messire Robert dédommagement, mes profits et avantages, comme de

la coutume et raison me devront appartenir. Je
proteste, par exprès en cet endroit, que propos,
intention, volonté, n'est nullement me restreindre
prouver ne mettre à vrai à ladite fin que les choses,
pièces et étoffes dont est ci-après fait mention,
ains montrer et prouver, en tant comme me sera
de nécessité, des unes desdites espèces sans les
autres, ou des unes d'icelles choses avec les autres
ou sans les autres. — Je choisis et élis à faire de
la preuve de ma défense mon corps propre, TANT
A CHEVAL ARMÉ QUE A PIED ARMÉ, avec le choix et
élection que ci-dessous s'ensuit : — Premièrement, je choisis et élis être vêtu de chemise et
de braies et une étreinte, et être vêtu par dessus
d'une cotte à armer, le tout en toile de lin ou de
chanvre ; de un solers de cuir fermant ; soleres,
greves, poulains et cuissols garnies de samgnies
de haubregerie et étoffées suffisamment, qui seront
de fer et d'acier ; un haubregeon, vêtu et armé
de mailles de fer et d'acier, et de laiton, pour le
corps et le bras ; être armé de collerette, appelée
faux camail de fer ou d'acier ; de plates, être
armé sur mon haubregeon, de fer et d'acier ; de
avant bras et garde-bras de fer et d'acier, garnis
de mailles de fer et d'acier ; de gantelets de fer,
d'acier et de laiton ; un chapéron à mettre sous
mon bacinet ; un bacinet et visière de fer et d'acier ;
un camail de fer, d'acier et de laiton ; une cotte de

cendal armoriée de mes armes ; des chausses, par dessus mes harnois de cuisse, de jambes et de pieds, de drap vermeil ou de cendal. Secondement, deux épées de fer et d'acier, l'une mise et ceinte à mon côté, l'autre attachée à l'arçon de la selle qui sera sur mon cheval ; l'une de deux pieds et demi de longueur, et l'autre plus courte de deux pouces ; une dague de fer et d'acier, de demi-pied de longueur ; desquelles épées et dague seront montrées ou baillées les mesures devant la cour, pour plus à certain en savoir les mesures. — Je choisis et élis à moi combattre dessus, un cheval garni, armé, étoffé pour madite défense en la manière qui s'ensuit : Premièrement, sera mondit cheval embridé d'un mors de fer et d'acier, la bride formée de chaînes de fer et d'acier, lesdites chaînes couvertes et garnies de cuir et de drap ; ledit cheval ferré des quatre pieds, ensellé d'une selle à arçons de bois, garnis de fer et d'acier, les arçons hauts devant et derrière, ouverts à deux côtés, comme il appartient, avec peitrail, croupiere, sangles, étrivières en cuir ; une chaîne de tel métal à mon choix, attachée à l'arçon de ma selle d'avant ; une autre chaîne semblable attachée à l'un des côtés ; un chanfrain de fer et d'acier. Sera enfin mondit cheval couvert, étoffé et armé devant et derrière et en tous endroits qu'en tel cas appartient, en mettant par dessus un harnois de

maillé de haubergerie de fer et d'acier, au grand
regal de la couverte dessusdite, tant en long que
en large. — Et je emploierai, telles et comme
me semblera m'y être nécessaires, pour former,
consolider, lier, coudre, attacher lesdites choses,
pièces, étoffes et métaux de mon harnois, des
toiles de lin et de chanvre ou de l'un d'eux, ou
de drap de cendal, ou de coton et de soie, ou
de satin; du fil de ceut; des clous, boucles et
ardillons d'argent, de fer, d'acier ou de laiton;
des aiguillettes et courroie de cuir; tresses de
chanvre et de soie; ceinture de corde de fil de
chanvre, ou tissu de soie, par tant de lieux de
mon corps où bon me semblera; et aurai un poin-
çon de fer et d'acier, et plusieurs aiguillettes et
tresses de lin et de chanvre, garnies de fer et
d'acier. — Troisièmement, une bouteille de cuir
et VIN dedans, un PAIN de froment, et toailles
de laine, et une tasse d'argent. — Et irai et en-
trerai au champ, à cheval, armé, monté et appa-
reillé, et mondit cheval armé, garni et étoffé avec
les choses ci-dessus nommées, spécifiées et écrites,
pour faire madite défense; et, en cet état, moi et
mondit cheval armés et vêtus chacun à sa manière,
selon le devis devant dit, est ma lecte volonté et
entente me combattre ou défendre vers et contre
ledit messire Robert, sauf à icelles choses et cha-
cunes étoffes coudre et préparer de et avec les

choses qui, au fait, seront utiles, profitables,
servables et nécessaires, et user de celles qu'il
me plaira, et jouir de mes protestations et sous-
protestations que je fais, que mon intention ne
volonté n'est y accroître, ne faire nulle augmentation des choses de fait, fors jouir et user, et à
moi aider, à l'aide de Dieu, mon père et créateur,
auquel je supplie dévotement que de sa bénigne
grâce me veuille être secourable et en aide en
tous les lieux et endroits du fait et dessus dit et
autres. »

Le 19.ᵉ jour de décembre, qui était le prochain
jour d'avant la bataille assignée, lesdits Beaumanoir
et Tournemine comparurent à Nantes, devant monseigneur le duc et son conseil, au lieu du Bouffay.

Après d'aucuns débats sur le choix des armes
et harnois, il fut dict, par accord, qu'ils pourraient
avoir et porter éperons ou touches ceux qu'il leur
plairait. Au débat sur la longueur des épées, il fut
baillé de la cour, pour cette fois et pour le temps
à venir, que à monseigneur appartenait d'en voir
les mesures; et quand au dire de messire Robert,
qu'il devait avoir le choix de la lance, il fut considéré qu'au défenseur appartenait le choix des
armes, et qu'il n'y aurait point de lance; et de
ce que le sire de Tournemine se complaignait que
les lice et champ ordonnés pour la bataille étaient
trop courts et peu larges, il fut dit que monsei-

gneur ordonnerait telle longueur comme il lui plairait.

Le jeudi 20.ᵉ de décembre, jour de Saint-Thomas, qui était jour assigné à ceux Beaumanoir et Tournemine, pour faire leur devoir à la bataille, selon les mots du gage jugé entr'eux, monseigneur le duc séant et étant en sa majesté, et avec lui plusieurs de ses barons et autres gens de son conseil, au lieu du Bouffay, auquel il avait ordonné le champ pour ladite bataille, vint et comparut premièrement le sire Robert de Beaumanoir, monté et armé, un peu avant l'heure de midi, et fut tenu comme suffisamment présenté ; et, après ce, requit ledit Beaumanoir que le sire Tournemine fut appelé. Et lors fut ledit Tournemine appelé par un hérault, à haute voix, à la porte et entrée des lices dudit champ en disant ainsi :

« Monsieur Pierre de Tournemine, venez à votre journée contre monsieur Robert, sire de Beaumanoir ? »

Et après un intervalle fut appelé audit lieu secondement, en disant comme devant :

« Monsieur Pierre de Tournemine, venez à votre journée contre monsieur Robert de Beaumanoir, à peine de défaut ? »

Et après un autre intervalle fut encore appelé ledit M. Pierre tiercement audit lieu ; et, audit tiers appel, apparut à ladite porte le sire Tournemine, et dit qu'il venait à sa journée, et lors entra audit champ, monté et armé, et se présenta devant monseigneur, et lui fut dit que Monseigneur le tenait pour suffisamment présenté.

Et les parties, séant et étant en leurs cheyères, audit champ, chacun de son côté, furent mesurées par le maréchal les épées et dagues de quoi ils se devaient combattre; et, ce fait, fut dit qu'ils fissent le serment sur les saintes reliques et le livre missel.

Et M. Beaumanoir vint et jura le premier, touchant le fait du harnois; le président disant les mots qui suivent :

« Monsieur Robert de Beaumanoir, vous jurez à Dieu et aux saints évangiles que, en votre harnois, ne environs, vous n'avez ni ne aurez fort, charay, ni mal engin, ne autrement ne entendez faire de votre preuve contre Monsieur Pierre Tournemine, sinon par votre bon droit et votre corps, et le harnois choisi selon l'élite d'entre vous deux. »

Et ledit messire Robert de Beaumanoir répondit : « Je le jure! » et retourna à sa cheyère.

Et aussi vint ledit Tournemine, qui fit semblable serment, puis retourna à sa cheyère.

Et, après ce, vinrent tous deux ensemble à une fois l'un devant l'autre, et, eux entretenants par les mains nues, dit le président ainsi :

« Monsieur Robert de Beaumanoir, vous jurez à

Dieu et aux saints évangiles, que vous avez bon droit envers Monsieur Pierre Tournemine, qui ci est, en cas de quoi vous l'avez appelé, selon les mots du gage de bataille jugés entre vous, et que aujourd'hui les en prouverez ? »

Et ledit Beaumanoir répondit : « Je le jure ! »

— « Et vous, Monsieur Pierre Tournemine, jurez à Dieu et aux saints évangiles, que vous avez bon droit en votre défense envers Monsieur Robert de Beaumanoir, qui ci est, de ce qu'il vous a appelé selon les mots de la bataille jugés entre vous. »

Lequel M. Pierre répondit : « Je le jure ! »

Et eux, retraits, montèrent en leurs chevaux.

Alors cria le hérault d'armes :

« Que tous gens vident les lices, fors ceux qui sont adonnés pour garder le champ, et qu'il ne soit si hardi de parler, mot sonner, ne faire aucun signe, à peine de corps et de biens. »

Et le sire Robert de Beaumanoir, appelant, tenu par le frein de son cheval, par deux chevaliers du conseil de Monseigneur, à ce par lui ordonnés, en sa partie dudit champ ; et le sire Pierre de Tournemine, défendeur, semblablement tenu par deux autres chevaliers, fut dit, par ordonnance de Monseigneur, par la bouche de son maréchal, étant en champ, par trois-fois à haute voix : — « Faites vos devoirs ! » — Et par trois fois : « Laissez-les aller ! »

Et lors se pardit ledit Beaumanoir pour aller assaillir ledit Tournemine, et commença la bataille entre eux. Puis tous deux se chargèrent à bon escient et vigoureusement, et furent long-temps sans pouvoir s'abattre ni l'un ni l'autre, tellement qu'on demeura un grand temps qu'on ne savait qui aurait du meilleur. Finalement, après avoir besogné tant à cheval qu'à pied, de Beaumanoir travailla tant Tournemine qu'il le rendit hors d'haleine, et si travaillé qu'il le contraignit de dire qu'il se rendait. Et de fait, il se rendit; et fut déclaré que ledit de Beaumanoir avait fait de sa preuve qui suffisait selon les mots, et aux fins de la bataille jugés entr'eux, et ledit Tournemine en jugé et vaincu, et audit de Beaumanoir ses dépens, ses dommages et intérêts adjugés, et le corps dudit Tournemine emmené et porté hors dudit champ, comme s'il eût été mort, après que ledit de Beaumanoir et ses amis eurent requis et supplié Monseigneur que celui Tournemine ne *fût traîné ni pendu.*

JEAN IV ET OLIVIER DE CLISSON.

L'année de la réception épiscopale du bon Jehan de Montrelais devait être signalée par plus d'un grand événement: Jean IV oublia lâchement   1383

les services reçus du guerrier qui avait été son frère
d'armes et son ami d'enfance. Le duc de Bretagne
s'empara d'Olivier de Clisson par une infâme
trahison, dont le récit se retrouve dans toutes
nos histoires.

1387   Clisson rendu à la liberté, ses biens restèrent
sous le sequestre, et le roi de France, pour faire
lever l'interdit, envoya au duc une ambassade
1387
19 déc. conciliatrice qui le trouva à Nantes.

Le duc convoqua aussitôt son conseil, composé
de l'évêque de Vannes, du chantre de Nantes,
de Laurent Coupegorge, et, en leur présence,
ainsi qu'en celle des sires de Laval, de Chateau-
briant, de Montfort, d'Ancenis, d'Oudon, de
Trelever, de Tréal et du Boçhet, il déclara qu'il
cédait pour éviter la guerre, mais avec toute
réserve de ses droits.

La querelle n'était donc pas éteinte : elle lé-
guait aux Penthièvre, héritiers de celui qui avait
reçu l'injure, une vengeance qui ne faillit pas,
car Clisson avait déclaré publiquement à la cour
du roi de France « qu'il tenait le duc pour un
seigneur déloyal et qu'il jetait le gant à qui oserait
soutenir le contraire. »

Cependant, la promesse faite par le duc de Bretagne au roi de France avait opéré une sorte de
trève ; mais quand il fallut venir à l'exécution,
on ne se trouva plus d'accord.

A ce sujet, les États de Bretagne s'assemblèrent à Nantes dans le couvent des frères prêcheurs. Il y fut décidé, sur le rapport de Jean Dutertre, sénéchal de Nantes, qu'une députation serait envoyée au roi de France pour rétablir le différend.

Mais un événement renouvela le débat : on accusa le duc de Bretagne d'avoir tenté de faire assassiner à Paris, Clisson, connétable de France... Charles VI allait commencer l'acte de la vengeance en pénétrant en Bretagne, avec une armée, lorsqu'en s'y rendant, il ressentit la première atteinte de cette folie qui fut si fatale à la France.

PROCUREUR DES BOURGEOIS, REPRÉSENTANT DE LA COMMUNE.

Nous trouvons sous Jean IV, la preuve positive d'une élection communale. Les bourgeois manants et habitants de la ville de Nantes se rassemblent et nomment un procureur-général pour veiller aux intérêts de la communauté.

MORT DE JEAN IV.

L'avant-dernière année du xivᵉ siècle vit la mort de Jean IV, décédé dans son château ducal

Marginal notes:

1389 janvier.

1391 Barnabé de Rochefort, évêque.

1392 5 août.

1395

1399 Jean v, duc de Bretagne.

Bernard II
évêque.

1399

de Nantes. Son fils, à peine âgé de onze ans, lui succéda sous le nom de Jean V.

Cette mort produisit à Nantes une très-vive sensation. Elle s'était annoncée par un tremblement de terre qui avait jeté un grand effroi dans le peuple. Celui-ci, après le décès du duc, se persuada que ce ne pouvait être qu'un avertissement du ciel. D'autre part, le bruit se répandit que Jean IV avait été empoisonné, et même qu'il était mort d'un maléfice. Le crime que proclamait la voix publique resta impuni, et le peuple regarda comme un châtiment de cette impunité la maladie contagieuse qui dévasta la ville de Nantes...

A haute voix on avait désigné le prieur de Josselin et un prêtre de Nantes comme les auteurs du crime ; mais un écho moins hardi désignait tout bas Marguerite de Clisson comme la véritable criminelle. Son mari était l'héritier des Penthièvre ; elle avait des prétentions sur le duché, et sa haine contre Jean IV était connue. Elle ne lui avait pas pardonné la captivité de son père. On racontait qu'au trépas du duc, elle s'était hâtée d'aller trouver ce dernier et lui avait dit : — « Monseigneur mon père, or ne tiendra-t-il plus qu'à vous si mon mari ne recouvre son héritage de Bretagne. Nous avons de si beaux enfants... Monseigneur, je vous supplie que vous nous y aidez. » — « Et quel moïen ? » — « La mort des enfants du feu

duc... » — « Ah ! cruelle et perverse, si tu vis
long-temps, tu seras cause de destruire tes enfants
d'honneur et de bien. » — En même temps, le
vieil Ollivier saisit un épieu, dont il eut tué sur
le champ sa fille, si elle ne se fût hâtée de quitter
sa chambre.

LA MILICE.

Tous les événements que nous venons de tra-
verser, et dans lesquels nous aurions pu à chaque
pas citer la milice de Nantes, prouvent suffisamment que les citoyens durent s'armer sans cesse
pour la défense de la cité. A peine, à de rares intervalles, y voit-on quelques années de repos, et,
en entendant les gardes nationaux de nos jours se
plaindre d'un service régulier, quand nul ne sait
les événements du lendemain ; quand, dans notre
histoire moderne, comme dans les siècles écoulés,
marchant de révolution en révolution, nous avons
à peine quatre ou cinq années de calme, nous ne
pouvons partager ni l'opinion de ceux qui considèrent ce service comme inutile, ni les plai-
santeries imprévoyantes qui peuvent faire hésiter
à remplir un devoir, ni le froid philosophisme
de ces prétendus esprits graves qui ne veulent
pas *jouer aux soldats*. Nous redisons, au contraire,

avec une intime conviction, que, pour être utile
dans les circonstances difficiles, qui toujours ar-
rivent au moment où l'abandon est général par
l'effet des dissentions des uns et du lâche égoïsme
des autres, les gardes nationales doivent se maintenir fortes à toutes les époques, même lorsque
la sécurité semble complète. Nous aurons occasion de le prouver mieux encore dans la suite
de ce livre, et nous avouerons sans feinte que
c'est l'un des buts que nous nous sommes pro-
posé d'atteindre en l'écrivant.

XV.ᵉ SIÈCLE.

> Nous avons été précédés de loin, dans la re-
> cherche des libertés publiques, par ces bour-
> geois du moyen-âge, qui relevèrent les murs et
> la civilisation des antiques cités municipales. Il
> ne faut pas s'imaginer que la classe moyenne et
> les classes bourgeoises soient nées d'hier pour
> le patriotisme et l'énergie.   AUG. THIERRY.

Le dernier siècle de la Bretagne commence,
et la Bretagne n'a pas déchu. A ses guerriers, la
France va devoir l'organisation régulière de son
armée et le maintien de son indépendance nationale. La ville de Nantes prend sa part de l'illustration qui rejaillit sur ceux de ses enfants qui
prennent part aux faits mémorables de l'époque,
et, quand la trahison la livre au successeur de
celui dont les Bretons ont arraché la couronne
aux mains anglaises, le roi de France ne peut
conserver cette conquête de la trahison qu'en
proclamant la duchesse nantaise reine de France.
Avant cette crise bretonne, la ville de Nantes,
sous le bon duc Jean V, verra s'étendre ses priviléges communaux: L'administration représenta-
tive y existera complète, quand la France subira
le despotisme. Du jour où les Nantais se seront
donnés à la France, ils se glorifieront du beau

titre de Français; mais ils diront que la liberté
de 89 fut pour eux reconquise et non pas nouvelle.
Ils diront qu'ils n'ont connu le pouvoir absolu que
sous les rois de France, et qu'antérieurement à
leur domination, Nantes ne connaissait d'autre
pouvoir absolu que celui des lois. Ils rappelleront
que leur dernier duc lui-même proclamait qu'il
ne pouvait rien sans le consentement de la maire
et plus saine partie des députés du pays.

Mais, reprenons chronologiquement notre nar-
ration, avec tous les détails intéressants pour
nous, Nantais, au risque que les étrangers n'y
voient que de longues et puériles inutilités.

OCTROI DE LA DUCHESSE JEANNE DE NAVARRE.

1402
3 avril.
La duchesse Jeanne de Navarre, veuve de
Jean IV, habitait Nantes, lorsqu'elle épousa, en
secondes noces, le roi d'Angleterre, Henri de
Lancastre, son cousin. Elle confia la tutelle de
son fils Jean V et de ses deux autres fils Arthur et
Gilles, à son oncle Philippe, fils de France, duc
1.ᵉʳ oct.
3 déc.
de Bourgogne, qui vint à Nantes et ne retourna
à Paris qu'en emmenant avec lui les trois princes.

Au titre d'usufruitière des revenus du comté
de Nantes, la duchesse Jeanne était réellement
4 déc.
souveraine de la cité nantaise. Elle avait besoin

d'argent : la ville en donna, moyennant la concession, aux habitants de lever, pendant sa vie,
deux sous par muid de sel, blé et vin passant
sous les ponts de Nantes, plus le pêchage des
dimanches, et le denier pour livre, avec autres
levées accoutumées pour l'entretien de la ville et
des ponts.

La noblesse bretonne n'avait pas vu sans regret
la tutelle de leur duc confiée à un fils de France :
Jeanne de Navarre crut pouvoir les rassurer en
essayant de livrer le château de Nantes à Ollivier
de Clisson ; mais, Gilles Delbiest, qui en avait
le commandement, déclara qu'il ne rendrait cette
forteresse qu'au tuteur du duc pendant la tutelle,
ou au duc lui-même quand il aurait atteint sa
majorité.

Jeanne de Navarre quitta donc Nantes sans   25 déc.
satisfaire les seigneurs bretons ; elle alla joindre
son nouvel époux en Angleterre, et bientôt elle   1403
établit le duc de Bourgogne gouverneur du comté   9 mars.
de Nantes, où cependant Jean V fit une entrée   1404
                                                       Henri
ducale avec la fille de Charles VI, Jeanne de   le Barbu,
                                                       évêque.
France, qu'il venait d'épouser.   1405
                                                      10 oct.

REGISTRE DE NAISSANCES. — UNITÉ DES MESURES. — MOEURS. — UNIVERSITÉ.

Les évêques de Nantes commencent à perdre   1406

beaucoup de leur importance temporelle, et il
nous suffit de mentionner leurs noms dans nos
marges; car aucun de leurs actes ne rentre directement dans notre sujet, mais l'action du
clergé ne diminue pas toutefois : dans un synode,
il est arrêté que les curés, sous la surveillance de
l'évêque, tiendront régulièrement les registres des
baptêmes.

C'était une mesure toute d'avenir, pour la garantie des propriétés : on la comprit mal, et la
tenue des registres fut très-irrégulière.

1407   Jean V, de son côté, fit un acte d'autorité dont
on se plaignit, et qui n'était cependant qu'un
acte de justice : il ordonna l'unité des mesures;
l'adhésion fut générale, quand ce ne fut qu'un
projet; mais, à l'exécution, la résistance devint
unanime. Il est vrai de dire que le commerce
souffrait beaucoup : le duc crut y remédier en ac-
cordant à Nantes une foire franche de quinze jours.
Les étrangers qu'elle attira, atténuèrent un peu l'extrême misère provenant d'un des hivers les plus
rudes ressentis jusque-là.

1410   D'autre part, l'évêque abolit un abus dont les
mœurs souffraient, et voici en quels termes il
porta cette abolition à la connaissance du peuple :
« Deffendon sur peine d'excommunige et de dix
» livres à tretous et checun de nos curés et
» subjets de nostre diocèse et cité de Nantes

» que nul, soit marié ou non, couchege à l'é-
» glise o femme durant le temps de novienne,
» ne jour, ne nuit. »

On doit à Jean V la pensée première d'une
Université nantaise, qui ne put être établie que
plus tard.

ARTUR DE RICHEMONT ET JEANNE D'ARC.
MILICE. — ORGANISATION MILITAIRE.

Il est bien difficile, jusqu'au XII.ᵉ siècle, de
trouver des corps militaires et organisés régulièrement, moins encore dans la bourgeoisie que
dans l'armée, si toutefois une armée existait.
Jusque-là on voyait des habitants diversement
équipés, sujets au guet-doguet et gardes des
portes de la ville, avec exemption, en temps de
paix, pour les gens d'église, les nobles et les
avocats du roi.

Mais une organisation permanente commença
à se montrer sous l'influence du comte de Richemont, « au temps où les Anglais, après avoir
occupé une grande partie de la France, commencèrent à être chassés par les armes invincibles
de deux foudres de guerre, Artur de Bretagne,
comte de Richemont, connétable de France, et
Jeanne d'Arc, dite communément la Pucelle d'Orléans, lesquels Dieu suscita, en ces temps cala-

miteux pour délivrer la France de la plus grande
oppression en laquelle elle s'était jamais trouvée. »

Cependant, Charles VII voulut repousser le
secours du vaillant connétable : la rudesse de sa
franchise militaire avait déplu au royal amant
d'Agnès-Sorel, et, lorsqu'il se présenta au camp
avec ses hommes d'armes et ses écuyers portant
ses couleurs, Jeanne d'Arc eut ordre de marcher
contre lui. « Et tanstot on vint lui dire que la
Pucelle venait le combattre, et il répondit qu'il
la verrait. Et bientost montèrent à cheval la
Pucelle et plusieurs autres. » Toutefois, La Hire
et quelques chefs, avec ce langage dès camps
qui ménage peu les paroles, lui dirent qu'elle
eut à y prendre garde, car ils préféraient un
guerrier comme Artur *à toutes les pucelles du*
royaume de France. — « Cependant, monseigneur chevauchait en belle ordonnance, et furent
tous esbahis quand il fut arrivé. » Ce que voyant,
Jeanne d'Arc alla au devant de lui plutôt pour le
recevoir que pour le combattre ; car tous
« les capitaines lui firent grande chère et furent
bien aises de sa venue. La Pucelle descendit à
pied, et monseigneur aussi. » Mais, ayant appris
son premier dessein, il s'avança vers elle avec
ces mots, prononcés en soldat : « Jehanne, on
» m'a dit que me voulez combattre : je ne sais
» pas qui vous êtes, ni de par qui vous êtes

» envoyée ici, ne si c'est de par Dieu ou de par
» le diable. Si vous êtes de par Dieu, point ne
» vous crains, car Dieu connaît tout ainsi mon
» intention comme la votre : si vous êtes de par
» le diable, je vous crains moins encore. »

Jeanne d'Arc, *après avoir embrassé mondit
seigneur par les jambes*, répondit avec confiance
au guerrier breton que l'Anglais apprendrait à
les connaître l'un et l'autre par leur dévouement
à la France et au roi.

Alors vit-on marcher contre la croix blanche
des Anglais, Jeanne d'Arc avec sa bannière sans
tache, symbole de la pureté de sa vie, que plus
tard le roi huguenot devait rendre l'étendard du
royaume dont il fit la conquête, et à ses côtés,
Artur de Richemont développant l'oriflamme vermeil de France, tandis que son armure laissait
voir la vieille hermine de Bretagne, et que ses
écuyers le suivaient avec leurs guidons blancs et
noirs.

Notre Artur, qui partagea avec Jeanne d'Arc,
et à des titres égaux, la gloire d'avoir délivré la
France des Anglais, devint le créateur de ces
compagnies d'ordonnance dont la formation est
attribuée à Charles VII.

Cette première organisation régulière d'une
armée exerça une heureuse influence sur la milice
bourgeoise de Nantes.

1410   Jean V donna l'ordre à Gilles Delbiest, capitaine des ville et château de Nantes, de choisir parmi les bourgeois et habitants un nombre
d'hommes suffisant pour garder les portes de leur
ville.

Ce n'était pas un privilége nouveau, puisqu'il
n'était que confirmatif de celui que Jean IV avait
accordé en 1395; mais on le retrouva pour la première fois consigné authentiquement à cette date
sur une inscription conservée à l'église des Carmes.

Mentionnons, pour mémoire, que Gilles de
Bretagne, second fils de Jean IV, étant mort au
siége de Bourges à l'âge de dix-huit ans, son
corps fut apporté à Nantes et inhumé dans la
Cathédrale, ainsi que celui de Richard d'Etampes,
quatrième fils du même duc, mort à Clisson le
11 juin 1438.

PRIVILÉGES DE NANTES.

1410   L'autorisation, accordée aux habitants, de se
garder eux-mêmes, en mettant des armes en leurs
mains, était la garantie du maintien de leurs vieilles
libertés. A dater de ce jour, les priviléges de la
cité s'accrurent chaque année.

Des lettres-patentes de Jean V continuèrent
aux Nantais le pouvoir de nommer des représen-
tants pour la défense des intérêts communs, pour

établir et recevoir les péages, veiller à la fabri-
cation du pain, nommer les portiers de la ville,
défendre la vente des vins aux lieux prohibés,
fixer les prix des denrées, etc.

Ultérieurement vinrent d'autres autorisations,   1414
notamment celle de vendre les draps et vins en   1419
détail, à l'exclusion des forains, qui ne pouvaient Malestroit,
vendre qu'en gros; un nouvel arrêté pour la ré-   cardinal,
gularisation des poids et mesures, l'exemption des évêque.
francs-fiefs, la permission d'avoir des moulins à   1420
farine, etc.

Mais l'ordonnance qui résume les priviléges
communaux de Nantes, en prouvant leur ancien-
neté et attestant que depuis long-temps la ville
avait des délégués comme nos magistrats municipaux
électifs, pour représenter et défendre ses intérêts,
doit se reporter après la captivité de Jean V. Elle
fut pour lui plus encore un acte de reconnaissance
qu'une concession politique. — On sait qu'il fut
traîtreusement arrêté par les Penthièvre et réduit
à une longue captivité : les Nantais prirent les
armes pour obtenir la liberté de leur duc. L'histoire de cette captivité appartient donc à notre
récit.

CAPTIVITÉ DU DUC JEAN V.

Les Penthièvre n'oubliaient pas la vengeance

qu'ils avaient juré de tirer de la trahison de Jean IV
envers Clisson, et, liant à cette vengeance leurs
prétentions sur le duché de Bretagne, ils résolurent
de s'emparer de Jean V.

Écoutons le duc raconter lui-même cette indigne trahison. Ce récit est un tableau des mœurs
du moyen-âge qui ne saurait être reproduit avec
plus de vérité, et nous sommes étonné que nos
historiens n'en aient fait aucun usage.

« Ollivier de Blaye, comte de Penthièvre,
Charles et Jehan, ses frères, et Marguerite de
Clisson, leur mère, pour plus couvrir leurs trahisons, envoyèrent vers nous, au mois de février,
pour nous déclarer qu'ils nous serviraient, hono-
reraient et chériraient comme leur prince et seigneur, vers tous et contre tous qui pourraient vivre
et mourir. Croyant qu'ils le disaient de bonne foi
et à bonne intention, leur fîmes dire qu'ils pourraient venir par devers nous, et bénignement et
amoureusement les recevrions et ferions de leur
requête tant qu'ils en devraient être contents.

» Ledit Ollivier vint donc par devers nous en
notre ville de Nantes, où nous le reçûmes honorablement et bénignement, et le fîmes manger
avec nous au château de Nantes. Mais, pour plus
lui démontrer familiarité, allâmes manger avec lui
jusques à son logis, et illec nous pria, ledit Ollivier, très-affectueusement, de par sa mère et ses

1420
février.

frères et lui, qu'il nous plût aller à l'esbat jusqu'à 1420
Chateauceau, où sadite mère était pour esbatements, et dîner avec eux, et que là nous trou-
verions belles chasses et esbatements ; ce que
nous lui octroyâmes, croyant que le convy fut
par bon et loyal amour et à toutes bonnes fins,
pour les grandes familiarités que lui avions démontré, comme de vouloir et souffrir aucunes fois
coucher en notre lit et avec nous, ainsi que s'il
fut notre propre enfant et confrère, tant et tellement nous l'aimions et avions en lui si grande
confiance et sûreté que nous avions eu l'intention
et volonté (si le cas fut advenu de notre décès) de
lui bailler la garde de nos enfants et de notre
pays.

» Et au lundi précédent, avant le jour que nous 12 fév.
fûmes pris par lesdits Ollivier et Charles, nous
vint ledit Ollivier éveiller, dans notre lit, en notre
chastel de Tour-Neuve de Nantes, et nous prit
par la main en disant qu'il était haute heure, et
que les dames nous attendaient à Chateauceau, et
étaient là chasse et beaux esbatements ordonnés
audevant de nous.

» Nous voulûmes monter sur l'eau pour devoir
aller audit lieu ; mais tant était le temps divers
et le vent fort, que ne pûmes aller par eau, et
allâmes coucher en la ville du Loroux-Bottereau, qui
est à deux lieues près de Chateauceau, et aude-

1420 vant de nous avions envoyé nos maîtres d'hôtel,
plusieurs de nos chambellans et autres serviteurs.

13 fév. » Et au mardi matin, qui fut le treizième jour
de février, vint ledit Ollivier, au Loroux, en priant
que nous voulussions hâter, et que notre viande
se perdait. Et, en venant au lieu, fit découdre
toutes les planches d'un pont par lequel il savait
que nous devions passer, afin que, quand nous
serions passés outre celui pont, il pût faire lever
lesdites planches et nous prendre à son aise, et
aussi empêcher que nos gens ne pussent aucunement venir vers nous pour nous aider et secourir.
— Et était demeuré Charles, frère dudit Ollivier,
en embûche, en un bois, outre et près ledit pont,
à grande compagnie de gens d'armes et de trait.

» Après donc notre messe ouïe au Loroux,
nous montâmes à cheval, et icelui Ollivier avec
nous. Quand nous eûmes cheminé, arrivâmes
audit pont, et, incontinent que nous fûmes passé
tous deux, les gens dudit Ollivier jettèrent dans
l'eau toutes les planches qui étaient décousues et
déchevillées, tellement que nos gens qui venaient
après nous ne purent nullement passer pour nous
venir aider et secourir.

» A cette heure, Ollivier mit les mains sur nous
et nous prit en nous disant qu'avant que lui écha-
passions, lui rendrions son héritage, et lors, son
frère Charles sortit de son embûche à grand nombre

de gens tous armés dont l'un tira une épée toute nue et s'avança à nous devoir férir par la tête, combien que, merci Dieu, il faillit et en fut empêché.

» Et illec se départit Charles, et s'en alla à Châteauceau dire et porter les nouvelles de notre prise à sa mère et pour prendre nos gens qu'avions envoyé, lesquels on mit en prisons viles et déshonnêtes.

» Après que nous fûmes ainsi pris, Ollivier fit attacher un licol à la bride de notre cheval pour nous mener quelque part qu'il voudrait, et nous fit lier la jambe dextre à un cordel avec l'étrivière de notre selle, et ordonna deux grands ribauds à chevaucher à l'entour de nous, d'une et d'autre part, avec chacun son mi-glaive entre les mains, pour nous tuer et occire si nous eussions fait signe de nous en vouloir fuir ou échapper, et nous dit que nous gardissions bien de crier ni faire aucune clameur, de doute que le peuple qui nous aimait fit aucune émotion pour nous secourir, et que s'il nous advenait à le faire, si nous irait-il quérir et prendre, et nous laisserait mort, supposé même que nous fussions entre les bras d'un crucifix.

» Et toute la nuitée, sans manger, sans dormir chevauchâmes, et fûmes mené le propre jour du mardi-gras, à Châteauceau, où iceluy Ollivier nous emmena tout droit en une tour, sans parler

1420 ni à homme, ni à femme dudit castel, dont il semblait qu'il n'y en eût aucuns, pour ce qu'ils avaient tous été faits retraire.

» Et fut la chambre close et fermée sur nous.

» Et le soir s'en vint vers nous Marguerite de Clisson, à laquelle nous parlâmes en lui recommandant bien notre vie, et lui priant et requérant pour l'amour de Dieu qu'elle nous voulût sauver la vie, et lui demandant qu'elle nous dit, si son bon plaisir était, si nous n'avions nulle garde de mort; laquelle incontinent nous répondit qu'elle ne savait, et aussi nous fit plusieurs reproches en nous disant qu'avions fait grand tort à ses enfants en plusieurs manières, comme de leur avoir tollu et oté leurs héritages; et nous lui dîmes que s'il y avait chose à réparer ou amender, que toujours étions prêts à ce faire, et qu'oncques ne l'avions refusé, en nous recommandant toujours à elle, et lui disant que nous étions son pauvre parent, né de germain, et lui priant pour Dieu que nous ne mourussions pas; et qu'il ne nous chaillait de terre ne d'autres choses lorsqu'elle nous voulut sauver la vie. Après qu'elle s'en fût allée furent fermées et closes les fenêtres de notre chambre tellement qu'on ne les pouvait ouvrir. Durant de temps qu'étions ainsi détenus et emprisonnés, leur vint nouvelles que nos barons et féaux sujets s'étaient mis sus à grande compagnie, et voulaient mettre le siége

devant Lamballe et Guingamps. Cuidant trouver
voie et manière de faire rompre l'armée, vêtirent
un varlet de notre robe et lui firent chausser nos
bottes, et le contrefirent du mieux qu'ils purent
en notre manière, et le firent mener tout droit à
l'eau par ceux-mêmes qui avaient accoutumé de
nous mener, et était celui Ollivier présent, et
aussi lui bandèrent le visage et le faisaient se
signer en allant le chemin ; disaient et faisaient
croire à tout le peuple que c'était nous-même
qu'ils menaient noyer et jeter dans l'eau, et le
firent charger en un bateau, et puis le menèrent
aval la rivière, là où ils voulurent et aussi firent
savoir à ceux de Nantes que les mariniers qui
venaient par eau avaient trouvé en la rivière de
Loire un homme noyé étant attaché à une saule,
et qu'il était jeune et blond des cheveux, et le
visage de belle stature, et le décrivaient en la
forme de nous, espérant qu'en faisant cette farce,
nos sujets et tout notre peuple crurent que nous
fussions mort et noyé. Après ce, eux voyant
qu'ils n'avaient rien fait, et que pour ce nos gens
ne cessaient aucunement, vinrent ledit Ollivier de
Blays et Jehan son frère à nous en la chambre et
prison où nous étions, et entrent à grand effroy
d'armes, de haubergeons garnis d'épées et de
dagues, et sans faire aucune révérence, disant
qu'ils avaient aucune chose à nous dire, et nous

1420 lui demandâmes que c'était, en les appelant *beaux cousins*; et celui Ollivier nous dit qu'il avait entendu que nos gens avaient assiégé la ville de Lamballe, reniant Dieu et se donnant au diable, que si tantôt et incontinent ledit siége n'était levé, qu'il nous ferait mourir de mauvaise mort, et aussi pareillement ledit Jehan son frère en outre dit qu'il nous ferait voler la tête de dessus les épaules, et mettre sur la plus haute tour de céans; et, en ce disant, approchaient leurs doigts à notre visage, auquel nous dîmes que nous ne pouvions mais de tout tant que nos sujets faisaient, et que ce n'était pas de notre commandement. Et huit jours après ou environ furent menés à Vendoymes, et illec cuida l'an trouver un carcan pour nous enferrer par le col, et nous dit celui Ollivier qu'il avait ouï que nos gens avaient assiégé Guingamps, et quand nous étions allés là en ce pays en pélerinage à Saint-Yves, que ce n'avait été par dévotion, ains par hypocrisie; et que ce n'était que pour tourner avec nous ses hommes et sujets; et qu'il savait que le commun nous aimait fort en celui pays, et se doutait bien que tantôt ils rendraient sa ville de Guingamps; et encore commença à détester et renier Dieu, et se donner au diable que si ses villes et châteaux étaient ainsi pris, qu'il nous ferait mourir de mauvaise mort, non pas à un coup ni à un jour, mais par plusieurs jours, et de

trancher membre à membre. Dudit lieu de Ven-
dome fûmes menés à Nouailly, près la Rochelle,
et de Nouailly à Thoirs et de Thoirs à Saint-Jean-
d'Angely, auquel lieu nous fûmes par deux mois
ou environ ; et de Saint-Jean-d'Angely fûmes
menés à un châtel appelé fors, et d'illec au coudray
Salbart, et puis à Bressiers, et de Bressiers à
Clisson. Pour ce que lesdits de Blays virent que
leur mère était assiégée à Châtoceau, par nos
barons chevaliers, écuyers et autres liges et sujets,
et surent que ledit châtel ne pouvait plus tenir sans
se rendre, et que partant, si leurdite mère, Guillaume leur frère, leur sœur, la femme dudit Charles
et les autres qui étaient dedans ledit châtel étaient
pris en tel manière, ils pourraient être en grand
danger ; aussi que partant toute leur chevance qui
était céans serait perdue, et ledit châtel pris, procé-
derait ladite armée plus avant, quelque part que
serions, et voyaient bien qu'ils ne pourraient plus
nous mener par pays, et qu'il y avait de nos amis
du côté de Gascon, qui nous guettaient, pour nous
devoir trouver et recouvrer ; s'advisèrent ceux de
Blays qu'il leur valait mieux nous rendre à nos
barons, chevaliers, écuyers et à notre pays, que
nous détenir plus longuement ; et nous délivrèrent
en cette manière. »

« Ce magnanime duc était grand serviteur de
la mère de Dieu, laquelle lui avoit en plusieurs

1420 occasions, fait ressentir les bénignes influences de sa faveur. Ainsi avait-il fait vœu pendant sa captivité que, s'il plaisoit à Dieu, par l'intercession de la Sainte-Vierge, de le délivrer du pouvoir de ses ennemis, il présenteroit à l'église de N. D. des Carmes de Nantes son pesant d'or estant armé. — Ce bon prince, sitôt qu'il fut rentré en la ville de Nantes, alla directement descendre de cheval devant le portail de l'église des Carmes, où il se fit armer de toutes pièces, et fit apporter 304 marcs d'or ducat, qui estoit son pesant, qu'il mist sur l'autel de la Vierge. »

Jean V, avait, en outre, fait vœu de remercier Dieu de sa délivrance par un voyage au Saint-Sépulcre : il se contenta d'envoyer à sa place un pélerin, dont il motiva ainsi la mission : — « Comme autrefois, durant le temps que étions détenus prisonnier par Ollivier de Blays et ses frères, nous eussions voué et promis à aller ou envoyer au Saint-Sépulcre, et pour le présent nous ne pouvons faire ne accomplir celi voyage pour plusieurs causes; nous envoyons un pélerin, homme notable et suffisant, audit voyage du Saint-Sépulcre, auquel nous baillons et payons pour ouffrir audit lieu, pour nous, cent florins d'or, et pour ses dépens et deffrays d'iceli, veaige la somme de cent écus d'or. »

Les Penthièvre et leurs adhérents portèrent la

peine de leur traîtrise : en voyant leurs biens
confisqués, ils supplièrent le duc de leur pardonner
promettant de faire, en plein parlement, une
supplication en telles paroles : « Nostre très-
doubté et souverain seigneur, par mauvais conseil
et par jeunesse, nous vous avons pris et mis main
en vous, et longuement détenu contre votre volonté, follement et comme maulx conseillers ; dont
nous desplait et suymes repentants et vous en
croyons merci, et vous supplions qu'il vous plaist
de nous pardonner et nous impartir vostre grâce
et miséricorde. »

Pour gage de leur promesse, les Penthièvre   1424
livrèrent en otage leur jeune frère Guillaume ;
mais, craignant les vengeances du duc, ils n'o-
sèrent se montrer au temps convenu, et lui abandonnèrent lâchement le jeune Guillaume, qui, traîné
de prison en prison comme l'avait été Jean V, per-
dit la vue dans les cachots.

Leurs biens furent confisqués : une partie servit à payer une portion des vœux faits par Jean V
pour sa délivrance ; une autre partie fut donnée, par
le duc, à son frère, Richard d'Étampes, qui survécut
peu à cette donation, et fut inhumé dans la Cathédrale, en laissant de Marguerite d'Orléans, de
la maison de France, un fils qui devint duc de
Bretagne, sous le nom de François II.

PRIVILÉGES COMMUNAUX DE NANTES RAPPELÉS
ET RECONNUS PAR JEAN V.

> « Nostre ville de Nantes est la principale
> » clef de tout nostre pays... Et s'il advenoit,
> » que Dieu ne veille, que elle fust en mains
> » de nos ennemis, ce pourroit la perdition et
> » destruction de nous et de notre duchié. »
>
> JEAN V.

1424   Après avoir rempli ou cru remplir son vœu religieux, Jean V, voulant témoigner sa reconnaissance aux Nantais, rendit une ordonnance qui tient trop intimement à notre sujet pour ne pas la citer en son entier :

« JEHAN, par la grâce de Dieu, duc de Bretaigne, comte de Montfort et de Richemont.

» A nos sénéchal, alloué, prevost, procureur et receveur de Nantes, leurs lieutenants, à tous nos autres julsticiers et officiers, qui de ce peut ou pourra appartenir ; salut.

» Nos bien aimés et féaulx les gens d'églises, bourgeois et habitants de notre ville de Nantes, nous ont fait exposer, en suppliant, *comme nos prédécesseurs, ducs et princes de Bretaigne*, que Dieu absolve, leur aient donné et octroyé plusieurs priviléges, libertés, franchises et revenus tant pour le bien de la réparation de notredite ville que aultrement, qu'il nous plut lesdits priviléges

et libertés conformer et leur en donner et octroyer
nos lettres ;

» En considération aux bons , notables et grands
services que lesdits suppliants nous ont fait au
temps passé , et mêmement , puis naguéres durant
le temps de notre absence et que étions détenus
faussement et traîtreusement par Ollivier de Blois,
qui, par trahison et de guet-à-pens , nous et notre
beau-frère avait pris en allant à son convy, à Cha-
teaulceaux, durant laquelle absence et détention
de notre personne et de notredit frère , lesdits
suppliants se sont bien duement et grandement
portés et employés à notre service , tant au fait
de la garde de notredite ville que autrement, en
plusieurs manières pour le bien du recouvrement
de notre personne , et se sont démontrés bons ,
vrais et loyaux sujets, et obéissants vers nous , à
la conservation de notre seigneurie , tellement
que en tout temps en doivent eux pour recom-
mandés vers nous et nos successeurs ;

» Pourquoi nous, inclinés à leur supplication,
désirant le bien et augmentation de notredite ville,
avons, par délibération de notre conseil, notre
général parlement tenant confirmé, loué, ratifié
et approuvé, confirmons, louons, ratifions et ap-
prouvons, par ces présentes, lesdites franchises
et libertés, à eux données et octroyées par nos
prédécesseurs et nous depuis, et voulons que sorte

leur plein effet, et qu'ils en usent et jouissent
pour le temps à venir, *ainsi qu'ils ont fait ès temps
passé,* selon la forme des lettres qu'ils ont obtenu
de nos prédécesseurs et de nous. »

Ajoutons-y divers résumés des ordonnances
spéciales qui ne rentrent pas moins naturellement
dans notre sujet :

«..... Sur la supplication et humble requête
que le guet de la ville et des faubourgs d'icelle,
fut fait, converti et employé à la garde, et que
les habitans et demeurans en ces lieux fissent le
guet, rereguet et garde-porte, ainsi que le temps
le requerrait, sans ce que aucun en fut excusé ni
franchi par quelconque grâce ou privilége ; ce
néanmoins plusieurs demeurans et habitans en ces
lieux, entr'autres grand nombre ce disant être
monnoyeurs, autres qui disent avoir franchise et
exemptions de nous par lettres, autres qui disent
être et de fait sont nos officiers et en notre service,
autres demeurant dans les hotes et maisons de
plusieurs seigneurs et nobles en ladite ville, autres
qui disent être hommes probes et sujets des évêques
et chapitres, et de plusieurs femmes veuves qui
eussent de grands faits de marchandises, tous lesquels se montrent au tiers ou presque moitié desdits
habitans, qui veulent s'exempter desdits services
et n'y obéissent aulcunement, dont il pourrait
s'ensuivre inconvénient irréparable au domaine

de nous et de tout le bien commun de notre pays, etc.;

» Savons faisons, et voulons que lesdits manans et habitans en notredite ville et fauxbourgs d'icelle, fassent lesdits guet, rereguet et garde-porte, par eux ou par autres suffisans, ains qu'il appartient et que le temps requerra, sans qu'aucun en soit affranchi ni exempté pour quelconque privilége ou grâce que ce soit, qu'ils en aient pu ou puissent avoir de nous, sauf les nobles, les gens d'église et les avocats, pour ce qu'ils servent et sont tenus servir à nous et au bien public de notre pays, sinon en temps de nécessité évidente et éminents périls de guerre, durant lesquels temps ne voulons qu'eux ni autres quelconques ne soient excusés, sauf pauvres femmes veuves, gens mendians et autres misérables professions qui, par raison, en sont excusés. »

Et ce service, imposé à tous, était pénible; car nous voyons, dans les considérants d'une ordonnance du même duc Jean V, que chaque habitant faisait *le guet, arrière-guet et garde-porte de quatre jours en quatre jours* dans les circonstances graves, et ordinairement de *sept jours en sept jours*, avec *moult grande peine et travail, dans ladite ville située en périlleux avénement d'ennemis.*

Enfin, Jean V accorda aux habitants la faculté

d'élire, sans contestation ni cabales dix à douze notables bourgeois pour la défense et la poursuite des causes intéressant la ville :

« ... Nous ayant exposé qu'il y a plusieurs choses touchant le bien commun de notredite ville, et aussi plusieurs causes pour lesquelles, pour my garder et défendre, il n'y a aucuns gens ordonnés ; qu'il est nécessaire d'avoir un procureur pour la ville, qui ait pouvoir de savoir l'état et de se donner la peine des recettes et mises qui sont faites pour l'état d'icelles, ni de savoir comment les deniers qui en sont reçus sont mis et employés, aussi de pouvoir défendre les causes et affaires touchant le bien de l'université et communauté de la ville, et est chose difficile d'assembler tout le commun de ladite ville à constituer procureurs, et sans notre licence et congé lesdits bourgeois et habitants ne pourraient aviser ni adonner gens de ladite ville qui eussent puissance quant aux choses dessus dites et autres qui pourraient toucher le profit commun de ladite ville, etc.

» Pour ce, voulons et octroyons que les bourgeois et habitants de notredite ville de Nantes, où que soit la *maire* et plus saine partie, puisse *élire* toutes fois qu'il leur en plaira, *dix ou douze des notables bourgeois*, lesquels ainsi *élus en public et sans contradiction*, aient puissance de ordonner et établir procureurs un ou plusieurs pour eux et pour tous autres bourgeois et habitants de ladite ville, et leur donner telle puissance et autorité pour la poursuite et défense des causes et affaires du commun de ladite ville, comme ils verront l'avoir à faire, et aussi de savoir, *en la compagnie de nos capitaine, sénéchal, alloué et procureur* de notredite ville ou de deux d'iceulx, l'état des recettes et mises finances appartenant à la réparation de notredite ville, et d'en ouïr les comptes et donner quittance, et aussi à pouvoir de besogner en toutes et chacune les affaires qui seront nécessaires, utiles et convenables pour le bien commun de ladite ville.

» Et pourront lesdits bourgeois et habitants changer chacun an lesdits élus et aulcun d'eux, ainsi qu'ils verront l'avoir à faire. »

À cette organisation municipale se joignit, sous la même influence, une nouvelle recommandation de la tenue plus exacte des registres des baptêmes, dans chaque paroisse, par les curés qui continuaient de remplir les fonctions d'officiers de l'état civil.

RECRUTEMENT RÉGULIER.

Chaque progrès reçoit son complément : l'organisation militaire se régularisa sous l'influence d'Artur de Richemont. Un mandement de Jean V, basé sur la nécessité d'une défense permanente, et après l'avis du conseil du duc, présidé par le comte de Richemont, fut rendu, à Nantes : « Voulons et ordonnons que des gens communs de notre duché, en outre les nobles, se mettent en appareil promptement et sans délai ; savoir est de chaque paroisse cinq ou six au plus ; lesquels ainsi choisis et *élus*, soient garnis d'armes et habillements, savoir, ceux qui sauront tirer de l'arc, qu'ils aient arc, trousse, capeline, coustille, hache ou mail de plomb, et soient armés de forts jacques garnis de laisches, chaînes ou mailles pour couvrir les bras, et ceux qui ne savent tirer l'arc, qu'ils soient armés de jacques et aient capelines, coustilles, haches ou bouges, et avec ce panier de tremble et autres bois plus convenables qu'ils pourront trouver, et soient les paniers longs à couvrir haut et bas. »

COMMUNAUTÉ NANTAISE.
JEHAN BLANCHET, PROCUREUR DES BOURGEOIS.

Dans les plus anciens noms conservés des magistrats électifs de la cité, parmi ces *officiers de Nantes* que le duc appelait *nos chers et amés*, se trouve le nom de *Jehan Blanchet, procureur des bourgeois, manants et habitants de la ville* de Nantes, qui resta en exercice jusqu'en 1485, époque de sa mort.

Le conseil communal, chargé d'examiner les dépenses de la ville, se composait, suivant les ordonnances de Jean V, du capitaine des ville et château de Nantes, du sénéchal, de l'alloué, au nom du duc, et du procureur et de douze notables élus chaque année par les bourgeois *pour besogner en toute et chacune des affaires utiles et convenables pour le bien commun de la ville de Nantes.*

Le miséur ou receveur des deniers municipaux était alors Pierre Guiot, mort en 1470, et remplacé par Amaury Main, qui, décédé lui-même en 1477, céda la place à Fabry Bazire jusqu'en 1484.

ARMEMENT DES BOURGEOIS.

L'établissement régulier de la garde bourgeoise, amenait forcément l'armement des habitants qui en faisaient partie. Cet armement, qui n'était que la conséquence du mandement du duc, du 20 mars 1424, pour faire armer les communes du duché, eut lieu, après une tenue des États à Nantes, et ce fut la continuation, avec plus de certitude, de l'affranchissement de la bourgeoisie, non-seulement parce qu'elle acquiérait une force

1425

matérielle, mais parce que, recevoir des armes, était conquérir une puissance morale que cette bourgeoisie n'a jamais assez comprise dans son désir de s'affranchir de la moindre gêne. C'est qu'elle oublia sans cesse qu'on ne conserve des droits qu'à la condition de remplir des devoirs. Toutefois, nous avons hâte d'ajouter que ces devoirs ont toujours été compris en présence des dangers immédiats.

Tous étaient alors armés de piques, de haches et d'épées, et l'usage des armes à feu, même après la découverte de la poudre, ne s'introduisit que fort lentement dans la milice bourgeoise, quoique nos annales constatent qu'à cette époque la ville emprunta 5586 livres de cuivre pour faire des *bâtons à poudre*. Peut-être fit-on des essais successifs, en plaçant ces armes à poste fixe, sur les principaux points de défense de la ville. Et, en effet, ce furent d'abord des arquebuses à mèche, difficiles à manier, auxquelles on mettait le feu à la main, et, plus tard, par le moyen d'un ressort garni de la mèche, ce qui en fit le type de nos fusils actuels qui, eux-mêmes, avant peu d'années, risquent fort de céder complétement la place aux fusils à percussion, par suite de la loi naturelle du progrès.

Sous Jean V, la forteresse de Pirmil, considérée comme une défense importante de Nantes, avait pour capitaine Jehan de l'Angle, écuyer du duc. Les habitants y fournissaient une garde quotidienne, et la ville était obligée de l'entretenir, moyennant certains droits qu'elle prélevait à l'entrée des ponts.

Jean V, qui tenait sa cour à Nantes, y mourut au manoir de la Touche, vaste propriété, qui, bien restreinte depuis, est encore connue sous le nom de Maison des Irlandais.

Au milieu de ce siècle appartient un des événements mémorables de Nantes, le procès et l'exécution de Gilles de Retz, maréchal de France, le Barbe-Bleue nantais. Nous n'aurions rien à ajouter aux documents curieux publiés, à ce sujet, par M. Ludovic Chapplain, et, d'ailleurs, ils trouveront plus naturellement leur place dans notre Biographie nantaise.

JEAN V ET SES CONSEILLERS.

La ville de Nantes est redevable de tels priviléges à Jean V; qu'elle ne doit point oublier ceux qui purent être les conseillers de ce prince.

L'évêque de Nantes, Jean de Malestroit, que le duc appelait son cousin et son compère, eut une large part à l'administration de la cité : il fut à la fois chancelier de Bretagne, président de la Chambre des Comptes et gouverneur-général du Comté de Nantes.

Au nombre des autres fonctionnaires de Nantes, nous trouvons Jehan de Ses Maisons , connétable de Nantes ; Guillaume de Clin et Ollivier de Chanvallers , successivement sénéchaux de Nantes ; Jehan de Bruc, vice-chancelier de Bretagne ; les secrétaires intimes du duc, Jehan Chauvin et Estienne Pelerin.

C'était ce bon duc Jean V, qui, n'ayant point oublié le décret de l'ancien concile de Nantes, par lequel les femmes étaient renvoyées aux travaux du ménage, avait prononcé ce mot si connu et tant de fois reproduit : « Par Saint-Nicolas, » j'estime une femme assez sage quand elle sait » mettre différence entre la chemise et le pour- » point de son mari. » — Mot si heureusement rappelé par Molière dans ses Femmes Savantes :

> Nos pères sur ce point étaient gens biens sensés
> Qui disaient qu'une femme en sait toujours assez
> Quand la capacité de son esprit se hausse
> A connaître un pourpoint d'avec un haut de chausse.

Nous abandonnons la responsabilité de l'assertion à Molière et au bon duc Jean V.

« Ce prince laissa son pays riche et florissant de biens. Il fut homme juste en commerce et fidèle en négociation, consciencieux, doux à pardonner s'il estoit offensé, pourvu qu'on se soubmist. S'il estoit courroucé contre aulcun, il sçavoit gré à celui qui excusoit l'absent, n'aimoit pas qu'on lui en dict du mal, et répétoit souvent : *Celui de qui vous mal parlez vous vaut autant par adventure.* Il estoit magnanime ; il estoit religieux et devot, communioit quatre fois l'an, aux quatre principales festes ; il faisoit de grandes aumones, et quelquefois il alloit, la nuict, par les églises, en voyage, voire pieds nuds, sans qu'on le sçust. » Enfin il estoit esclave de sa parole :

> Si vouloit Jehan sa promesse :
> Tenir vraie comme la messe.

PARIS REPRIS SUR LES ANGLAIS PAR ARTUR DE RICHEMONT.

Si, sous le duc Jean V, la paix régna dans notre cité qui s'améliorait par des lois libérales, quand la population se trouvait heureuse des nombreux travaux entrepris sous le même règne, ces travaux parmi lesquels notre Cathédrale vient se placer au premier rang, ce bonheur de la paix n'empêchait pas nos concitoyens de se distinguer dans la carrière des armes. Ainsi, lorsque les rois de France se vantent d'avoir uni la couronne de Bretagne à la couronne royale, il ne faut pas qu'ils

1435

oublient que cette dernière leur fut conservée par un prince breton. N'est-ce pas le connétable Artur de Richemont qui chassa les Anglais de la capitale de France? Les registres du Parlement de Paris, à la date du 13 avril 1435, en ont conservé la preuve authentique.

PRIVILÉGES DE NANTES,
RECONNUS PAR LE DUC FRANÇOIS I.ᵉʳ

« Au quinzième siècle, alors que toute puissance semblait se concentrer, en France, dans la personne du roi, le gouvernement établi en Armorique depuis tant de siècles n'avait encore éprouvé aucune atteinte. Comme par le passé, le prince ne pouvait *abroger aucune loi, lever aucun impôt, conclure aucun traité, sans le consentement exprès des États.* »   A. DE COURSON.

« Nous cognoissons et confessons que nous ne pouvons ne ne devons le debvoir d'impost imposer, lever, ne mettre sus, exiger, lever, ne percevoir, sans l'exprès avisement, consentement et octroy de nos Estats, ou de la maire et plus saine partie d'iceux, pour la nécessité de la chose publique de notre pays. »   FRANÇOIS II, DUC DE BRETAGNE.

François 1.ᵉʳ, duc de Bretagne.

Le règne de François I.ᵉʳ, ou du comte de Nantes, titre donné aux premiers nés des ducs de Bretagne, quand ils n'avaient pas celui de comte de Montfort, et que François I.ᵉʳ portait avant son avénement; ce règne, disons-nous, fut assez stérile en faits importants pour notre cité.

Mais il ne faut pas passer sous silence la recon-

naissance que le nouveau duc fit des priviléges des
Nantais à son avénement en 1442. Après en avoir
reçu le serment, l'évêque de Rennes, en lui présentant l'épée, lui dit : « On vous donne cette épée
» au nom de Monseigneur Saint-Pierre, comme
» on l'a donnée aux rois et ducs vos prédéces-
» seurs en signe de justice, pour défendre l'église
» et le peuple qui vous est commis, en prince
» équitable. Dieu veuille que ce soit ainsi, et que
» vous en puissiez rendre vrai compte au jour du
» jugement, au sauvement de vous et dudit
» peuple. » — Puis, en lui posant le cercle ducal
sur la tête, le prélat ajouta : « On vous baille, au
» nom de Dieu et de Monseigneur Saint-Pierre,
» ce cercle qui désigne que vous recevez votre
» puissance de Dieu le tout puissant, puisqu'étant
» rond il n'a ni commencement ni fin. Ce Dieu
» vous réserve une couronne plus durable dans
» le ciel, si vous remplissez vos devoirs en
» contribuant par vos soins à l'exaltation de
» l'église et de vos sujets. Vous jurez à Dieu et
» à Monseigneur Saint-Pierre, sur les Saints
» évangiles et les Saintes reliques qui sont ici,
» que vous conserverez les libertés, franchises,
» immunités et coutumes de l'église, que vous
» ne ferez aucun tort, aucune injustice ni à nous
» ni à vos autres sujets, et que vous ferez
» rendre la justice selon votre pouvoir. » — Le

duc, étendant sa main, armée de l'épée, sur les Saints évangiles et les Saintes reliques, répondit : « *Je le jure!* » Après quoi il prêta hommage au roi de France.

« Ce prince, sachant que l'honneur nourrit la vertu, voulant aussi renouveler la mémoire de son aïeul Jean-le-Conquérant, érigea un nouvel ordre de chevalerie dont il se fit souverain. Cet ordre était surnommé de *l'Épi,* d'autant que les chevaliers de cette compagnie portaient au cou un collier d'or fait en façon d'une couronne d'épis de bled joints les uns aux autres, et les queux d'iceux entrelacés en lacs d'amour ; au bout duquel collier pendait, à deux chaînettes d'or, une petite bête toute blanche appelée *hermine,* posée sur un gazon d'herbe verte, au-dessous de laquelle étaient ces mots : *à ma vie!* qui avait été la devise du duc Jean-le-Conquérant, qui, par icelle, voulut faire connaître aux hommes sa vertu et grandeur de courage, et que plutôt il se fut laissé tuer que de commettre quelque méchant acte et que faillir à suivre la vertu désignée par la blancheur ; car le sens de cette inscription, *à ma vie,* convient à l'hermine, laquelle est de telle nature, comme dit Pline, que lorsqu'on la poursuit pour la prendre, si d'aventure en fuyant elle se rencontre en la fange, ou en quelque lieu ord, elle se laisse tuer plutôt que de se souiller. »

FAITS DIVERS.

Les Penthièvre étaient restés privés de leurs biens : le duc les leur rendit, à la seule exception du domaine de Clisson, dont il ne pouvait déshériter le fils du comte d'Etampes, qui l'avait reçu de son père.

Ce fut la fin d'une longue querelle.

Nous aurions à signaler à la même époque l'érection de l'université nantaise par François I.ᵉʳ, si notre intention n'était pas d'en faire un chapitre spécial. Cette université fut établie à Nantes, le 29 janvier 1448, d'après les bulles papales de 1414 et 1418.

Peu d'actes de François I.ᵉʳ rentrent dans la spécialité de notre sujet, tout local. Sous son règne on put croire un instant que les Anglais feraient une tentative d'attaque, et le duc osa accuser son frère Gilles de Bretagne de lés y provoquer ; mais ce n'était qu'un moyen employé par des ennemis du jeune prince auprès du duc pour perdre son frère. Cet événement est l'un des récits les plus intéressants de notre histoire, et nous regrettons qu'il soit étranger à la nature de notre livre : nous nous bornons à en rappeler *la briève chronique.*

MORT DE GILLES DE BRETAGNE.

1450   Le duc François avait deux frères, le prince Pierre et le prince Gilles. Ce dernier était l'épousé d'une belle, riche et noble princesse, nommée Françoise de Dinan, dame de Châteaubriant, dont un jeune seigneur du nom d'Artur de Montauban, favori du duc, devint amoureux, si éperdument amoureux qu'il résolut de la posséder ou mourir à la peine. — Or, il ne pouvait venir à bout de ses prétentions que par la voie légitime du mariage ; mais ce chemin lui était fermé pendant la vie du mari. — Que fit-il ? — Détestable résolution ! il machina la mort de ce pauvre prince innocent, et gagna bon nombre des plus affidés du duc, qui l'accusèrent d'intelligence avec les Anglais. Le duc le fit enfermer au château de Toufou, près Nantes ; et de là au château de la Hardouynaie, qui était à sa femme, où, ayant été mis entre les mains des satellites que Montauban lui avait donnés pour gardes, ils le voulurent faire mourir de faim, et ne lui baillèrent ni à boire ni à manger, l'espace de trois semaines. Dieu inspira une villageoise de se laisser couler dans les douves du château, et de faire passer au misérable prince du pain et de l'eau par une petite fenêtre grillée de fer, qui répondait de sa basse fosse sur

la douve. — Les gardiens de Gilles étonnés de
le voir vivre si long-temps, l'étranglèrent,
le 24 avril, jour de Saint-Marc 1450, et crurent
que nul ne songerait à venger sa mort; mais, prévoyant son supplice, Gilles avait eu confiance
dans la jeune paysanne, sa protectrice et son
seul soutien, car il était abandonné de Françoise
de Dinan elle-même qui, Dieu le sait, partageait
peut-être l'amour criminel d'Artur de Montauban.
Par les soins de cette villageoise, et amené par
elle, un religieux cordelier avait confessé Gilles
de Bretagne à travers le grillage de son cachot.
Après la funeste mort du prince, ce religieux alla
vers le duc François I.ᵉʳ, lequel, après la prise
d'Avranches, en Normandie, s'en revenait par le
Mont-Saint-Michel, et se trouvait à l'entrée de la
grève lorsque le religieux cordelier arriva jusqu'à
lui. — Le duc, prince fort courtois et respectueux
envers les gens d'église, arrêta son cheval pour l'entendre, et ce religieux prenant la parole : « Monsei-
» gneur, j'ai à vous dire quelque chose qui vous
» touche de fort près et vous est de grande consé-
» quence. » — Le duc se baissant sur l'arçon de sa
selle pour l'écouter, lui répondit : « Parlez, mon
» père. » — « Monseigneur, répliqua le cordelier,
» j'ai ouï de confession monseigneur Gilles de Bre-
» tagne, votre frère, quelques jours avant sa mort,
» lequel m'a chargé de vous aller trouver et de

» vous signifier, de sa part, que, comme appe-
» lant de vous du défaut de droit et de la cruelle
» mort dont vous l'avez souffert mourir faute de
» justice, j'eusse à vous signifier à comparoir, en
» propre personne, en quarante jours, pour tout
» terme, au tribunal de Dieu. » — Le pauvre
duc ayant ouï, sans mot répondre, cette piteuse
assignation, chevaucha tout pensif, et, sur cette
tristesse, la fièvre le saisit, puis décéda justement
le quarantième jour après son assignation, qui fut
un samedi, dix-septième juillet l'an 1450.

GUILLAUME MONTIGNÉ ET JEHAN BLANCHET DÉPUTÉS DES BOURGEOIS DE NANTES AU PARLEMENT GÉNÉRAL.

Pierre II, frère de François I.ᵉʳ, et mari de la
célèbre Françoise d'Amboise, fut couronné duc
de Bretagne, à Rennes, après quoi il vint faire
son entrée à Nantes, où les habitants, sous les
armes, le reçurent avec solennité, ayant à leur
tête Louis de Kermené Guingamp, gouverneur
de Nantes, avec le *conseil de ville*.

En 1424, Jean V avait, sous l'influence de
son frère Artur, assuré l'organisation militaire
permanente dans le peuple par l'institution des
Bons Corps. En 1450, Pierre II, sous la même

influence, rendit, pour compléter la mesure, une ordonnance pour l'armement de la noblesse et des francs archers des paroisses. Chaque noble fut tenu « de se mettre en estat et habillement de défense selon sa puissance et richesses. »

L'année suivante, le duc ayant tenu un parlement général à Rennes, *les bourgeois de Nantes* y furent représentés par maître Guillaume Montigné. En outre, la ville avait au même parlement son sénéchal, maître Jehan du Cellier, et le procureur du chapitre de Nantes, maître Pierre Chauvin. {1451}

Au nom de ses commettants, Guillaume Montigné défendit certaines franchises et exemptions de la ville de Nantes contre Thomas de la Roche et Pierre Grimaud.

Les États s'étant de nouveau rassemblés à Vannes, *les bourgeois de Nantes* y furent représentés par Jehan Blanchet, et y donnèrent leur consentement aux mariages, qui furent célébrés par l'évêque de Nantes, de Marguerite de Bretagne et Marie de Bretagne, filles de la duchesse Isabeau et de François I.ᵉʳ, avec le comte d'Etampes et Jean de Rohan. {1455}

Un débat avec l'évêque de Nantes eut encore lieu sous le règne de Pierre II, dans la dernière année de son règne, et motiva une mission de Rolland de Carné auprès du roi de France. {1457}

ARTUR DE RICHEMONT.

1457
Artur III,
duc de
Bretagne.

Artur de Richemont, frère de François I.ᵉʳ, lui succéda sous le nom d'Artur III.

Ce guerrier célèbre, compagnon d'armes de Jeanne d'Arc, *rendit hommage, dans sa vieillesse, à l'épée qui l'avait honoré dans sa jeunesse,* en la portant comme duc de Bretagne ; mais il n'en garda pas moins l'indépendance du duché, et trouva de dignes soutiens de sa nationalité dans son sénéchal de Nantes, Jean l'Espervier ; son lieutenant de Nantes, René Rouaud, et son capitaine de Pirmil, Olivier le Roux.

Guillaume de Malestroit, qui lui devait l'évêché de Nantes, s'en montra peu reconnaissant : il refusa l'hommage ducal. Artur lui fit signifier de se rendre à ses devoirs. Pierre Bouteiller de Cherbonnières, fut chargé de cette mission. Guillaume persista dans son refus, en déclarant qu'il *ne tenait en rien son temporel du duc.* Artur s'affligea de ce débat, et depuis lors sa santé languit. Le mot d'empoisonnement fut prononcé dans le peuple. Toujours est-il qu'il survécut peu. Il fut inhumé aux Chartreux.

1458

6 déc.

26 déc.

« Il était prudent, chaste ; vaillant autant comme prince peut être ; et nous semble que homme ne devait rien redouter en sa compagnie, car homme en son temps ne fut de meilleure conduite que lui pour mener une grant bataille ou un siége, et pour toutes approches en toutes manières. Et tous les jours, une fois dans la journée au moins parloit de la guerre et y prenoit plaisir plus qu'à nulle autre chose. Sur toutes choses aimoit gens vaillans et bien renommés, et aimoit, soutenoit le peuple plus que nul autre, et faisoit largement des biens aux pouvres mendians et autres pouvres de Dieu. »

FRANÇOIS II.

« De toute antiquité, nous et nos prédécesseurs roys, ducs et princes de Bretaigne, jamais de nos noms et titres de principaulté n'auons recogneu créateur, instituteur, ne souuerain, fors Dieu tout puissant. » FRANÇOIS II.

François II, couronné duc de Bretagne, continua les projets d'organisation militaire commencés par son oncle, sous les deux règnes précédents. Il nomma des gouverneurs pour la conservation des places d'armes du duché. Le capitaine de Nantes fut messire Henri de Villeblanche, et le sire Duchâtel, commandant du Château de Nantes.

1458
François II,
duc de
Bretagne.

La réception de François II à Nantes eut lieu en *grant solennité*, et sa présence y fut le sujet de fêtes somptueuses, entre autres d'un tournois qui effaça toutes les anciennes fêtes de même sorte.

UN TOURNOI A NANTES.

1459
5 nov.
C'était le 5 novembre de l'an 1459 : depuis trois jours on ne songeait à Nantes qu'au fameux tournoi qui allait avoir lieu sur la place du Bouffay, la grande place où se donnaient les pardons d'armes. Les seigneurs s'y préparaient au milieu des fêtes ; le peuple ne parlait d'autre chose en se livrant à ses travaux. Depuis trois jours les bannières héraldiques, appendues à diverses fenêtres, indiquaient quels chevaliers allaient prendre part à une lutte qui promettait d'être brillante. On attendait le retour du duc, lequel était à la chasse dans les environs de Châteaubriant, où il avait fait un pari avec le seigneur du Chaffault, à savoir qui *tuerait le plus de perdrix*.... Le seigneur du Chaffault savait sa politesse, et le jeune duc revint à Nantes plus heureux de sa victoire sur les perdrix que s'il eût gagné mainte bataille....

Enfin, l'heure de la fête approche : la foule encombre les alentours du château de l'Hermine, où se rendent successivement tous ceux qui doivent faire partie du cortége : car c'est de là qu'il va partir. Le temps s'écoule, un grand bruit de trompettes a retenti de la cour ducale, le peuple jette un cri de joie, le pont-levis s'abaisse, on entend

les pas des chevaux pesants qui le traversent : voilà
le cortége !....

Au partir du Château, tout au premier, sous le
commandement du capitaine Ramonet, s'avancent
les archers du duc, en hucques ou manteaux
d'orfévrerie, avec jacquettes en livrée blanc, noir
et violet, à cordellières de fil d'or de Venise, tenant chacun son voulge et en bel arroy.

Viennent ensuite les trompettes, avec des coif-
fures de pierreries et de plumes, des habits en
toile d'or et d'argent, ayant leurs chevaux caparaçonnés également en toile d'or et d'argent.

Les cinquante gens d'armes de l'ordonnance du
duc les suivent, ayant tous cottes d'armes aux
armes de Bretagne, et commandés par le capitaine
Jehan Blosset.

Après, se présentent, en caracolant, sous la
direction de messire Thomas de Quebriac, seigneur de Bressé, premier écuyer des écuries du
duc, des coursiers en mains, que les chevaulcheurs
d'escurie, tous vêtus de belles jacquettes d'orfévrerie, portant un émail aux armes du duc, ont
peine à contenir avec les grands cordons d'or,
houppés et frangés d'argent et de soie, auxquels
ces chevaux ardents sont attachés. Tous ont des
ailes, des bonnets garnis de plumes et d'aigrettes,
et sous leurs riches caparaçons, aux armes ducales
brodées d'or et semées d'hermines d'argent, dont

1459 les glands d'or traînent jusqu'à terre, frémissent leurs jambes nerveuses, aux sabots dorés et argentés.

Alors paraissent les archers de la grande garde du corps, commandés par le capitaine Phelippe de Malestroit, qui montre à tous sa devise : *Qui numerat nummos non malestricta domus ;* puis marchent les sergents d'armes tenant et portant leurs masses d'argent pour faire la voie, et les pages, vêtus avec élégance, en habits de satin, qui précèdent le fou du duc, M.ᵉ Denis d'Espinal, entre les fameux faulconniers Marescot et Antoine de la Mandaye, ayant leurs oiseaux au poing, et les astrologiens maîtres Nicolas de Poulaine et Arnoul Desmares ; tous montés sur de beaux chevaux richement caparaçonnés.

Enfin, voilà le duc de Bretagne lui-même, sur un magnifique coursier; lequel, conduit par la belle Antoinette de Villequier, est tenu par une écharpe attachée à la bride. A ses côtés est le charmant Guyot, le page favori du duc.

François II a voulu, jusqu'à la lice, marcher armé de toutes pièces, et son armure dépasse bien, en effet, toutes les autres en somptuosité. Le cimier de son casque se compose de deux grandes cornes d'argent, semées de mouchetons d'hermines, avec un lion d'or assis au milieu d'icelles sur la couronne ducale, le tout appuyé sur un bonnet écarlate rebrassé d'hermines et couvrant le casque, qui est d'or. Son armure est recouverte d'une robe de drap d'argent toute semée d'hermines. Une épée au fourreau d'or pend à son côté gauche, et à sa droite est attachée une autre épée plus courte, également à poignée et à fourreau d'or. Son cheval est entièrement vêtu d'une robe de toile d'argent, aussi semée d'hermines : la tête seule du destrier est libre : elle est surmontée de deux cornes d'argent, encore semées d'hermines et contenues par la têtière de la bride, laquelle est en tissu d'or. Une plaque d'or couvre le chanfrein, et le cou est garni jusqu'au garrot de lames d'or enchâssées les unes dans les autres.

Tout derrière le duc est Pierre Landoys, son trésorier, naguère son simple garde-robier. Tous les seigneurs de la cour du duc marchent immédiatement après lui, ce dont tout bas murmurent. Là se trouvent le chancelier Guillaume Chauvin ; Thomas de Kerazret, le prévost ; Olivier de Quelen, grand-maître de l'artillerie ; le sire de Bolony, grand veneur : Jehan de Rohan, grand fauconnier ; le vicomte du Fou, amiral de Bretagne ; les chambellans Henri de Villeblanche, Pierre de la Marzellière, Jehan du Perrier et Jehan de Châteaubriant ; Jehan Dufau, grand-maître des monnaies de Bretagne ; Jehan du Cellier, président des comptes ; messire Jehan l'Espervier, sénéchal de

1459 Nantes ; Tanneguy Duchâtel, grand-maître-d'hôtel de Bretagne, portant le bâton haut sur l'épaule ; et autres seigneurs et barons, dont le peuple admire les riches costumes, et qu'il nomme à mesure que chacun d'eux passe entre ses écuyers.

Enfin, voilà les chevaliers qui doivent combattre au tournoi. Ils se distinguent par leurs couleurs, leurs blasons, et surtout par les cimiers de leurs casques, car le casque est la plus noble pièce des armes du chevalier. Aussi, la variété des cimiers excite la curiosité populaire ; car c'est surtout par le cimier que le peuple désigne chaque concurrent dont la visière est baissée : c'est un aigle éployé d'or ou d'argent, une queue de paon, une hure de sanglier or ou argent, ou au naturel avec des défenses d'argent, des cornés d'or et d'argent avec panaches, un double éventail d'azur avec un lion ou un loup d'or assis au milieu, un croissant d'or avec une tête de cygne en argent soutenue par deux anges en or, une grue ailée, deux sauvages or et argent tenant un joli enfant par les mains, une tête d'ours muselée, un dragon ailé d'or, un cerf d'or, une tête de bélier d'argent accorné d'or, une tête de More au naturel avec un turban d'argent, une gerbe de blé d'or attachée par un lien d'argent, de grandes plumes d'or et d'argent, une licorne d'argent, un faucon d'or, une tête de limier, un sauvage de carnation tenant un lévrier d'argent, une touffe de romarin, un griffon d'or, une tête de femme en or avec un voile d'argent, une tête de jeune fille en argent, etc. Les cimiers sont, pour la plupart, en cuir bouilli ou en carton vernis, pour être moins pesants, et attachés avec trois courroies sur le casque.

On remarque parmi eux Olivier du Chaffault, Sylvestre du Chaffault, Jehan de Rostrenen, Jehan de Rosmadec, Pierre de la Jaille, Eustache de l'Epinay, Jehan Bouteiller, Berthelot de la Ville Eon, Artur de Thouaré, Pierre du Couëdic, Jehan de la Tousche, Hector de Meryadeuc, Jehan de l'Enfant, Alain de la Roche, Robert de la Motte, Jehan de Chevigné, Guillaume du Tiercent, Robert Richer, Eon de Carné, Bertrand Derrien, Guillaume du Guiny, et quelques autres dont les chroniques ne révèlent pas les noms.

Tous sont en l'équipage le plus pompeux qui se puisse imaginer, avec les plus belles étoffes, les broderies et les pierreries choisies pour leur ornement, afin de rehausser avec plus de lustre et plus d'éclat le mérite de leurs personnes, mais surtout la galanterie de leur esprit, qui se révèle dans le choix de leurs couleurs et des devises des bannières que portent les écuyers qui les accompagnent.

La beauté et les harnois de leurs chevaux répondent à cette magnificence. Ils sont ornés de

1459 riches caparaçons ou de bardes couverts d'or et de pierreries, avec peintures de blasons. Plusieurs ont des harnois de bandes de broderies, houpes et cordons de soie, rênes et selle de même, mors et étriers dorés et sculptés d'une foule de petits ornements tous plus ingénieux et plus bizarres les uns que les autres avec les bossettes en orfévrerie de diamants. Un bouquet d'aigrettes blanches se balance au-dessus de leur chanfrein d'argent. Leur cou est entouré d'une collerette d'étoffes, couverte de pierres précieuses, au bas de laquelle sous la gorge, pend une pomme d'or en olive, enrichie de perles, de rubis et d'émeraudes. D'autres ont le harnois de tête et de poitrail en argent de trait; ils sont couverts de plaques semées de rubis et de turquoises, avec de grands panaches sur la tête et sur la croupe. D'autres encore ont des harnois éclatants de broderie de canetille d'or et d'argent, et le chanfrein couvert d'une quantité de plumes ondoyantes où les vents se jouent de toutes parts, tandis qu'un long rameau de pierres précieuses, qui s'étend par-dessus le panache, demeure ferme et résiste à leur violence. Ce rameau de pierreries se balance et fait reluire ses mille couleurs, sous le mouvement moelleux du piaffer du cheval, qui semble fier de cette riche parure et se carre sous l'assiette solide qui le contient.

Pendant cette marche, les dames se placent 1459
sur des échafauds, à quatre rangs de siéges, cou-
verts par de très-belles tapisseries, élevés autour
de la place du Bouffay. La chronique dit que ces
dames sont vêtues *en grandes libertés*, montrant,
la plupart d'icelles, leurs visages colorés, leurs
blanches épaules, et tous les charmes qui enivrent
le chevalier qui les regarde, et lui assurent la
victoire, quand ce regard est celui de la femme
aimée. Tout le peuple qui entoure la lice en
groupes pressés entre chaque entrée de la carrière, ne se lasse pas de contempler ces dames
si belles et si richement parées, et elles en sont
tant glorieuses que c'est une droite fayerie, comme
qui dirait enchantement. Mais aussi la même chronique ajoute que la plupart sont formées avec de
telles perfections, qu'elles rappellent le temps où
les dames mettaient les dieux en jalousie avec les
hommes, en leur faisant trouver le séjour de la
terre préférable à celui du ciel. Quand le cortége
arrive et que chaque chevalier les salue de sa
lance, leur orgueil de beauté s'accroît encore,
quoiqu'elles soient un peu en crainte, les unes
pour un combattant, les autres pour un autre.

Enfin, le duc de Bretagne vient, avec sa cour,
se placer au milieu de cette corbeille de beautés,
et tout se prépare pour le tournoi, pendant que
de nombreux maîtres d'hôtel, sous la direction de

1459 Jehan de Rieux et Jehan de Domaigné, écuyers porte-plats, ayant chacun un bâton d'or aux hermines d'argent, vont, par les ordres de leur royal maître, offrir des rafraîchissements aux dames, dans des tasses d'or et d'argent godronnées, travaillées magnifiquement en orfévrerie, par Hacquinet et Pierre Lelong, habiles ouvriers nantais, ciselées et gravées par Charles de May.

Là paraissent, sur de somptueux échafauds, les trois duchesses douairières de Bretagne, Isabeau, Françoise et Catherine. Là sont les deux filles de la duchesse Isabeau, portant les riches costumes de leur mariage, à savoir Marguerite et Marie de Bretagne. Marguerite, l'épouse déjà délaissée du duc, était couronnée d'un cercle d'or enrichi de pierreries, sur une coiffe de fil d'or, sémée de grosses perles; son collier était formé des plus belles pierreries; elle portait un corset de velours cramoisi, fourré d'hermines avec une grande robe traînante, à fleurons d'or sur un fond cramoisi. Elle avait pour dame d'atour madame de Penhouet, en corset d'écarlate, et madame de Kaer.

Avant de prononcer l'ouverture du tournoi, le hérault d'armes *Bretaygne*, qui se tient auprès du duc en son somptueux costume herminé, indique à haute voix, en s'adressant aux dames, les bannières que les écuyers viennent de planter autour de la lice et appartenant aux chevaliers qui vont combattre, afin que s'il y est nul qui ait des dames médit, elles descendent toucher sa bannière, et les juges le déclarent incapable de fournir sa course, et qu'il soit si bien battu par les estaffiers, en étant mis hors de la lice, que ses épaules s'en ressentent de manière à ce qu'une autre fois il ne parle pas déshonnêtement des dames ; ou, s'il n'est pas chassé de la lice, que les sangles de son cheval soient coupées, qu'on l'enlève avec sa selle, et qu'on le place ainsi à califourchon sur les barres de la lice, en ne souffrant pas qu'il descende avant la fin du tournoi, de façon à amuser fort les dames et surtout les damoiselles ; à moins que le chevalier félon ne se rachète de ses forfaitures, en criant, à haute voix : *Merci !* aux dames, en expiation d'en avoir vilainement parlé et médit, jurant à l'avenir de n'en jamais dire mauvaise parole.

Cette fois, rien de semblable n'a lieu : tous les chevaliers n'ont que bien parlé des dames, et tous sont admis à courir.

Le tournoi commence. Les chevaliers quittent leurs élégants destriers pour monter leurs chevaux de combat. Ceux-ci marchent si rudement le long des lices, avec leurs pesantes armures, que sous leurs pieds semble que terre doit profonder. Le sol en tremble jusqu'au rivage, et la Loire elle-même s'en émeut en agitant ses flots.

C'est dans cette première course que de toutes

1459 parts on cherche à distinguer les plus beaux hommes d'armes qui se vont mesurer de cœur et de force. Chaque cavalier s'emploie à montrer à l'envi sa grâce et son aplomb pour se faire bien voir des jolies châtelaines, car elles n'excusent pas la mauvaise grâce de ceux qui entrent en lice, puisqu'ils n'y doivent paraître que pour être agréables aux dames. Et si, en effet, paraît quelque geste du tenant qui ne soit de bonne grâce, soit avant la course ou durant icelle, la risée s'en fait générale parmi elles. Les châtelaines sont rieuses et moqueuses : cela tient à leur espèce, Dieu ayant fait ainsi leur sexe. Elles ne souffrent pas l'image d'un vilain qui ne sait que faire de lui-même. Elles aiment à contempler un noble chevalier, pour leur donner du plaisir, exécutant gentiment, avec hardiesse et de bonne façon, tout ce qu'il entreprend, sans demeurer court, étant certain que les belles et gentilles prennent davantage de plaisir à voir un galant chevalier, commencer, continuer et finir une belle course, sa lance ferme dans la main, avec gaillardise à l'arrêt, que de considérer un mauvais gendarme, mal placé sur son cheval, mal partant, sa lance toujours branlante et vacillante. Et, quand elles regardent les vrais hommes d'armes, de main et de cœur, se chargeant avec furie sur des chevaux pleins de fougue, cela met en appréhension ces pauvrettes, aussi bien qu'elles rient de pitié sur le lâche et le faible.

Et pourtant ces pauvres chevaliers, contenus dans leurs armures de fer, ne peuvent hausser, tourner la tête, ni remuer l'épaule gauche : seulement il leur reste le mouvement depuis le coude pour pouvoir arrêter le cheval.

Les voilà qui se mêlent et se frappent furieusement : on n'entend que coups portés sur le harnois l'un de l'autre. La lice retentit du cliquetis des armes, du son des trompettes, du hennissement des chevaux, de la voix des chevaliers qui se menacent, de celle des écuyers qui crient chacun le cri de guerre de leurs seigneurs, des acclamations de la foule qui s'émeut des chances diverses de la lutte. Le tournoiement devient plus bruyant encore, le frêne des lances vole en éclats, chacun s'échauffe en son harnois, on met la main aux épées, on se fatigue à force de coups, on se renverse à terre. Les chevaux échappés, légers de n'avoir plus de pesants maîtres, ayant rompu leurs rênes, se sauvent en s'ébattant. Les chevaliers se tiennent corps à corps : ils s'animent d'une vraie colère, et la réalité remplacerait le jeu d'armes, si le duc, dessus son échafaud, voyant les combattants trop animés, n'ordonnait à *Bretagne* de les séparer.

A son geste, les héraults se précipitent dans l'arène au milieu des combattants, tout rentre dans l'ordre, la chamaille cesse, et alors ont lieu les

1459 combats deux à deux, à la suite desquels de brillants prix sont décernés de la main des dames.

Alors les acclamations éclatent avec une nouvelle force. On ne saurait dire la quantité innombrable de monde qui assiste à ce spectacle et l'ordre excellent qu'on y apporte, en sorte qu'il n'y a aucune confusion ; la multitude de belles dames si bien parées et si enrichies de brillants qu'on peut juger que tout ce qu'il y a de richesses dans ce monde a été employé à leur ornement ; ces troupes de chevaliers et de chevaux qui bondissent à l'admiration de tous les spectateurs ; cette quantité d'habits et de caparaçons avec tant de variétés ; ce grand nombre de lances, de banderolles et de panaches de toutes couleurs ; cette diversité d'emblêmes que portent les écuyers ; l'éclat des étoffes, de l'or, de l'argent, du pourpre, de l'azur et des pierreries ne peut être imaginé qu'avec peine. L'on ne saurait aussi représenter le contentement de l'ouïe en même instant, au son d'un nombre infini d'instruments et au bruit éclatant des trompettes, tout cela mêlé avec les acclamations du peuple, avec le hennissement des chevaux, avec les redites et réponses réitérées de l'écho. C'est un plaisir et un contentement indicibles.

Après le tournoi, une scène de gaîté vient exciter une joie universelle. Deux troupes de malins pages, d'une part en costumes de femmes, de l'autre en jeunes écuyers, s'avancent à cheval dans la lice, chacun ayant à la main un panier doré où sont des œufs pleins d'eau de senteur, dont ils se font des charges en façon de carrousel.

La fête se termine par un ballet de six chevaliers et six écuyers à cheval, à la cadence de la musique. — La figure d'entrée est des six chevaliers, les six écuyers après, au pas et à courbettes ; la seconde, un tour au pas en rond, et un autre à courbettes ; la troisième, deux demivoltes à courbettes, les écuyers un tour au galop ; la quatrième, deux passades à courbettes, et les écuyers deux voltes terre à terre ; la cinquième, deux voltes à courbettes, et les écuyers deux voltes terre à terre ; la sixième, trois chevaliers au milieu du rond une volte ensemble, les trois autres allant et venant à courbettes de côté ; les écuyers, après, faisant une volte et demie, terre à terre, chacun autour de son chevalier. A la septième entrée les chevaliers partent vis-à-vis l'un de l'autre, et font une volte changeante de compagnon, deux à deux, et puis une demi-volte, retournant chacun à sa place, toujours à courbettes ; après, les écuyers s'entrelacent en faisant une chaîne terre à terre. Pour la huitième, pendant que les écuyers font la chaîne, les chevaliers reprennent leur rang, et, allant vingt pas à vingt

1459 courbettes, ils font une belle figure, et puis les écuyers en font une où l'adresse n'est pas moindre, alors ils reprennent la même suite, et, se trouvant, en bon ordre et en belle figure, ils se retirent continuellement au pas et courbettes, toujours en cadence. Ce beau ballet est admiré de tout le monde.

FRANÇOISE D'AMBOISE.

On avait vu quatre duchesses de Bretagne à la réception solennelle de François II à Nantes, Marguerite de Bretagne, sa femme, et les trois duchesses douairières, Isabeau d'Écosse, veuve de François I.ᵉʳ; Catherine de Luxembourg, veuve d'Arthur III, et Françoise d'Amboise, veuve de Pierre II.

Cette dernière duchesse était surtout aimée du peuple. Les Nantais savaient qu'ils lui devaient de n'avoir pas été surchargés d'impôts sous le règne de Pierre II, et ils lui en témoignèrent toujours une reconnaissance qui se manifesta surtout dans une occasion remarquable, qui faillit causer d'assez grands troubles à Nantes.

1461 En 1461, date de l'ouverture de l'Université nantaise par François II, le roi Louis XI était venu en Bretagne, sous un pieux prétexte, mais

avec le motif réel de connaître les forces du duché, et d'engager Françoise d'Amboise à se marier
avec le duc de Savoie, frère de la reine de France.
La princesse avait fait vœu de religion, et son
père lui-même, mis dans les intérêts du roi, n'obtint qu'un refus formel à cette union. Il résolut
alors d'emmener sa fille en France, par ruse ou
par force, et, comme elle se rendait un jour à
l'église de Notre-Dame, elle fut arrêtée par plusieurs seigneurs au nom du roi.

Cette princesse, ne pouvant endurer cette indi-
gnité dans une ville, au pays où elle avait été
souveraine, s'écria : Comment êtes-vous bien si
osés que d'attenter sur ma personne en une ville
de Nantes ? Allez ! je saurai de quelle autorité
vous le faites. — La curiosité avait porté quelques-uns des Nantais qui l'aimaient grandement,
à s'arrêter en la rue et à entendre ce dialogue,
lesquels voyant que l'on mettait si indignement la
main sur la pieuse veuve de Pierre II, s'en allèrent par les rues, criant qu'on enlevait la duchesse
d'Amboise. A ce cri, tout le peuple sortit en rue,
armé et embastonné, et s'en courut vers le lieu
où était la duchesse, ce que voyant les seigneurs,
ils se sauvèrent hors la ville. — Le duc, François II,
averti de cette émeute, envoya son amiral, messire de Quelennec, pour apaiser le peuple, qu'il
ne put faire retirer et désarmer, et qui, au nombre

de plus de quatre mille, accompagna la duchesse
jusqu'à Notre-Dame, et, pendant qu'elle y fut,
garda les portes, puis, lorsqu'elle eut achevé ses
dévotions, la conduisit et ramena à son logis,
mettant une garde devant sa maison, et n'en voulut bouger jusqu'à ce qu'elle mît la tête en une
fenêtre et les remercia de leur bonne affection,
apaisant ainsi ce peuple qui voulait assommer les
seigneurs qui avaient eu l'audace de mettre la
main sur la veuve de Pierre II. — Le duc lui offrit une demeure en son château; mais elle l'en
remercia, et prit son logis chez un bourgeois
nommé Guiolle, en la grande rue de Nantes, au
carrefour du Pilori. — Les seigneurs qui agissaient par ordre de son père et du roi, n'en
continuaient pas moins leurs tentatives pour l'enlever. Le duc ayant ouï vent de cette entreprise,
et devinant enfin les ruses royales, commanda à
messire Guyon de Quelennec, amiral de Bretagne,
et à messire Tanneguy Duchâtel, capitaine de
Nantes, d'asseoir des compagnies de soldats
autour de la maison de la duchesse, et de veiller
à ce qu'on n'attentât rien contre sa personne. Ces
seigneurs exécutèrent le commandement du duc,
faisant force rondes et patrouilles, aux veilles de
la nuit, par toutes les rues du quartier.

Françoise d'Amboise se retira dans le couvent
qu'elle avait fondé aux Couëts.

DÉBATS ENTRE LE DUC ET L'ÉVÊQUE.

« Aussitôt que le duc François II s'était vu sur
le trône, lit-on dans le *Dictionnaire de Nantes*,
par M. J.-F. Macé de Vaudoré, il avait pensé à
terminer tous les différends qu'il avait avec l'évêque de Nantes. L'archevêque de Tours, pour hâter
l'accommodement, décida que les censures lancées
précédemment seraient nulles, et que les officiers
excommuniés pourraient se faire absoudre.

» François II, qui savait que le clergé était
difficile à soumettre, s'avisa, d'après le conseil de
son chancelier Jehan Macé, seigneur de la Cheva-
lerais et de Vaudoré, d'un expédient qui lui réussit. Il envoya dès le commencement de son règne, au pape, une ambassade magnifique avec une
lettre très-soumise. L'orgueil du pontife fut flatté
de l'attachement du prince breton et des sentiments respectueux qu'il montrait pour l'église.
Aussi François II n'eut-il point à se plaindre des
souverains pontifes. Ils lui accordèrent les faveurs
les plus signalées, et ne se déclarèrent jamais
contre lui. Dans les démêlés qu'il eut avec l'évêque
de Nantes, il n'eut à combattre que le roi de
France, protecteur intéressé du prélat. La cour
de Rome resta neutre, ou ne servit que très-faible-
ment l'évêque. »

1462
Amaury
d'Acygné,
évêque.

Mais celui-ci tenait fortement à ses prétentions. C'était alors Amaury d'Acygné, successeur de Guillaume de Malestroit. A son avénement, il se borna à faire présenter ses bulles d'érection *aux bourgeois de Nantes* et au clergé du diocèse : mais il refusa de faire hommage de son temporel au duc. Celui-ci, furieux, fit publier à son de trompe, dans tous les quartiers, que défense était faite à l'évêque et au clergé de s'immiscer dans le gouvernement de Nantes, sous peine de confiscation de leurs biens et de bannissement. L'exécution suivit de près la proclamation. L'évêque habitait le manoir de la Touche : lorsqu'il voulut entrer en ville par la porte de Saint-Nicolas, on lui signifia, de par le duc, la défense d'entrer. Amaury répliqua par une excommunication lancée cóntre François II, et se retira à Angers. Une intervention du roi de France suspendit la querelle, mais sans la terminer, d'autant que Louis XI cherchait un prétexte pour y prendre une part plus active, ce qu'il eût fait immédiatement, si Landoys, ministre habile du duc de Bretagne, n'eût suscité au roi de France divers embarras dans son propre royaume, en même temps qu'il rassemblait les

1463

États de Bretagne à Nantes pour en obtenir quelques impôts, afin de solder un nombre d'hommes d'armes suffisant en cas de guerre. (Ces États se tinrent encore à Nantes en 1466 et 1469.)

Landoys se préparait à soutenir la fameuse *ligue du bien public*, où François II s'unit aux grands vassaux mécontents contre Louis XI. Celui-ci n'était pas sans défiance. Il épiait les moyens de se venger. L'occasion ne tarda pas à se présenter. François II était jeune, brillant, aimant les plaisirs, et bientôt les plaisirs lui firent oublier les affaires.

ANTOINETTE DE VILLEQUIER.

Dans un voyage en Normandie, François II **1465** s'amouracha d'une jeune damoiselle, nommée Antoinette de Villequier, cousine d'Agnès Sorel, et sa rivale comme dame de beauté, laquelle il débaucha et emmena en Bretagne, l'entretenant publiquement, au grand déplaisir de la duchesse, Marguerite de Bretagne, sa femme, princesse pieuse, et au scandale de tout son peuple. — Marguerite de Bretagne en confia ses mortelles douleurs à la bienheureuse Françoise d'Amboise, qui ne le put endurer, et en écrivit au duc, lui remontrant *l'énormité de ce sale péché, le scandale que causait le mauvais exemple, l'injure faite à la duchesse, dame du sang de Bretagne et d'Écosse; que, pour ce péché, lorsque les princes s'y embourbaient, Dieu punissait les royaumes et monarchies,*

*desquels il causait la ruine et désolation. Hélas !
Monseigneur, ajoutait-elle, Dieu veuille que pour
votre péché si énorme, si scandaleux et pestiféré,
Bretagne ne soit détruite; le pauvre peuple, innocent, oppressé de guerre ou peste, et que ne péris-
siez en douleurs et angoïsses avec votre pauvre duché.*

Le duc ne tint compte des charitables remontrances de sa sainte cousine, et continua toujours
ses voluptueux plaisirs, donnant à sa dame de
beauté fêtes somptueuses et tournois chevaleres-
ques dans son beau Château de Nantes, comme
dans celui de Clisson, et dans les prairies des
chevaliers dont les noms sont restés dans les deux
villes. — Françoise d'Amboise, sortant de son
monastère des Couëts, obtint congé de venir trouver le duc à Nantes, où elle fut reçue de tout le
peuple en aussi grande joie et triomphe que lorsqu'elle y fit son entrée ducale, car les Nantais
l'aimaient extrêmement. Le duc lui envoya au-
devant les seigneurs de sa cour qui l'amenèrent au
Château, où elle séjourna quinze jours. Elle parla
à loisir au duc pendant ce temps, lui remontrant
franchement l'énormité de son crime, de sorte
qu'il fit sortir sa mie du château de Nantes et la
logea en ville. La bienheureuse duchesse insistait
pour qu'il la renvoyât en Normandie, et même
l'incita à s'en aller, lui offrant grosses sommes de
son propre denier pour se retirer; mais chacun

n'y put faire consentir ni l'un ni l'autre, et, aussitôt
qu'elle se fût retirée, le duc fit revenir sa mie au
Château, commençant, de plus belle, sa vie de
plaisirs et de fêtes, dominé par la luxure, cette
sorcière Circé, qui, privant les hommes de sens
et de jugement, les transforme en bêtes brutes.

« La duchesse Marguerite de Bretagne, accablée   1469
d'ennuis et de tristesse de voir sa couche souillée
par une autre qui possédait entièrement l'affection
de son mari, mourût à Nantes au grand regret de
tous les gens de bien, s'étant moult recommandée,
pour le repos de son âme, à la benoiste glorieuse
Vierge Marie, à Monsieur Saint-Michel l'ange et
à tous les benoits anges et archanges de Paradis,
à Monsieur Saint-Pierre et à tous les Apôtres, aux
quatre Évangélistes, à Monsieur Saint-Jean-Bap-
tiste, à Monsieur Saint-Christophe, à Monsieur
Saint-Sébastien, à Monsieur Saint-François, à
Monsieur Saint-Anthoine, à Monsieur Saint-Fiacre,
à Monsieur Saint-Guidas, à Monsieur Saint-Ger-
main, à Monsieur Saint-Martin de Vretou, à
Monsieur Saint-Pierre-le-Martir, à Madame Sainte-
Anne, à Madame Sainte-Katherine, à Madame
Sainte-Margarite, à Madame Sainte-Apolline, à
Madame Sainte-Agathe, à Madame Sainte-Ursule,
à Madame Sainte-Suzanne, à Madame Sainte-
Clere, à Madame Sainte-Radgunde, à Madame
Sainte-Barbe, et à tous les Saints et Saintes et

benoiste compaignie de Paradis. » Puis ayant fait
beaux cadeaux à sa bien amée et première dame
de chambre la dame du Chaffault, à sa bien amée
commere la chanceliere, à ses bien amées demoiselles de Tieux et dame de l'Eperonnière, et sa
bonne nourriee Jehanne de Bresvouc, la confidente
de ses grandes péines, ainsi mourut la pauvre duchesse, et, par cette mort, la dame de joie
demeura en pleine jouissance du duc, lequel
l'entretenait en grand état. Les dépenses de
Mademoiselle de Villequier, comme l'appelait le
trésorier Landoys dans ses comptes, montèrent à
7,400 ₶ (somme énorme pour l'époque), dans
l'année même de la mort de la duchesse, qui
ne recevait que 6,500 ₶ par an. Puis, en dehors
de cette pension fixe, venaient bien d'autres dépenses; ainsi Landoys ajoutait dans ses comptes :
« Pour excès de la dépense de Mademoiselle de
Villequier l'an précédent, 1,016 ₶; pour plusieurs
draps de soie et de laine, et autres, plus de
garde-robe, pour madite demoiselle, 975 ₶;
item, 3,300 ₶. » — Et ces sommes figuraient
sur le même compte où se trouvaient ces mots :
*Pour la mise de l'enterrement, obsèques et service
de la duchesse, dont Dieu ait l'âme, 4,500 ₶.*

Mais, quoique fut bien grande l'énormité du
crime de la dame Antoinette de Villequier, si par
amour plutôt que par intérêt elle était attachée

au duc, et, quand vinrent de pressants besoins
pour la guerre, elle vendit tous les bijoux qu'elle
en avait reçus et lui rendit tous ses riches cadeaux,
invitant son royal amant à se montrer digne de
commander à ses hommes d'armes, suivant en
cela l'exemple d'Agnès Sorel, sa belle cousine,
quand elle rehaussait l'âme du roi Charles VII,
au temps où le connétable Artur dont François II
tenait la couronne, se joignait à la pieuse pucelle
pour chasser les Anglais du beau royaume de
France.

« Cependant la bienheureuse Françoise d'Amboise, après avoir pleuré amèrement sa chère
nièce, fit tous ses efforts pour résoudre le duc
à un second mariage, tâchant à lui trouver la plus
belle, parfaite, riche et vertueuse princesse qui se
pourrait rencontrer, pour mettre hors Antoinette
de Villequier. Elle travailla deux ans en cette
affaire, et enfin lui trouva la princesse Marguerite
de Foix, sœur du comte de Foix, laquelle fut
amenée en Bretagne, et épousa le duc à Nantes,   1471
et gagna tellement son cœur, qu'il se refroidit
extrêmement en l'amour de sa mie, laquelle,
peu après, mourut de déplaisir. »

On nous pardonnera cette longue chronique,
qui, cependant, sur certains points, n'est pas étrangère à notre sujet, et qui d'ailleurs devait mettre
en évidence cette Sainte-Françoise d'Amboise, qui

fut canonisée après sa mort, et dont le corps, ramené dans la ville de Nantes au temps des discordes excitées par le calvinisme, retrouva les Nantais avec cette vénération traditionnelle dont leurs ancêtres l'avaient entourée vivante.

DÉFENSE DE NANTES CONTRE LOUIS XI.

La position accordée à Françoise d'Amboise en opposition aux désirs de Louis XI, les débats graves avec l'évêque de Nantes que soutenait ce monarque, et, plus que tout cela, les projets de Louis XI sur le duché de Bretagne, durent suffire pour que François II se tînt constamment sur ses gardes en face d'un ennemi aussi rusé que puissant.

Cependant, Louis XI affirmait qu'il n'en voulait point aux États du duc, et disait hautement en parlant de François II : « Loin d'en vouloir à ses États, si j'avois toute la terre conquise et mise en ma main, et y vouloit venir à grâce et miséricorde, je y ferois en telle manière que chacun connoîtroit que je ne veux point sa destruction, et que je m'y serois mis en toute raison. »

En dépit de ces beaux semblants d'affection, le duc de Bretagne ne ralentit pas ses préparatifs de défense.

1466　　Il renouvela par une ordonnance l'armement

des *nobles tenant fiefs, ennoblis, francs archers et autres sujets aux armes du duché, de quelque condition qu'ils fussent.*

Chacun de ceux ainsi appelés était obligé de s'équiper à ses frais et d'avoir un habillement de guerre plus ou moins dispendieux, suivant sa fortune. Avec 60 à 80 *ₜₜ* de rente, il fallait avoir brigandines, salades, bras couverts de lesches et mailles de fer, arc et trousse ou jusarme, et cheval bon ou suffisant. — Au-dessus de 100 *ₜₜ* de rente, il fallait, de plus, deux chevaux et un page, et avant-bras, gantelets, jusarme et harnois de jambes pour ceux qui n'avaient ni arc ni trousse. — A 200 *ₜₜ*, c'était même équipement, mais le page remplacé par un archer. — Au-dessus de 200 *ₜₜ* de rente, on contractait l'obligation d'être armé de pied en cap, c'est-à-dire en hommes d'armes, avec archer, page et trois chevaux. — A 300 *ₜₜ*, un archer et un cheval de plus. — Au-dessus de 600 livres, un varlet de plus. — Au-dessus de 1,000 *ₜₜ*, il fallait chevaux de prix pour la selle du chevalier, plus un homme d'armes en sa compagnie. — Au-dessus de 1,500 *ₜₜ*, deux chevaux de prix pour leur selle, et deux hommes d'armes en leur compagnie. — Enfin, les possesseurs de plus de 3,000 *ₜₜ* devaient se présenter avec grand et bon habillement, garnis de chevaux de prix, avec hommes d'armes et archers, à l'équipolent de leurs richesses.

Le duc plaça des garnisons à Ancenis et à Clisson, qu'il fit commander par Raimonet de Boissi; il ordonna la réparation des fortifications de Nantes, en même temps que l'agrandissement du château, dont il augmenta les moyens de défense ; il tint toujours disposés à prendre les armes le ban et l'arrière-ban du pays nantais, en instituant pour capitaines de la noblesse de l'évêché de Nantes les sires de la Roche Bernard, de Rays, de Mauves et d'Oudon, et comptant sur l'activité de messire Ollivier de Quelen, son grand-maître de l'artillerie.

François II, pour agir, avait un adroit conseiller dans son ministre Landoys, qui, nous l'avons déjà dit, avait su exciter des troubles civils en France pour inquiéter Louis XI et détourner ses regards de la Bretagne.

ASSEMBLÉE DES BOURGEOIS, PAR MANIÈRE DE COMMUN CONSEIL EN LA MAISON DE LA VILLE DE NANTES.

La guerre entre l'évêque et le duc ne se ralentissait pas, toujours par suite de ce débat de pouvoirs, qui semblait ne devoir jamais cesser. L'évêque d'Acygné continuait de refuser hommage au duc, lequel le déclara traître et rebelle.

Le duc provoqua une assemblée des habitants

de Nantes, pour soutenir sa cause contre l'évêque :
nous en transcrivons le procès-verbal :

« Aujourd'hui, ouictiesme jour de février l'an
MCCCCLXXI, devant nobles hommes maistre Regnaud
Godelin, seigneur de Gosnes et sénéchal de Nantes,
et maistre Jehan Blanchet, seigneur de la Chabo-
tière et procureur dudit lieu de Nantes, se sont
comparus en la maison de la ville dudit lieu nobles
gens François d'Elbiest, seigneur de Thoairé ;
Raoul Le Porc, seigneur de Larchaz en son nom
et comme tuteur naturel de Guillaume Le Porc
son fils aisné et héritier principal de defunte Jehanne
de la Barilière sa mère ; Jehan de Sesmaisons,
seigneur dudit lieu ; Jehan du Perray, seigneur de
Launay ; Jehan Grimaud, seigneur de Procé ; Jehan
de Henleix, seigneur de Chesnes ; Jehan de la
Lande, seigneur de la Haie-Maheas ; Jehan de
Monteigné, seigneur dudit lieu ; Jehan de Querci,
seigneur de la Juliennaye ; maistre Jehan Blanchet,
seigneur de la Prevoiere ; Cristofle de la Tour-
neufve, seigneur du Plesseix ; Guillaume de la
Barillière, seigneur de Beaumont, Thomas d'Avan-
gon, seigneur des Salles ; maistre Guillaume
Dandin, seigneur de Boisbrient, maistre Raoul
Pastourel, seigneur de Lienczay ; maistre Pierre
Bouteiller, seigneur de Cherbonnières ; Jehan du
Change, seigneur de Belleisle ; Jehan Raguenel,
seigneur du Boais, Guillaume de Boischaux, sei-

1471
8 février.

gneur de la Biliaye ; Jean Denaye, seigneur de
Beaumondière ; Rolland Denaye, seigneur d'Agou-
ry ; Guillaume du Pé ; Jehan Guibert ; Guillaume
de Bailleul, seigneur de Siommères ; Jehan Meon,
Jehan Briz, Guillaume Soulet, Paoul Blanchet,
Jehan le Bouvier, Jehan Chausse, Jehan de
Malheure, maistre Jacques David ; Jehan Coppe-
gorge, seigneur du Bernier ; maistre Yves Coppe-
gorge, Regné de Quercy, Guillaume du Roure,
Georget Bourigoigne, Jamet Bourdays, Jehan
Gueret, Michel des Rouxières, Henry le Garec,
Jehan de la Lande, Guillaume Jamin, Jehan du
Boais, Jehan Champion, André Perrault, Jehan
Chesneau, Jehan Regnault ; Jehan Denaye, sei-
gneur de la Pervanchère ; Alain Hervé, Jehan
Hangalle, Jehan le Texier, Jehan Pineau, Jehan
le Nouveau, Jamet Beliceau, Jehan Bretesche,
Pierre Roüille, Jehan Journeaux, Jehan Audeart ;
Jehan le Pontouaire, seigneur de Boisebon ;
Robin le Cavelier, Etienne Razet, Antoine Boujan,
Simphorien Gravoill, Raoulet Talvas, Jehan Robin,
Jehan Jouneaux, Guillaume Simon, maistre André
Audilaurech, Pierre Lamoureux, Jehan Derval,
Simon Colet, Jehan Coppegorge, Ollivier Vallée,
Raoullet Salmon, Pierre Nau, Denis Pâris ;
Etienne Halouart, seigneur de la Tortière ; Jamet
Filleul, Pierre le Flo, Regnaud Freour, Guillaume
Ceresier, Jean Spadinc, Gacien Pineau, Pierre le

Gat, Jehan Beraud, Geffroy Guerin ; Thomas Cosnart, seigneur de la Cosnardière ; et autres plusieurs hommes et feaux du regaire de l'évêché de Nantes en ce que en y a eus la ville de Nantes et forsbourgs et terres voisines et adjacentes d'icelle, les aucuns estagiers, les autres tenant fiefs et héritages en iceluy, assemblez par manière de commun conseil en la maison de ladite ville pour la manière qui s'ensuit, représentans la maire et plus saine partie desdits hommes et feaux ; auxquels lesdits sénéchal et procureur ont remontré que le duc nostre souverain avait délibéré envoyer une grande notable ambassade devers notre Saint-Pere pape Sixte, avec charge de remontrer à notredit Saint-Père la felonie inique et mauvaise volonté que maître Amaury d'Acigné, se disant évêque de Nantes, a et montre avoir contre le duc et sondit pays, et les causes et raisons par lesquelles le duc avait été justement mu à demander audit évêque que il lui fist serment de fidélité à cause du temporel dudit evesché, et ont dit les susdits sénéchal et procureur que le duc leur avait donné charge de leur déclarer bien au long les choses de susdites pour avoir sur ce leur avis et opinion.

» Après lesquelles remontrances, bien au long et à plain, faites touchant celle matière, se sont lesdits hommes et feaux dudit regaire tirés à part

pour sur icelles avoir advis et conseil, et, après
délibération eüe par entre eulx par assés longue
intervalle de temps, ont fait dire en leur présence
et de nous notaires soubzcrits auxdits sénéchal et
procureur par la bouche de maistre Guillaume
Dandin homme et feal dudit regaire, que ils
connoissent bien que le duc de Bretaigne est leur
prince et seigneur souverain de tout le pays et
duché de Bretaigne, ouquel ils sont demourans,
les aucuns d'eulx ez fiefz proches dudit temporel
et regaire, et autres y tiennent fiefz et héritaiges;
le tout sous le ressort et souveraineté du duc et
non d'autre, et que le duc et ses prédécesseurs
sont et de tout temps ont été par lesdits hommes
et feaux dudit regaire et leurs prédécesseurs tels
tenus, euz, et reputés, et leur ont obéi comme
à leurs seigneurs souverains; que les loix, es-
tablissements et ordonnances faiz par le duc et
de son auctorité ont esté et sont observés et gardés
ou temporel et regaire dudit evesché; que les
hommes dudit regaire sont subgiz à user de la
monnoye tant d'or que d'argent que le duc fait
faire et ordonne avoir cours audit pays, au priz
que il luy plaist ordonner; et sont tenus obéir
en armes ez hostz et chevauchées ordonnées par
le duc en habillement de guerre selon l'estat et
puissance d'un chacun d'eulx; sont subjetz les
hommes dudit regaire selon l'estat d'un chacun à

porter les tailles, subsides et autres impositions audit pays, selon les usages et formes accoutumées en icelluy ; et que ez choses et chacun dessusdites eulx et les autres hommes dudit regaire sont subgetz et doivent obéir au duc, et ez temps passés l'ont fait eulx et leurs prédécesseurs, ainsi que ont fait et sont tenus faire les demourans ez autres endroitz et seigneuries dudit pays ; et qu'ils advouent et reconnoissent le duc en tous les fiez du regaire de Nantes à leur prince et souverain seigneur. Oultre a dit ledit Dandin : que l'évesque de Nantes et aultres évesques et prelats dudit pays sont et doivent estre subgetz et obéissants au duc par raison de leur temporel, et sont l'un des membres des Estatz de sondit pays ; tenuz comparoir ezdits Estatz lorsque il plait au duc de les faire assembler ; et doivent lesdits évesques, par raison dudit temporel que ils ont audit pays, faire serment de fidélité au duc, et il est notoire que les évesques de Nantes et autres évesques dudit pays et leurs prédécesseurs évesques l'ont fait ez prédécesseurs du duc d'apresent ; et que lesdits évesques et tous autres gens d'eglise dudit pays sont en la protection et sauvegarde du duc et non d'autre, par moyen de laquelle ils sont préservez de toute force et violence ; et considéré les choses dessusdites et autres plusieurs qui sont vrayes et notoires et dont ils sont bien acertainés,

que le duc fut justement meu à demander audit
d'Acigné, se disant évesque de Nantes, que il luy
fist serment de fidélité à cause du temporel dudit
évesché, et que ledit d'Acigné n'avoit pas eu
cause raisonnable de refuser faire au duc ledit
serment, ne de mettre ledit interdit audit évesché,
et pour ce que à l'occasion dudit refus (lequel ainsi
qu'il est tout notoire ledit d'Acigné a fait pour
tollir et oster au duc l'obéissance qui lui appartient
à cause dudit regaire et l'attribuer à autre, et par
ce moyen faire sissure et division audit pays et
en l'estat et gouvernement ancien d'iceluy, qui
par le temps pourroit tourner à la totale subversion
dudit pays, et qui par les pourchaz et instigations
dudit d'Acigné qui, en remonstrant la mauvaise
volonté et desloyauté qu'il a contre le duc et
sondit pays, s'est adheré de ses malveillants et
hayneux, et y persevère de pys en pys) le duc et
sondit pays sont cheuz en guerre et en grands
dangiers et périls qui encore durent ; et aussi que
l'évesque, qui a maison joignante ez murs de la
ville dudit lieu et grant temporel dedans et hors
ladite ville et bien près d'icelle, et aussi en la ville
et terroir de Guerrande, ezquelx a portz et havres
aysibles à descente, les ennemis du pays pourroient
faire et porter grant inconvénient au duc et à
sondit pays, à quoy est requis pourveoir pour
obvier ez inconvénients dessusdits et autres qui

s'en pourroient ensuir, et mesme par voie de fait
en la personne dudit d'Acigné se il demouroit audit
pays ; ont les dessusdits dit auxdits sénéchal et
procureur par la bouche dudit Dandin : que ils
sont d'opinion et leur semble que pour remonstre
à nostre S. Pere la iniquité et mauveistié dudit
d'Acigné et les dangiers et inconvénients en quoy
le duc et sondit pays, et *maximè* celx dudit
esveschié sont cheux par guerre et autrement,
et plus grans se pourroient ensuir, et aussi par
l'interdit mis audit évesché qui a esté scandaleux,
au grant déplaisir des parents et amis des trepassez
durant iceluy inhumés en terre profane, lesquels
se n'eust esté la crainte du duc et de sa justice
eussent fait et pourroient faire au temps advenir
plusieurs voyes de fait sur les gens d'église dudit
eveschié, et aussi pour tollir et oster audit d'Acigné toute faculté et puissance de porter nuisance
au duc et à sondit pays ; le duc doit envoyer
devers nostredit S. Pere, ou donner charge à
sesdits ambaxadeurs de lui remonstrer la iniquité
et mauvaistié dudit d'Acigné et les dangiers et
périls dessusdits, et que, pour obvier à iceulx et
aultres qui plus grans s'en pourroient ensuir, le
duc doit procurer par tous moyens qu'il pourra
que ledit d'Acigné soit privé dudit eveschié et
rejeté hors du pays de Bretaigne, et que ledit
interdit iniquement et mauvaisement mis soit osté

et rejeté, ad ce que ledit duc et son pays puissent mieux demourer en paix et tranquillité. »

LOUIS XI A NANTES.

1471   Louis XI revint à Nantes sous le prétexte de réconcilier François II avec l'évêque Amaury. Mais, en résultat, le roi de France n'avait pas un autre but que celui d'examiner les forces de la principale ville du duché ; et, peu après son départ, les Français firent le siége d'Ancenis, alors place fortifiée, qui les arrêta et les empêcha de poursuivre jusqu'à Nantes, dont les murs, d'ailleurs, étaient garnis de nombreuses pièces d'artillerie.

L'ABBÉ DE SAINT-JEAN-D'ANGELY AU CHATEAU DE NANTES.

1472   « Si nos regards pouvaient percer ces épaisses murailles, disait M. Ursin dans une note sur le château de Nantes, je vous ferais voir le cachot où fut étranglé l'abbé de Saint-Jean-d'Angely, par ordre de Louis XI dont il n'avait que trop bien secondé la cruauté en empoisonnant l'infortuné duc de Guyenne, frère de ce tyran. »

Ce fut en effet dans le château, qu'après son crime infâme, l'abbé fut conduit. Pendant l'instruc-

tion de son procès, on le trouva étranglé dans sa
prison, et l'on attribua cette mort violente aux ordres du duc de Bretagne, qui avait ainsi rempli,
et rempli lâchement, les ordres de Louis XI, afin
que la preuve fût ensevelie avec l'exécuteur du
crime dont le véritable auteur restait inconnu...
Mais qu'eût fait une tache de sang de plus à la
couronne de Louis XI?...

NAISSANCE DE LA DUCHESSE ANNE.

Le peuple de Nantes s'agita d'une grande joie à
la nouvelle de la naissance de la princesse Anne
de Bretagne, fille de François II. Elle fut montrée
à tous enveloppée dans les trois quartiers d'écarlate
rosée qui formaient ses langes.

Tout le peuple venait saluer de ses acclamations la jolie enfant

> De la semence du noble duc François,
> Notre dame Anne, et Isabeau après,
> Deux pucelles tant bolles à plaisance,
> Possible n'est qu'on trouverait jamais
> Deux pucelles de plus belle excellence.

1476
26 janvier.

PRÉPARATIFS DE GUERRE.

L'année 1476 fut rude pour la bourgeoisie,
assujétie, la guerre durant, à un pénible service.

Les habitants étaient obligés à faire le guet sans relâche, sous le commandement de Perrot d'Aidic, capitaine de Nantes.

1477   Cependant, la ville eut quelques instants de paix l'année suivante, lorsqu'un nouveau bruit de guerre se répandit subitement. Les compagnies de francs-archers, créées sur les bases arrêtées par Artur III, reçurent alors une organisation plus complète. Deux compagnies en furent formées sous les commandements de François Goheau et Jean Péan, et à la solde du duc, pendant que les hommes d'armes de l'évêché, formant également deux corps, furent commandés par Duplessis de Guérif et Rolland de Rostrenen. Une compagnie de francs-archers reçut la garde du château, sous le commandement de Guillaume de Rosnivinen.

Pour ajouter aux moyens d'une longue résistance, tous les habitants riches de Nantes durent avoir une certaine provision de bled, comme de nos jours l'obligation en est imposée aux boulangers.

Les paysans, de trois lieues autour de Nantes, furent contraints de venir creuser et nettoyer les fossés des murs de la ville et du château, sous les ordres du capitaine Perrot d'Aidic.

Des maisons furent abattues en dehors des murailles pour ne pas nuire à l'effet de l'artillerie.

Partout les moyens de défense se multiplièrent,

sous la direction de Jean de Robien, gouverneur de Nantes.

Le roi de France, reconnaissant l'impuissance de ses désirs, contracta de nouveau la paix avec François II, mais paix fausse, dissimulée, comme tous les traités signés par Louis XI, quoiqu'il eût fait jurer celle-ci, par le duc de Bretagne, sur une croix apportée de Saint-Lau d'Angers à Nantes.

Procès-verbal authentique fut dressé de ce serment prêté en ces termes : « Je, François, par la grace de Dieu à présent duc de Bretaigne, jure à Dieu mon benoist Sauveur qui est ici sacramentellement, et par la vraye croix cy présente, que tant que mon très-redouté Seigneur Monseigneur Loys par la grace de Dieu roy de France à présent regnant vive, je ne le prendrai ne tueray, et ne le ferai prendre ne tuer, ne actemperay, ne mal ferai à sa personne, ne consentiray qu'on le preigne, ne qu'on le tue, ne qu'on actempe ne mefface à sadite personne, ne le souffrerai de mon povoir prendre, ne tuer, ne actemper, ne meffaire à sadite personne en quelque façon que ce soit ou puisse être, à personne vivant sans nul excepter, et si je sçay que personne ne veuille faire l'en advertiroy et l'en garderoy à mon povoir, comme je feroye ma propre. Item jure comme dessus à mon très-redouté Seigneur Loys par la grace de Dieu roy de France à présent regnant,

1477
22 août.

que tant qu'il vive, pour quelque cause ou occasion
que ce soit ou puisse être je ne luy commenceroy
ne feroi, ne feroi faire la guerre à lui ne à son
royaume, et n'aideroy ne soustiendroi creature
vivant, sans exception, à la luy faire, sinon que
premièrement il eust fait ou fait faire exploit de
guerre en mon duché de Bretaigne. *Item* jure
comme dessus que jamais je ne impetrerai ne ferai
impetrer de N. S. P. le Pape, ne d'autre quelconque dispense ou relaxation du présent serment
ne ne m'aiderai de chose qui en soit ou puisse
être impétrée. »

Les travaux de défense ne s'arrêtèrent pas avec
le serment : ils excitèrent de nouveaux débats avec
l'évêque, comme dans les siècles précédents,
débats qui ne cessèrent que sous l'évêque du

1477
10 mars.
1478
Pierre du
Chaffault,
évêque.

Chaffault, prélat d'un grand mérite, élu par le chapitre, et qui, *pour le bien de la paix, avoua le duc
son souverain seigneur, fondateur et protecteur de
l'église par-dessus tout autre prince temporel, et jura
être, à lui et à ses successeurs, ducs de Bretagne,
toute sa vie, bon et loyal sujet, sous le dernier
ressort du Saint-Siége Apostolique et non ailleurs,
et ce sans préjudice des priviléges de l'église.*

PIERRE LANDOYS.

La noblesse n'était pas toujours d'accord avec

le peuple, et des émeutes avaient lieu comme de
nos jours : les hommes n'ont pas changé : le temps
marche ; mais les passions restent, et cette assertion peut se répéter à chaque siècle. — François
II avait élevé au rang de son premier ministre un
simple tailleur de Vitré. « Depuis long-temps,
suivant les propres expressions du duc, il avait
cueilly et entretenu à son service ledit Pierre
Landoys, lui donnant, par succession de temps,
prochaineté et charge de la plupart de ses ma-
tières secrettes, et plus qu'à nul autre de grandes
familiarités, l'ayant constitué son trésorier général,
et tellement approché de sa personne que en
toute matière de grande importance ledit duc ne
besognoit que par son conseil et avis, lui donnant
plus de crédit que à nul autre. »

Il faut dire qui était Landoys. — Pierre Landoys fut natif d'un faubourg de Vitré, fils d'un
pauvre artisan, tailleur de son métier, quoiqu'aucuns le fassent fils d'un chaussetier de Tours. Ce
garçon était vif, de bon esprit et fort remuant.
Par fortune il vint au service d'un tailleur du duc,
ayant fort bien et proprement appris son métier,
et ainsi eut le moyen d'entrer en la chambre du
duc pour lui essayer ses accoutrements. Lors il
disait au duc sa bonne mine et façons sous les
accoutrements qu'il lui essayait. Tailleur et barbier
sont fort aisés avec les grands seigneurs, et ont

plus d'esprit qu'aucun état autre, par l'habitude
de fréquenter la noblesse. Ses compliments, fine-
ment déduits, séduisirent le duc : il en fit son
garde-robier. De sorte que, à chaque instant, près
de François II, Landoys sut se mettre le plus
avant dans ses bonnes graces. Il faut ajouter que
Pierre Landoys avait une fort jolie sœur, et François II aimait les jolies femmes en son temps : on
l'a déjà vu dans quelques pages précédentes de ce
livre.

Le dernier des honneurs de Landoys fut d'être
trésorier-général de Bretagne, lequel était le premier office du duché. Lors il devint en tel crédit
qu'il maniait à sa dévotion, non-seulement les
affaires des finances; mais dans la justice et l'état
rien ne se passait sans lui. Nul ne venait que par
lui, dignités, offices et bénéfices. Il faisait les dé-
pêches des ambassades, des princes, et, avec ce,
il était fin, délié, et propre pour bien servir un
prince en grands maniements, et à remuer partis,
et étant caut et subtil en pratiques, et, de vrai,
homme d'état s'il n'eut été trop sujet à ses passions,
son audace étant si grande qu'il ne souffrait résistance de haut baron ni grand seigneur.

Le chancelier de Bretagne, Guillaume Chauvin,
s'accommodait mal de cette arrogance roturière :
Landoys délibéra de mal traiter ce bon chancelier.
Il l'accusa d'intelligence avec les ennemis et le fit

emprisonner au Bouffay. Ses biens furent saisis, ainsi que ceux de sa famille, sans lui laisser un seul lit, la fille du chancelier de Bretagne en étant réduite à mendier son pain, et mourant de misère, pendant que son père, traîné de prison en prison, expirait de mal traitement.

La noblesse s'indigna plus encore de la faveur de Landoys que de ses persécutions contre le chancelier, et plusieurs seigneurs se rassemblèrent avec la résolution de s'emparer de sa personne. « Ils trouvèrent moyen de se saisir des clefs des portes et poternes du château de Nantes et de partie des portes de la ville, et, en grande compagnie, vinrent jusqu'en la chambre du duc, lui faisant remontrance du mal traitement et gouvernement dudit Landoys. C'était environ nuit fermante. Le duc refusa de prime face à les ouïr parler. Finalement, il les écouta. »

1483
avril.

Landoys était alors à sa maison de campagne maintenant appelée *la Houssinière*, et qui appartient à la vieille famille des Bouteiller. Il fut instruit de l'audace des seigneurs, et sut adroitement faire répandre dans le peuple qu'on en voulait à la vie du duc. Aussitôt les bourgeois se rassemblèrent en armes, et se rendirent au château, pour en chasser les seigneurs qui l'avaient envahi. Deux d'entre eux, Pierre Le Flo et Thomas Champion furent tués par le peuple, et les autres s'échappè-

rent. Landoys les fit tous déclarer traîtres, rebelles ;
et, comme exemple, obtint une sentence, pour crime
de lèse-majesté, contre François Auger, Jehan
de la Chapelle, Jehan du Périer, Jehan Bouteiller,
Guillaume de Bogier, Pregent Prevost, Jehan de
Trevecar, Pierre de Villeblanche, Guillaume de
Sévigné, Lancelot de Quenecau et Gilles de Gles-
quin.

Le duc, sur la proposition de Landoys, rendit
un « mandement de franchise de toutes tailles,
impots, contributions et autres taxes, pour les habitants et manants de la ville de Nantes, en reconnaissance de s'être mis en armes, par terre et par
la rivière, avoir conduit et pointé canons audevant du château dont s'estaient rendus maîtres par
traistreuse, deloyale et damnable entreprise plusieurs sujets traistres et deloyaux, en sorte que
lesdits deslinquants furent contraints de le vider. »

Par ce mandement, Landoys ne devint que plus
populaire ; mais on sait ce que dure la faveur populaire comme celle des princes : Landoys fut
abandonné à la fois de l'une et de l'autre. On l'accusa
« d'avoir envoyé quérir et chercher, par les pays
étrangers et montagnes, des médecins usant d'art
d'ingromance ; un entre autres, avec une vieille,
laquelle usait fort de l'art d'ingromance, afin de
faire mourir son maître par ledit art, ou pour le
faire malade. » — Cette accusation était absurde ;

mais, à l'instigation de ses ennemis, Landoys fut arrêté, renfermé dans la grosse tour Saint-Nicolas, condamné et pendu au gibet de la prée de Bièce, sans que ce même peuple qui l'avait exalté, songeât même à empêcher la sentence. — Au reste, Landoys s'était rendu coupable de persécutions indignes de celui qui dispose du pouvoir, et la postérité ne peut oublier que le chancelier Chauvin fut sa victime. — Toutefois, sa sentence ne put s'exécuter qu'à l'insu de François II, « dont ce duc fut si dolent qu'avec grande peine on l'apaisa. » Le corps de son favori incontinent fut après descendu, et mis en l'église Collégiale de Nantes, où ses ennemis lui mirent l'épitaphe en suivante :

> « Vous thrésoriers, mettans par tous les doigts,
> » Qui maniés royaumes, duchés, villes,
> » Pensez en moi nommé Pierre Landoys,
> » Jadis extraict de pauures gens serviles.
> » Je maniay les négoces ciuiles
> » Du duc François, malgré tous ses barons ;
> » Puis fus pendu pour mes œuvres si viles,
> » Par les Bretons, au gibet des larrons. »

ASSEMBLÉE DES BOURGEOIS DE NANTES POUR RECONNAITRE ANNE DE BRETAGNE HÉRITIÈRE DU DUCHÉ, AU CAS DU DÉCÈS DE FRANÇOIS II.

François II redoutait, par-dessus toute chose,

que le duché de Bretagne passât en des mains
étrangères. Par son ordre, maître Guillaume Josset, sénéchal de Nantes, rassembla les bourgeois
de la ville et faubourgs de Nantes pour leur faire
jurer, sur le corps de N. S. et autres reliques,
que, le décès du duc arrivant sans hoirs mâles,
ils garderaient fidélité à Anne et Isabeau, filles dudit duc.

L'assemblée eut lieu, en grande solennité, et,
devant maître François Chrestien, chancelier de
Bretagne, le serment fut prononcé par maître
Jehan Blanchet, procureur des bourgeois et dans
leur nom, en la teneur qui suit : — « Nous jurons
et promettons, par les foy et serment de nostre
corps, qu'après le décès du duc notre souverain
seigneur, au cas qu'il décède sans hoir masle pro-
croié de sa chair en loyal mariage, ou que icelle
ligne masle défaudroit, nous servirons justement
et leaument, vers tous et contre tous ceux qui
peuvent vivre et mourir, la duchesse notre souveraine dame, nos très-redoutées dames Madame
Anne, fille aisnée du duc et sa lignée en premier
lieu, et, en second lieu, Madame Ysabeau et sa
lignée, et ceux à qui elles seront mariées, et les
advouerons et tendrons tout le temps de leur vie
pour nos souverains seigneurs et dames, successivement et respectivement, leur aiderons à notre
pouvoir à tenir, posséder et jouir paisiblement et

entièrement de ceste principauté de Bretaigne, tant en cheff qu'en membres, et à en garder les droicts, prééminences et libertés, durant la minorité de mesdites dames (par avant qu'elles soient mariées) obéirons et servirons la duchesse, comme leur tutrice et garde ; et ainsi le promettons et jurons au précieux corps de notre benoist sauveur et redempteur J. C. icy apparent sacramentellement sur la vraye crôix et sur les saints évangiles de Dieu, et autres reliques icy-estants. »

Dites *amen,* ajouta le connétable Guillaume Josset, après le serment prononcé par maître Blanchet. — Alors tous les bourgeois, rassemblés en la maison commune, tendirent la main, et répondirent: *amen.*

Le serment fut prêté par tous les nobles, manants et habitants de l'évêché de Nantes.

Dans cette même année, le duc rendit, au château de Nantes, l'ordonnance de création d'un parlement ordinaire et sédentaire à Vannes. 1485 22 sep.

DÉFENSE DE LA VILLE CONTRE CHARLES VIII. DUNOIS ET LA MILICE DE NANTES.

La mort de Landoys n'avait pas ralenti les haines intérieures entre ses partisans et ses adversaires ; mais elle avait privé la Bretagne d'un ministre habile, et les destinées du duché ont peut-être tenu à cette mort. Les discordes duraient encore lorsque la Bretagne fut menacée par Charles VIII, sous prétexte que François II entretenait des intelligences avec Maximilien, roi des Romains, et les autres ennemis de la France. « Quoy voyant le duc de Bretagne fut fort ébahy; mais le duc d'Orléans qui s'était refugié à Nantes, et le comte de Dunois, qui, s'y trouvant aussi, était fort inventif, le consolèrent. »

La ville fut de nouveau mise en défense : on ajouta des pièces à l'artillerie qui garnissait les murailles, et des arquebuses à canons de cuivre furent fabriquées pour l'armement des bourgeois, la ville ayant fait, pour pourvoir à cette dépense, un emprunt de 5,566 livres.

Les Nantais firent preuve d'un courage qui ne se démentit pas, et lorsque quatre mille lances françaises, commandées par le marquis de l'Hôpital, parurent devant leurs murs, et en formèrent le blocus pendant six semaines, leur vigueur et leur persistance obligèrent les Français à lever le siége.

1486

Gilles de Bourbon, comte de Montpensier, se présenta devant Nantes. Les Nantais ne cédèrent pas plus qu'à la première attaque; cependant, cette attaque était d'autant plus vive et animée qu'un grand nombre d'assiégeants avaient déjà perdu la vie par les coups de la bonne artillerie nantaise, et

1487
20 juin.

peut-être la ville, menacée par la famine, eût succombé, lorsqu'un secours inattendu vint les arra-
cher au danger qui les menaçait. Cinq cents bourgeois de Guerande, conduits par Dunois, hommes
choisis et déterminés, tous portant, pour signes
de ralliement, des croix noires sur leurs poitrines,
marchèrent sur Nantes, et, y ayant pénétré par la
porte de Sauvetout, se joignirent aux habitants, et
firent une sortie avec une telle impétuosité,
qu'effrayés de l'audacieuse *marche de ces lions,
contre les deux licornes de Charles VIII* (emprein-
tes alors sur l'étendard français), les assiégeants
furent saisis d'épouvante et abandonnèrent leurs
positions.

Pour consacrer la mémoire de ce brillant fait
d'armes des Guerandais, le duc François II ordonna que la porte par laquelle ils étaient entrés
dans la ville, s'appellerait *Porte de Guerande.*

La milice bourgeoise, dans cette occasion, s'était
montrée digne de marcher sous les ordres du
vaillant Dunois, et, en combattant corps à corps
des chevaliers français, dédaigneux de l'humble
condition de leurs adversaires, plus d'un bourgeois
nantais put s'écrier comme Lès Bréez : « Si tu n'as
» pas connu mon père, je te ferai connaître son
» fils. » — Et ce mot, resté populaire en Bretagne,
était redit encore à la noblesse vendéenne, au
siége de 1793.

Les deux époques ont plus d'un rapport ; car,
dans ces années de combats continuels, au xv.ᵉ
siècle, Nantes luttait également contre la discorde
civile, la trahison et la guerre étrangère ; mais la
ville ducale avait, pour se garder, ses *portes
fortes, ses murailles crenélées, le courage de ses
habitants,* et, lorsque le duc contemplait triste-
ment des canonniers morts sur leurs pièces, et se
demandait qui les remplacerait, plus d'une femme,
domptant la douleur par la pensée de la vengeance,
s'avança vers le duc et lui répondit : *mon mari
mort, c'est à moi de prendre sa place...* L'histoire
est restée muette de ces admirables courages populaires, et nos chroniques seules les ont gardés
comme une vague tradition....

1485   A cette époque, la communauté de Nantes continuait suivant l'organisation de Jean V.

Mais si le courage des habitants ne se ralentissait pas, la ville était épuisée dans toutes ses
ressources, et le duc, fatigué de cette guerre,
1488   fit transmettre au roi de France des propositions
12 mai.   de paix. — Une trève seulement fut accordée.

Les moyens de défense étaient poursuivis : de
toutes parts on rassembla des hommes d'armes.
Mission fut donnée à plusieurs officiers « de mettre
en armes, autour de Nantes, tous tant nobles
qu'innobles. » Et pour pourvoir à ces dépenses,
le duc se vit « obligé d'espuiser son espargne,

mesme des bagues et joyaux d'or et pierreries, mesme ceux qui estoient aux Carmes de Nantes. »

Nos bourgeois n'étaient pas vêtus de l'armure lourde et complète de la chevalerie ; mais les plus riches avaient un casque et un corcelet. Les armes des officiers consistaient dans l'épée, la pertuzane, la pique. On commençait aussi à se servir de la hallebarbe ; toutefois, les chefs se plaignaient qu'à l'exemple des Italiens, les miliciens nantais *les portaient légères pour faire belle montre.*

Il y avait, en corps soldés, des canonniers, des arbalestriers, des gens de traict, des gens d'armes.

Un corps spécial de cent gentilshommes de la maison du duc était commandé par le sire de Rieux, amiral de Bretagne.

L'Espervier de la Bouvardière, gendre de Landoys, fut institué capitaine de Nantes.

Mais la paix fut enfin signée, à la suite des négociations de Louis de la Haye et Guillaume Guéguen « qui avaient souvent négocié avec le roi de France, » et la ville put jouir de quelque calme.

Le duc, fatigué de tant d'alarmes de toute sorte, alla habiter Couëron, afin d'y respirer un air plus pur que celui de la ville, dans laquelle une maladie épidémique faisait d'horribles ravages :

il y mourut, nonobstant le conseil médical, après avoir, dans un des actes les plus remarquables de son règne (l'institution du parlement de Bretagne) constaté que, *de toute antiquité, lui et ses prédé-cesseurs, les rois, ducs et princes de Bretagne n'avaient reconnu créateur, instituteur, ne sou-verain, fors Dieu tout puissant.*

Les deux pucelles menoient grand' doulleur,
Madame Anne étoit la succeresse,
Et commença à penser nuict et jour
A ses affaires comme vraye princesse.
Tout le monde parloit de sa haultesse.

ANNE DE BRETAGNE.

« La reine Anne commença le brillant ouvrage
» de la restauration des lettres, continué par
» François I.ᵉʳ. »   ED. RICHER.

1488
Anne,
duchesse
de
Bretagne.

Guillaume
Guégoen,
évêque.

La couronne ducale, quoique réclamée par Jean de Rohan, comme petit-fils de Jean IV, issu de Conan Mériadec, le premier roi chrétien, fut placée sur la tête d'Anne de Bretagne, fille et héritière de François II.

François II avait voulu fiancer la duchesse Anne au duc d'Albret pour être sûr que la Bretagne ne passerait pas en des mains étrangères; mais le duc d'Albret était vieux et laid; la petite duchesse avait pour lui une répugnance insurmontable, et,

à son avénement au trône, elle déclara « que les 1488
paroles et promesses verbales, par elle faites de
fiancer et d'épouser Alain Albret, avaient été pour
l'obéissance qu'elle devait, crainte et révérence
qu'elle portait au feu duc François son père, et
pour apaiser et éviter le courroux et autres paroles
et propos que ledit duc dit et prononça à ladite
duchesse et éviter son indignation et malveillance,
sans que ladite dame eût pour volonté de prendre
pour mari ledit sieur d'Albret, icelle dame qui
était encore sous l'âge de douze ans. »

Elle fut donc reine et seule souveraine.

Aussitôt, comme si le roi de France eût dû
moins craindre d'une femme, il recommença la
guerre en Bretagne, en mettant le prétendant à
la tête de son armée.

La duchesse Anne ne se trouvait pas alors à
Nantes : il était cependant indispensable qu'elle y
vînt soutenir ses droits ; car le duc de Rohan, après
s'être emparé d'Ancenis, avait acquis un parti
tellement fort à Nantes qu'il pouvait contrebalancer le pouvoir de la duchesse.

Quant à elle, si son cœur se sentait digne de
faire revivre le courage de Jeanne de Montfort,
elle était trop jeune encore pour que les faits
pussent répondre à ses nobles désirs, et cependant on semblait l'abandonner à ses seuls conseillers, lorsque Dunois, qui s'était attaché au

parti breton, vint, avec plusieurs seigneurs, se mettre à ses ordres.

Elle accepte cet illustre appui, et c'est aux côtés du vaillant Dunois, sur le même cheval qui porte le vieux chevalier et la jeune duchesse, qu'accompagnée de dix guerriers seulement, elle se présente sans crainte aux Nantais.

On sait combien la sympathie populaire est facilement excitée par une confiance absolue. Les **1489** Nantais accueillirent avec enthousiasme la jeune souveraine à laquelle ils donnèrent aussitôt, aux acclamations de *vive Notre Duchesse!* le nom qu'elle ne devait jamais quitter.

Comment aucun de nos artistes ne s'est-il emparé de ce fait historique dont la sculpture surtout pouvait et devait si heureusement tirer parti? Ne serait-ce pas un sujet tout nouveau que celui qui représenterait un vigoureux destrier breton, tout empreint de son origine arabe modifiée par le climat, portant le vieux et célèbre Dunois, et, assise à ses côtés, la duchesse Anne, encore enfant, venant, sous la sauve-garde de l'illustre guerrier, se livrer à la foi des Nantais.... Certes, le talent ne manque pas à nos artistes: mais la parcimonie municipale est là pour arrêter tout élan de l'imagination, et nos monuments, nos places publiques ne se décorent que de quelques œuvres en pierre de tûf, que le temps détruit en quelques années...

Ainsi s'efface tout souvenir du passé: rien ne nous redit l'entrée de la duchesse Anne à Nantes, aux côtés de Dunois...:.

Dès le lendemain, sa réception solennelle eut lieu: sa cour était déjà formée : la fortune était pour elle..... Elle parcourut les rues de la ville avec un somptueux cortége, qu'ouvraient les cinquante lances de sa garde, sous le commandement du sire de Maillé. Venaient ensuite le grand veneur, Arthur l'Espervier, et le grand fauconnier, Guillaume de Ladesser, entre lesquels chevauchait M. d'Estner, grand-maître de l'artillerie de Bretagne.

La duchesse s'avançait doucement sur une belle haquenée noire, conduite par deux écuyers d'écurie, et harnachée d'un drap d'or semé d'hermines d'argent.

Elle-même, richement vêtue, saluait gracieusement tout un peuple enthousiaste, en marchant entre le brave Dunois, couvert d'une belle et éclatante armure, et le sire de Tournon, son chevalier d'honneur.

Derrière elle se montraient, également sur de belles haquenées, les plus nobles dames et damoiselles de la cité, qui devinrent ses filles et ses dames d'honneur.

Puis l'on apercevait immédiatement après, en de simples et sombres vêtements qui contrastaient avec les somptueux accoutrements de tous les seigneurs du cortége, les médecins de la duchesse, maîtres Laurent Miron et Gonsale, son chirurgien M.ᵉ Jehan Malassis, son apothicaire M.ᵉ Caré.

Marchaient ensuite les procureurs des bourgeois, précédés des quatre trompettes de la ville, accoutrées en jacquettes noires et blanches, semées d'hermines, lesdits procureurs sur chevaux houssés et enharnachés honnestement.

On voyait encore des bandes de gens de pied, joyeusement accoutrés, tous en velours et drap d'argent, en façon de gens de guerre, portant piques et hallebardes : c'était la représentation de la milice.

La marche était fermée par les cent hommes d'armes et les cent vingt archers de la maison de la duchesse.

L'artillerie tirait, le peuple en grande multitude criait : *vive notre duchesse...*

C'est en cet état qu'elle entra dans le château, où elle fut reçue par son grand-maître d'hôtel le sire de Grimault, à la tête des échansons ; des écuyers tranchants et des pannetiers, pendant que les trompettes sonnaient et que toutes les voûtes du logis ducal en retentissaient.

Alors la duchesse fut conduite dans une salle richement tapissée. Une table merveilleusement dressée étant au haut d'icelle, et, aux deux ailes, deux longues tables, entre lesquelles se montrait

un riche buffet de vaisselle d'or et d'argent doré,
somptueusement labouré, avec baraults, flacons,
estamaux, couppes, vases en grand nombre, que
faisait si beau voir que la duchesse voulait incontinent aller dîner : mais le cérémonial devait être
observé.

A la fin, tout fut servi de bon vin et viande
fraîche, en grande abondance : on se mit à table ;
à chacune santé sonnèrent les trompettes, et la
fête se termina moult bien....

LA VILLE DE NANTES PRISE PAR TRAHISON.

Hélas ! tous ces riches ornements que nous   1490
venons d'énumérer durent bientôt passer aux
mains du fondeur pour remplir le trésor ducal
épuisé : il fallut porter à la monnaie de Nantes une
partie de l'argenterie, afin de pourvoir aux nouvelles dépenses de la guerre, et notamment afin
de payer les gens d'armes que la ville gardait à sa
solde pour divers services spéciaux qui exigeaient
une pratique que ne pouvaient avoir les habitants.

Quand la sécurité fut ainsi mieux établie par
l'assurance de la solde régulière des hommes
d'armes, la duchesse songea à une alliance quelconque pour résister à la France. Tel fut le motif
du traité qu'elle signa avec Henri VII, roi d'An-

gleterre. Ses ambassadeurs vinrent à Nantes, et leur présence fut célébrée par de grandes réjouissances. Des ambassadeurs d'Espagne y vinrent également.

D'une autre part, la duchesse Anne, n'envisageant dans le roi de France que son ennemi, offrit sa main à Maximilien, roi des Romains, et en reçut des secours, ainsi que des autres puissances, notamment 6,000 hommes du roi d'Angleterre, qui, joints aux troupes bretonnes, arrêtèrent les Français.

Le contrat de mariage de la duchesse avec le roi des Romains fut passé à Rennes, et le comte de Nassau épousa la jeune duchesse par procuration, au nom de Maximilien.

Mais, au lieu de venir consolider sa conquête matrimoniale, Maximilien était occupé contre les Flamands révoltés.

La France en profita. Charles VIII réclama le duché comme, prétendait-il, appartenant à la France, et, ce qui fit plus que cette prétention, il appuya sa réclamation par les armes. Les Nantais résistèrent ; car ils avaient su se maintenir même après la déroute de l'armée bretonne à la bataille de Saint-Aubin-du-Cormier.

C'est après cette bataille que des hérauts d'armes, au nom de Charles VIII, allèrent sommer la ville de Rennes de se rendre. Il ne s'y

trouvait qu'une faible garnison; mais l'exemple de
Nantes était là, et je m'en voudrais de ne pas
citer la noble réponse faite par Jacques Bouchart,
greffier des États de Bretagne, dans le nom de
la ville de Rennes, aux envoyés de Louis de la
Trimouille, qui commandait l'armée française :

« Messieurs les hérauts, ne pensez pas, si le
» roi a eu la victoire à Saint-Aubin, que vous
» soyez déjà seigneurs de Bretagne, et que vous
» ayez aussi facilement le surplus. Vous devez
» tout premièrement considérer que le roi ne
» doit et ne peut prendre aucun droit en ce duché
» dont cy est la principale cité. Aussi les prédé-
» cesseurs rois de France n'y ont jamais réclamé,
» sinon en l'obéissance de Pierre Mauclerc, si vous
» avez bien vu les histoires de la Sainte Ecriture
» vous y avez en plusieurs lieux trouvé que le
» plus grand nombre de combattants n'ont pas
» toujours eu la victoire (c'était le mot de Gur-
» vand). Vous ferez assez d'entreprises de guerres
» et de batailles tant que il vous plaira; mais celui
» qui sans fin règne la sus, donne les victoires;
» ne vous en attribuez pas la gloire : c'est à lui
» qu'elle appartient. Seigneurs hérauts, je vous
» fais savoir qu'en cette bonne ville de Rennes y
» a quarante mille hommes dont les vingt mille
» sont de telle résistance que, moyennant la
» grace de Dieu en qui git toute notre con-

1490 » fiance, si le seigneur de la Trimouille et son
» armée viennent assiéger cette ville, ils y seront
» si bien servis que autant y gagneront-ils comme
» ils ont gagné devant. »

Charles VIII, pour s'emparer de cette ville,
n'espérant plus dans ses armes, ni dans ses
menaces, en appela à l'une de ces trahisons infâ-
mes que l'histoire ne saurait trop flétrir. Landoys
n'était plus là pour prévenir les intrigues et dé-
jouer les embûches, en répondant à la ruse par la
ruse. — Le siré d'Albret, prétendant au duché
de Bretagne et persistant à demander la main de
la duchesse, qui avait rejeté cette alliance, promit
de livrer la cité de Nantes au roi de France, pour
la fin de février 1490, moyennant une somme de
25,000 ₶ de rentes à lui et à ses enfants. Le
traître osa signer un traité aussi honteux, et Charles, roi de France, l'approuva sous le cachet de
ses armes. L'infamie fut empreinte d'un sceau
royal.

1491
2 janvier.

février. La fin de février s'écoula sans l'accomplisse-
ment de ce traité : mais ce n'était qu'un retard de
quelques jours : le comte d'Albret livra le château
20 mars. aux troupes françaises dans la nuit du 20 mars. La
ville tenait toujours pour la duchesse, car le peuple lui était resté fidèle ; mais l'artillerie du
château la dominait : elle ne pouvait espérer de
résister long-temps, et elle se rendit enfin sous

la condition que le roi lui conserverait ses droits
et priviléges, *tant spirituels que temporels.*

Ce traité fut passé entre Monseigneur d'Albret,
Monseigneur de la Trimouille, Monseigneur de
Saint-André, et autres étant au château de Nantes,
au nom du roi, d'une part, et, d'autre part, au
nom de la communauté nantaise par ses repré-
sentants, le sénéchal, les gens d'église et six
bourgeois.

Le roi était à Tours lorsque Jehan Michelet,
chevaucheur d'écurie, lui porta la nouvelle de la
reddition de Nantes : aussitôt il s'embarqua sur
une galiote dont le patron Julien Millet prit la
conduite avec seize autres mariniers, et amena
Charles VIII jusqu'à Nantes, en grande diligence.
Aussitôt 11,000 écus furent comptés à Monseigneur d'Albret, *en faveur des services rendus au
roi pour la réduction et l'obéissance des villes et
château de Nantes.*

Charles VIII fit son entrée, à cheval, avec une   26 mars.
grande solennité. Le clergé alla processionnelle-
ment au-devant de lui, et le recteur de l'Université,
prenant les rênes de la bride du cheval, conduisit le monarque à l'église cathédrale et de là au
château, à travers les rues tapissées.

CHARLES VIII A NANTES.

« Ledit sieur Roi n'apporta donc aucun changement en l'état, crainte d'esmouvoir au soulèvement le peuple, qui avait encore les armes à la main, et le sang tout bouillant de colère par la furieuse et continuelle agitation des guerres précédentes, qui n'étaient pas encore du tout finies. »

PADIOLEAU.

1491　　Plusieurs habitants, gagnés par sire d'Albret, accueillirent Charles VIII avec quelques démonstrations ; mais la population resta froide et calme : c'était un ennemi qu'elle recevait dans ses murs, et si son orgueil lui disait qu'elle n'avait pas été vaincue, elle savait du moins que la trahison venait de lui donner un maître.

Le roi de France connaissait trop bien ces sentiments de nationalité qui dominaient les Nantais, comme les autres Bretons, pour avoir foi dans sa prétendue conquête ; aussi songea-t-il dès lors à une union avec Anne de Bretagne, et se hâta-t-il d'accéder à la première demande que les officiers de la commune lui firent de la reconnaissance des priviléges de Nantes, ainsi qu'il en avait fait la promesse, condition formelle de sa réception. Le même jour, les hérauts d'armes firent cette proclamation aux carrefours de Nantes :

« CHARLES, par la grâce de Dieu, roi de
France ;

» A tous présents et à venir salut, comme na-
guères grâces à Dieu ;

» Nous ayons mis et réduit en notre obéissance
nos bonnes ville, cité et chastel de Nantes, en
faisant laquelle réduction mêmement de ladite
ville eut entr'autres choses été promis par nos
lieutenants, et pour en notre nom, à nos chers et
bien amés les gens d'église, nobles, bourgeois,
marchands, manants et habitants d'icelle ville, les
faire entretenir par nous ès priviléges, franchises,
libertés et exemptions à eux donnés et octroyés
par les feus princes et seigneurs de Bretagne, nos
prédécesseurs comtes de Nantes, dont ils jouissaient paisiblement lors de ladite réduction ; et
soit ainsi que cejourd'hui à notre nouvelle et
joyeuse venue et entrée en ladite ville, en laquelle
lesdits habitants nous ont honorablement et solennellement reçus comme leur vrai naturel et souverain seigneur, leur ayons semblablement promis
entretenir et garder en leursdits priviléges et paisiblement, sans les y empêcher en aucune manière,
dont ils nous ont très-grandement remercié ;

» Et à cette cause, etc. »

Cette ordonnance fut enregistrée à la Maison
Commune, qui était encore dans la maison de la
Prevoté, près des Changes, au coin de la rue des

1491 Halles descendant aux Carmes. — Alain de Mont-
ménard, gouverneur de Nantes, la porta, au nom
du roi, aux magistrats de la cité.

14 avril. Charles VIII, en quittant Nantes, y laissa pour
la garde de la ville et du château *mille hommes
de guerres à pied à la morte paye*, et il se rendit
à Clisson, sous l'escorte de cinquante hommes
d'armes et de cent archers, commandés par Rui-
mond de Cadillac, qui, dit-on, s'était uni à d'Albret
pour livrer Nantes et le château.

La Bretagne allait-elle appartenir à Charles VIII
par la loi des armes? — La question agitait les
esprits en Bretagne, et plus d'une arme pesait au
8 nov. fourreau à cette pensée. Mais le roi calma les
esprits par le projet soumis aux États, qui se
tinrent à Nantes, pour son union avec la duchesse
Anne, qui fut célébrée à Langeais, en Touraine, le
6 déc. 6 décembre 1491, nonobstant les prétentions du
sire d'Albret.

Avant l'union définitive à la France, remarquons
que jusque-là Nantes était presque toujours demeuré la capitale de la Bretagne ; la résidence
des ducs ne lui fut enlevée qu'aux époques où
l'invasion de cette ville par l'étranger les forçait
d'aller habiter une autre cité.

Rennes a pu prétendre au titre de capitale de
la Bretagne, quand celle-ci est devenue province
française ; mais elle n'a point de titres suffisants

pour disputer à Nantes le titre de capitale du
duché de Bretagne avant l'union à la France. En
vain la ville de Rennes se fondrait-elle sur ce
que les ducs s'y faisaient sacrer, on lui demanderait
si Reims eût pu, sur un motif analogue, se dire
capitale de la France.

Rennes n'acquit donc le titre de capitale de
la Bretagne qu'après la destruction de la nationalité
bretonne. C'est alors seulement que la chancellerie
de Bretagne, qui se tenait six mois à Nantes et
six mois à Rennes, resta fixée dans cette dernière
ville par le roi de France ; mais la Cour des
Comptes fut transférée de Vannes à Nantes, et
s'y tint à l'hôtel de la Suze, où la compagnie ne
se trouvant pas convenablement logée, se trans-
porta aux Cordeliers.

1494

DU FAICT DE L'IMPRIMERIE.

C'est chose naturelle, on en conviendra, qu'un
imprimeur mette l'imprimerie nantaise en quelque
peu de relief dans un ouvrage dont la première
page porte deux fois son nom. — Rappelons
donc, en terminant ce volume, qu'avant l'union
de la Bretagne à la France, cette Bretagne, prétendue si arriérée, avait suivi de bien près la capitale de la France dans la propagation de l'art

typographique, et que la ville de Nantes, comme capitale du duché, fit usage des premières presses en Bretagne. L'honneur de leur premier emploi fut réservé au clergé, en 1480, pour la publication d'un bréviaire. Malheureusement, le nom de l'imprimeur est resté inconnu, si ce n'était pas déjà, comme on le suppose avec vraisemblance, notre Estienne Larcher, dont on a cité un livre en 1493, qui ne dut pas être sa première œuvre.

Dans la même année 1480, des presses avaient été établies à Vannes, par Henner de Helbrun, à qui quelques historiens attribuent le bréviaire nantais.

L'imprimerie se propagea à Rennes, en 1483, par Jossec et Pierre Bellesculec ; à Brehan Loudéac, en 1484, par Jean Crez et Robin Fouquet (1) ; à Lantréguer, en 1485 ; à Lantenac, en 1491.

---

(1) Attirés sans doute par Jean de Rohan, marié à Marie de Bretagne, grand ami des arts, celui même qui a fait sculpter la délicieuse façade du château de Josselin, sur laquelle est son écusson mi partie de Rohan et de Bretagne (écusson dédaigné par MM. les inspecteurs des monuments historiques) ; qui a fait bâtir une très-jolie chapelle près de son château de Rohan, mais dans la paroisse de Brehan ; qui, enfin, a construit en briques le château de Fresnay, en Plessé, avec une chapelle dont la voûte était un chef-d'œuvre, et dont les parois étaient revêtus de peintures dont il ne reste que les parties supérieures.

Si nos histoires ne sont pas d'un accord unanime pour accorder à la ville de Nantes, la ville
universitaire, la gloire d'être entrée la première
dans la large voie ouverte à la publicité, et si les
opposants ne reportent la première imprimerie
nantaise qu'à la date de la première édition des
Lunettes des Princes, de Meschinot, toujours est-
il certain que bientôt elle devança les autres cités
par l'activité et le nombre de ses presses. Sur
l'invitation de la princesse Anne, elles multiplièrent,
en 1493, les œuvres de Meschinot, son poète
de prédilection ; mais rien ne confirme que ce fut
le premier ouvrage d'Estienne Larcher, qui avait
ses ateliers dans la rue de l'Échellerie. La 1.ʳᵉ
édition des *Lunettes des Princes* est même trop
belle pour qu'on puisse n'y voir qu'un essai.

Dans les premières années du XVI.ᵉ siècle, un
autre imprimeur, Baudouyn, vint établir ses ateliers près de la communauté des Carmélites, et
bientôt Nicolas Desmarets et François Favrerie
levèrent une imprimerie près le carrefour Saint-
Nicolas.

Parmi les imprimeurs qui se succédèrent à
Nantes, sans y faire fortune plus que de nos
jours, nous trouvons Sébastien et Joseph de
Heucqueville, Pierre Dorion, Pierre Querro,
Guillaume Lemonnier, Henri de Graeff, Hilaire
Mauclerc, au XVII.ᵉ siècle, et, dans le siècle suivant,

Luc Gobert, André Querro, Pierre Drouette, Pierre et Jacques Mareschal (les aïeux du docteur du même nom), Nicolas et Charles Verger, Antoine Marie, Vatar, Guillaume Cors, Brun, Despilly, Augustin-Jean Malassis, Guimar, Baras ; enfin, dans le XIX.ᵉ siècle, Hérault, Forest, Mangin, Busseuil, Merson, et pour nous ajouter à la liste, le petit-fils d'Augustin-Jean Malassis (1).

Mais, en attendant que l'imprimerie nantaise se retrouve ultérieurement avec les développements de l'instruction et de la publicité, revenons au siècle où nous sommes arrivés dans notre récit historique, sans entrer dans la grande discussion de l'invention de l'imprimerie, provenue de la Chine ou des Pays-Bas ; sans même nous prononcer sur le grave débat de l'origine du caractère mobile ; reportons-nous aux débuts des sectateurs de Guttemberg et de ses rivaux, et nous verrons qu'au XVI.ᵉ siècle on ne lui attribuait pas l'invention

(1) La plus grande partie des vieux et des nouveaux livres sortis des presses nantaises se trouvent dans la belle et riche bibliothèque de M. de la Jarriette, à Nantes, où ses soins persévérants ont amassé de nombreux et intéressants matériaux pour l'histoire de la bibliographie, particulièrement dans ses rapports avec les beaux-arts, bibliothèque que nous remercions M. de la Jarriette de nous avoir ouverte avec une complaisance qui ne pourra surprendre personne à Nantes.

exclusive de l'imprimerie : on doutait entre l'invention et l'importation. — Nous en avons pour preuve une notice assez remarquable de cette époque, traitant DU FAICT DE L'IMPRIMERIE.

« On ne sçaurait dire l'obligation que le monde a, tant à celuy qui a inuenté cette façon d'imprimer à la Chine, qu'à celuy qui de là nous l'a porté en Europe, ou bien l'a inuenté de sa teste.

« Pour parler de cet estat, il faut sans broncher sçavoir les choses suiuantes, qui sont les principales.

» Toute l'imprimerie est composée de trois choses : de fonderie, de casse et de presse.

» En la fonderie on fait les lettres, en la casse on les compose, en la presse on les imprime.

» Et, pour dire quelque chose par le menu, le fondeur, au lieu de lettres de bois dont on vsoit en premier, prend la matière de ses lettres de l'estain, du plomb, du cuiure, de l'antimoine, et aultres ie ne sçay quelles drogues qui font la composition venimeuse, et aïant bien faict bouillir le tout dans vn fourneau fait à ceste fin, il le verse dans vn bassin pour, plus facilement, auec sa petite cuilier, le respandre dedans ses moules. Là, suiuant la diuersité des matrices qui sont dedans, sortent, comme du ventre de leur mere, vne infinité de diverses lettres, lesquelles sont aux bouts des poinçons, mais contournées à rebours.

» Chaque sorte a son particulier attirail, es-
paces, quadrats, etc. Là se font les capitales, là
le corps de la lettre, là les lettres fleuries, là les
fleurs et les fleurons. Le tout néanmoins est sans
forme, mais il est bien tost en sa perfection. On
polit tant, on rongne tant ; qui sur vne pierre, qui
auec la lime ; on pointe tant, on coupe tant, on
approche tellement l'esquierre que tout se void
propre à la casse.

» On sépare donc chaque fonte de lettre, et
la reduit-on en haut et bas de casse, ce qui res-
pond aux grosses et menuës lettres, desquelles
chaque fonte est composée, chaque lettre en son
particulier estant mise dans son cassetin, auec
telle différence neantmoins que la plus frequente
a le plus grand, et la moins frequente le plus petit.

» Il y a les enrichissements des frontispices,
des passemens, des lettres fleuries, des roses,
fleurons et festons, mille galanteries qui seruent
d'enjoliuements et de remplages pour les pages
qui ne sont pas pleines, ainsi que muffles grotesques
et semblables fantaisies.

» Voilà tout prest de trauailler : il ne reste
plus que le compositeur qui, s'approchant, prend
le compositoir en main, accommode sa coppie
soustenuë par le visorium, insere son mordant
dans la page pour monstrer la ligne, et puis re-
cueille les lettres auec tant de dextérité qu'en peu

de temps il composc vn mot, vne ligne, voire vne
page, emplissant de lignes la galée, pour faire des
pages qui sont dedans, peu après la forme tout
entière.

» Restc maintenant la presse. On y apporte
donc icelle forme; on la pose dessus son marbre;
on regarde que les pages soient bien applanies,
et en leur lieu, de peur de la transposition; puis
on l'enferme dans son coffre et dans son chassis
de fer. Elle estant ainsi attachée, on la frotte proprement d'encre, el, pour ce faire, est près l'en-
crier auec sa molette pour remüer l'encre et les
balles pour en estre abbreuuées. Le gouuerneur de
presse met le chassis sur le marbre de la presse
et y met l'encre. Les balles sont couvertes de cuir,
pleines audedans de fine laine. Après les auoir,
au prealable, vne fois trempées vn peu dans
l'huyle, on en tousche l'encre, et puis la forme
auec tant de discrétion qu'on ne ne faict point de
moines (c'est-à-dire des pages demy blanches,
prenant trop peu d'encre, ou ne touchant pas
bien la forme), et que rien ne se poche mettant
trop d'encre, qui est vne composition de noir
d'Allemagne, de tormentine de Venise, de vernis
et quelques autres drogues.

» Reste à faire iouer la présse.... On imprime
ordinairement douze cens de chaque fueille, et,
pour vser du mot de l'art, quelquefois vingt quatre

cens. On a imprimé la fueille que d'vn costé. A la
retiration, c'est à dire de l'autre costé, on prend
soigneusement garde que le registre soit bon, à
sçavoir que chaque ligne nouuellement imprimée
soit directement opposée à chaque ligne desjà
imprimée.

» Quand la forme ne doit plus seruir on la leue
et laue auec de la lexiue, et puis avec de l'eau
fresche, puis on la remet sur son marbre, et, auec
le décognoir, on leue le chassis et toutes les gar-
nitures de bois d'entre les pages. On raffreschit
encore chacune des pages, de peur qu'elles ne
se mettent en paté et se dépécent. Enfin, pour
distribuer le tout, on prend une page ou demy
page à sa volonté pour remettre plus facilement
chaque lettre en son cassetin.

» Les grosses librairies autrefois n'estoient que
pour les roys et les riches maisons. Maintenant,
à la faueur de la presse qui roule si aisément,
tout le monde a moïen d'auoir vn monde de
liures, et iouïr des trauaux d'vne infinité de beaux
esprits. Vn seul homme en vn iour fera plus de
besongne, sans faire nulle faute, et quasi se ioüant,
en toute sorte de langues et de professions, ne
faisant que tirer, pousser, et enyurer les lettres
enchassées, et d'vn seul tour de bras, que cent
hommes iadis n'eussent sceu faire ensemble en
faisant mille fautes dont ils ont corrompu les

manuscrits anciens. Cette facilité incroyable a peuplé l'vnivers de thresors incomparables. Que si quelques auortons de liures se sont iettez à la foule, et par ce moïen ont eu cours et vie, ce peu de mal ne peut pas bonnement contrebalancer l'inestimable commodité qui reuient au monde de l'impression des beaux liures. Vn ignorant, par ce moïen, escrira parfaitement bien en toutes sortes de langues. Un yurongne mesme (ie parle du compagnon qui est à la presse) ne sçaurait faillir d'vne seule lettre quand il voudroit. Vne femme peut faire autant que le plus braue théologien du monde. En vn iour vn vallet peut imprimer quinze cents fueilles, chacune de quatre pages, de façon que voilà enuiron six mille pages qui sont la tasche d'vn seul bras en peu d'heures et à fort bon marché. On admire dix mille choses qui ne sont rien à comparaison de ce miracle familier qui nous creue les yeux ; mais la facilité nous en dérobe l'estonnement.

« Qui croiroit que se peuvent faire tant de miracles sur des chiffons, des puans et pourris haillons, vn peu pylés, moulus, foulés aux papeteries, passez par l'eau claire, et qui, au moyen de deux secousses sur un crible ou vn moule de fil d'archal, puis vn séchage parmi des feutres, forment de belles campagnes de neige formées de petits riens enfilez et collés ensemble, mais si proprement qu'il n'y a vn trou, ni vn pore ouvert. Ce sont les entrailles innocentes et blanches des surfaces dédiées et vouées aux gens d'esprit pour y esmailler leurs doctes fantaisies, qui se laissent rayer de l'ébène de l'encre, faisant sourire la neige de sa blancheur. C'est le champ où l'esprit sème la graine de son espérance qui germe en cadeaux et en vne moisson de lettres pour donner vne cueillette d'immortalité. C'est le sequestre des thresors des sçavantes ames. C'est l'historiographe de toute l'antiquité. C'est le tombeau de l'oubliance. C'est la mémoire de nostre mémoire, la librairie de nos esprits, l'héritage de nos aïeux. Nos mémoires bronchent aisément. Le papier imprimé jamais ne fait éclipse. C'est luy qui est le dépositaire de toutes les sciences des secrets de la nature, et qui porte en son sein tout le monde par tout le monde. C'est le miroir de l'ame; car dans iceluy nous lisons tout ce qui est caché dans le cabinet de nos entendements. C'est le truchement des cœurs, l'ambassadeur fidelle des hommes, luy qui nous ait parler et entendre les absents, ouïr le discours des morts qu'il faict encore parler, les tirant du cercueil. C'est le silence qui dit tout.

» Comment est-il possible qu'un lopin de papier, barbouillé d'encre, soit le lien du genre humain, la douce liaison des amitiez, la base de notre gloire, et les chroniques de nos vies. »

L'imprimerie va donc multiplier les matériaux pour le collecteur des faits passés : la tâche va devenir plus longue et plus difficile, et, dans notre incertitude de l'accueil réservé à cet ouvrage, nous ajouterons à notre longue citation typographique la copie d'une vieille épreuve qui nous tombe sous la main parmi les nombreux documents que nous avons pu réunir sur l'époque à laquelle nous sommes arrivés :

« Si vous agréez ce petit trauail, et le prenez de la bonne main, ie vous promets de vous y adiouster tout le reste. C'est pourquoy ie m'adresse à vous qui estes judicieux, et auez la teste bien faicte, car ie ne veux auoir rien à démesler auec vn tas de petits [esprits fretillans, qui ne sçauent ce qu'ils veulent, treuuent à redire à tout, ne font rien qui vaille, et ne lisent les liures, que comme les cantarides qui ne se reposent sur les roses que pour les empoisonner. C'est faueur de ne leur agréer, et c'est quasi vn péché mortel de leur plaire. Esprits antipodes et renuersez, voire esprits anthropophages, qui ne viuent que de chair humaine, et qui sont comme ces poissons de mer qui vont touiours contre le fil d'eau douce, et touiours à rebours des aultres... Ils diront que je ne dis pas tout. Aussi n'est-ce pas mon dessein, et ce seroit chose inutile. C'est assez de dire les choses principales et les plus nobles : les choses

plus menuës et roturières demeurent en la bou-
tique. — Au reste, lecteur iudicieux, ie vous
prie d'vne grace : c'est que vous me pardonniez
mes faultes. Il n'y a pas tant de faultes, ny si
grosses, qu'elles soient plus que pechez veniels
et pardonnables : ie vous en prie, et me faire
l'honneur de me tenir pour votre seruiteur. »

FIN DU 2.ᵉ VOLUME.

GUTENBERG

Laurent et Deberny

1840.

TABLEAU RÉSUMÉ

DES

BUDGETS ET COMPTES

DE LA VILLE DE NANTES,

De 1813 à 1840.

La dimension du format n'a pas permis d'ajouter les centimes à chaque somme ; mais ils sont compris dans les totaux.

Nous n'avons pu donner les chiffres de 1839 et 1840 que d'après les budgets prévisionnels, les comptes n'en étant pas encore arrêtés.

RECETTES ORDINAIRES.	1813.	1814.	1815.	1816.	1817.	1818.	1819.	1820.	1821.	1822.	1823.	1824.
Contribut.ns. C.es addit.ls	18182	18182	18228	12309	12309	12309	12309	12309	12309	11200	12309	12309
Contribution excédant du rôle perse.l	7000	7600	6000	6000	8697	7550	12439	11632	10488	10939	9680	6119
Patentes	7317	5000	4000	4000	»	2009	1889	8968	»	»	»	»
Octroi. Produits	759900	800000	700000	755000	680977	684979	806984	784000	799410	755870	864716	82300
Octroi. Amendes	»	»	»	»	5688	2991	1317	3000	1838	1548	2041	»
Octroi. Remises du gouvernement aux empl.	»	»	»	»	»	»	»	»	»	»	»	
Amendes de police	»	»	»	»	1969	27	9	500	2	»	»	1200
Ferme de biens ruraux commun.	»	»	»	136	»	»	»	»	»	»	»	
Rentes foncières sur particuliers	420	531	472	356	474	457	472	479	474	477	479	479
Mesurage; pesage, jaugeage	»	4000	5000	3827	3529	1602	1575	2000	1785	2362	2661	1000
Halles. Loc.n des places	4990	5500	3375	4273	3961	4414	4420	4000	4519	3975	4044	4000
Foiresetmarchés. Emplacem.ts	7050	6550	7295	7295	7595	11842	11862	11400	11820	11875	11055	10525
Nettoiement des rues	10100	10940	11780	11780	11780	11780	11780	11780	11892	12005	12005	12005
Actes d'état-civil et act. administr.	487	360	400	383	619	544	364	400	189	409	364	400
Langueyage des porcs. Fermes	»	»	»	1900	1900	1900	1900	1900	1900	1965	1965	1900
Rentes sur l'état	»	»	»	»	188	188	188	188	188	188	188	188
Garde nationale. Indemnité de remplacement	»	»	»	»	2228	2258	484	2000	»	»	»	»
Intérêts des fonds placés au trésor	395	»	»	»	781	914	353	5999	»	9228	8279	8000

1827.	1828.	1829.	1830.	1831.	1832.	1833.	1834.	1835.	1836.	1837.	1838.	1839.	1840.
11731	12364	12505	12505	20207	18866	18866	18872	19651	19039	19253	19282	20000	20000
»	»	»	»	»	»	»	»	»	»	»	»	»	»
17775	18117	17680	9160	3284	24487	»	10495	12014	19379	»	20219	19000	20000
1124707	1200651	1104247	1040065	974671	1017118	1095567	1161795	1046037	1055999	1111145	1125845	1100000	1100000
3850	3594	3020	3863	3146	3388	3619	6027	5836	4926	3485	3618	4000	4000
»	»	»	»	»	»	»	»	»	»	»	2774	2500	2500
854	1143	833	264	334	449	945	466	882	1264	2179	1775	2000	2000
»	»	»	»	»	»	»	»	»	»	»	»	»	»
479	479	474	474	474	469	469	469	469	469	460	439	224	390
4807	3851	2575	1783	2112	2564	2475	2815	2566	5657	3381	2192	4000	2200
3575	5096	4973	5442	5343	5398	5668	4320	4021	3996	4081	4079	4100	4100
11695	11710	12059	11910	11910	11910	14360	14410	14410	14410	14403	14180	14400	14200
4500	3000	3000	1500	»	»	»	»	»	»	»	»	»	»
585	472	543	499	475	457	422	404	403	355	325	374	500	400
2300	2100	2100	2100	2100	2100	1725	1725	1725	1725	1725	»	»	»
230	230	230	230	230	230	230	330	209	»	188	224	»	366
»	»	»	»	»	»	»	»	»	»	»	»	»	»
10252	11506	9320	6414	3572	5300	6235	8095	8713	9686	9607	8549	9000	7000

RECETTES ORDINAIRES.	1813.	1814.	1815.	1816.	1817.	1818.	1819.	1820.	1821.	1822.	1823.	1824.	182
Enrôlements volontaires. Abatt.r Produit . . .	»	»	»	»	»	»	»	»	»	»	»	»	»
Abatt.r Produit . . .	»	»	»	»	»	»	»	»	»	»	»	»	»
Maisons et usines commun.les. Prix de ferme. .	13154	12000	12781	12701	12972	13131	12963	12972	11396	10440	10179	10739	321
Amendes de la garde nationale. . .	»	»	»	»	»	»	»	»	»	»	»	»	»

RECETTES EXTRAORDINAIRES.

	1813.	1814.	1815.	1816.	1817.	1818.	1819.	1820.	1821.	1822.	1823.	1824.	182
Reliquat des exercices antér.	88385	»	20581	40902	66555	19555	29265	50000	217566	185546	196729	88000	166
10.e de l'octroi, pour les soupes économiq. .	84672	»	7875	»	»	»	»	»	»	»	»	»	»
Fortifications de Nantes. Souscript.n de 1815. .	»	«	»	1153	»	»	»	»	»	»	»	»	»
Employés. Restit.n à la caisse mun.le d'une reten.	»	»	»	6654	»	»	»	»	»	»	»	»	»
Vente de l'ancien hôtel des Monn. .	»	»	»	»	»	»	»	»	13900	»	»	20000	302
Cimetières. Concess. de terrains . .	»	»	»	»	»	»	»	»	»	2498	1959	»	445
Logement de troupes. Indemnités du gouvern.nt.	»	»	»	»	»	»	»	»	»	883	1156	»	»
Vente de matériaux de démolition .	»	»	»	»	»	»	»	»	»	4393	9380	»	1770

5.	1827.	1828.	1829.	1830.	1831.	1832.	1833.	1834.	1835.	1836.	1837.	1838.	1839.	1840.
	207	135	159	273	879	306	210	139	126	94	118	135	200	150
	»	»	8748	42196	41323	46048	45902	50401	53685	55230	54050	52344	56000	55000
2	3211	2714	2790	2621	2615	2613	2879	2922	3405	3338	3338	2853	3338	
	»	»	»	»	»	»	»	»	»	»	»	»	90	100
53	334519	229021	207245	152042	57547	79219	85428	»	134160	226272	201575	161890	»	»
	»	»	»	»	»	»	»	»	»	»	»	»	»	»
	»	»	»	»	»	»	»	»	»	»	»	»	»	»
	»	»	»	»	»	»	»	»	»	»	»	»	»	»
	»	«	»	»	»	»	»	»	»	»	»	»	»	»
8	7604	6194	7850	3917	4872	6553	6435	7015	6184	11587	9302	11485	10000	12000
	»	»	»	»	10007	7696	8779	294	»	465	209	274	»	»
	1915	»	1912	2810	»	»	»	»	»	»	»	410	»	»

RECETTES EXTRAORD^res.	1813.	1814.	1815.	1816.	1817.	1818.	1819.	1820.	1821.	1822.	1823.	1824.	
Recettes purement accidentelles.	»	»	»	»	»	»	»	»	»	4269	»	»	17
Terr.ns commun. Vente	»	»	»	»	»	»	»	»	»	»	»	5987	
Indemn. d'avancement sur les rues.	»	»	»	»	»	»	»	»	»	»	»	»	
Emprunt de 800000 fr. Versement à la caisse municipale.	»	»	»	»	»	»	»	»	»	»	»	»	
Indemn. d'avancem^t sur les chemins.	»	»	»	»	»	»	»	»	»	»	»	»	»
Rentes. Franchissement par les particuliers . .	»	»	»	»	»	»	»	»	»	»	»	»	
Emprunt de 300000 fr. Réalité pour 159000 seulement. . .	»	»	»	»	»	»	»	»	»	»	»	»	
Ateliers de charité. Secours du gouvern^t. .	»	»	»	»	»	»	»	»	»	»	»	»	
Cont. pers. et mob. Remboursement par les hab.	»	»	»	»	»	»	»	»	»	»	»	»	
Ecoles. Secours du gouvernem^t et du dép.^t.	»	»	»	»	»	»	»	»	»	»	»	»	
Emprunt de 300000 fr. .	»	»	»	»	»	»	»	»	»	»	»	»	
Société Industrielle. Secours du gouvern.^t et du départ.^t.	»	»	»	»	»	»	»	»	»	»	»	»	
Hôpital gén. Secours du gouvern.^t. .	»	»	»	»	»	»	»	»	»	»	»	»	

6.	1827.	1828.	1829.	1830.	1831.	1832.	1833.	1834.	1835.	1836.	1837.	1838.	1839.	1840.
	»	»	1905	383	2329	»	692	»	»	111	758	826	»	»
901	32375	»	»	»	177	65016	»	»	36501	»	»	»	62531	55300
808	599	685	4571	584	1742	6331	6886	376	»	112	»	»	6700	6000
250	175250	186625	»	»	»	»	»	»	»	»	»	»	»	»
»	»	»	»	191	»	»	»	23	12	»	»	»	3000	3000
»	»	102	»	»	128	»	»	»	»	»	»	»	»	»
»	»	»	»	150000	»	»	»	»	»	»	»	»	»	»
»	»	»	»	10000	»	»	»	»	»	»	»	»	»	»
»	»	»	»	»	51849	»	»	»	»	»	»	»	»	»
»	»	»	»	»	2000	2000	3000	»	2000	40	»	1800	1800	1800
»	»	»	»	»	»	300000	»	»	»	»	»	»	»	»
»	»	»	»	»	»	6000	6000	»	»	»	»	»	»	»
»	»	»	»	»	»	150000	»	»	»	»	»	»	»	»

RECETTES EXTRAORD.res.	1813.	1814.	1815.	1816.	1817.	1818.	1819.	1820.	1821.	1822.	1823.	1824.	1
Caserne de l'Entrepôt. Indemn. du gouvern.t . .	»	»	»	»	»	»	»	»	»	»	»	»	»
Sallesd'asile. Secours du gouvern.t et du départt.	»	»	»	»	»	»	»	»	»	»	»	»	»
Instr. prim. Produit des 3 cent. . .	»	»	»	»	»	»	»	»	»	»	»	»	»
Chem. vicin. Subvention départem.le	»	»	»	»	»	»	»	»	»	»	»	»	»
Musée industriel. Sec.rs du gouver.t et du dép.t.	»	»	»	»	»	»	»	»	»	»	»	»	»
Agriculture. Prime d'encouragem.t.	»	»	»	»	»	»	»	»	»	»	»	»	»
Occupaton étrangère en 1815.Contr. extraordin.	»	»	501004	»	»	»	»	»	»	»	»	»	»
Pavage des rues au c.te des partic.	»	»	»	»	»	»	»	»	»	»	»	»	»
Vente présumée des arbres du c.rs S.t-Pierre..	»	»	»	»	»	»	»	»	»	»	»	»	»
Recettes ordin. .	824284	570663	769352	789964	738542	745409	861882	843929	855881	838469	919963	877747	99
Id. extraordin. .	181275	393	28456	48710	83636	32906	45294	54466	258791	217850	220825	126662	15
Total y compris les cent. omis.	1005559	871046	797788	838675	822198	778315	907176	898396	1114672	1056299	1140794	1004559	104

1826.	1827.	1828.	1829.	1830.	1831.	1832.	1833.	1834.	1835.	1836.	1377.	1838.	1839.	1840.
»	»	»	»	»	»	»	»	2268	2804	2629	4291	1626	«	6000
»	»	»	»	»	»	»	»	500	3400	«	»	»	»	»
»	»	»	»	»	»	»	»	»	11791	»	»	25220	24411	24821
»	»	»	»	»	»	»	»	»	»	»	»	»	»	»
»	»	»	»	»	»	»	»	»	1500	500	»	»	»	»
»	»	»	»	»	»	»	»	»	»	500	»	»	»	»
»	»	»	»	»	»	»	»	»	»	»	»	»	»	»
»	»	»	»	»	»	»	»	»	»	»	»	10189	»	100000
»	»	»	»	»	»	»	»	»	»	»	»	»	»	2000
1008610	1209355	1277148	1185241	1141505	1072604	1141790	1197523	1275096	1162140	1156377	1246971	1258885	1239790	1235494
485077	573450	422638	223484	308929	140550	622826	115254	10977	218253	254400	216377	213723	108442	210921
1493687	1787806	1699786	1408726	1450234	1213155	1764617	1312777	1284074	1380394	1410778	1463348	1472608	1348232	1446416

B

ADMINISTRA-TION.	1813.	1814.	1815.	1816.	1817.	1818.	1819.	1820.	1821.	1822.	1823.	1824.	1825.
Frais d'ad-ministrat^n. Employés..	38581	38581	38581	38581	38581	38581	38581	38581	38581	38581	37373	36213	36213
Suppl.^{ent} aux frais d'ad-ministrat^{on}.	»	»	»	»	»	»	»	»	»	»	3160	»	»
Contingent pour le trai-tement du préfet . . .	20373	16000	15694	»	»	»	»	»	»	»	»	»	»
Recev^r. mu-nicipal . . .	8000	8000	8000	8000	8000	8000	8000	8000	8000	8000	8000	8000	8000
Avocat de la Mairie . . .	»	»	»	»	»	»	»	»	»	»	»	»	»
Pensions à d'anc^{ens} em-ployés . . .	600	2752	3012	7518	6752	6254	6058	6122	5983	5885	5892	5885	4925
Entretien du mobilier de l'Hôtel- de-Ville. . . .	600	600	600	600	581	895	803	900	730	358	900	900	900
Achats de meubles p.^{r} l'Hôtel-de-Ville. . . .	600	»	»	»	»	»	»	»	»	»	»	»	»
Procès ; con-damnations et frais. . .	»	»	»	»	»	»	»	»	»	»	»	»	»

RECENSEMENT DE LA POPULATION.

	1813.	1814.	1815.	1816.	1817.	1818.	1819.	1820.	1821.	1822.	1823.	1824.	1825.
Frais de re-censement..	104920	»	»	»	»	»	»	»	»	»	»	»	»

GARDE NATIONALE , POMPES ET DÉPENSES MILITAIRES.

	1813.	1814.	1815.	1816.	1817.	1818.	1819.	1820.	1821.	1822.	1823.	1824.	1825.
Dépenses di-verses de la garde nat^{le}.	3000	3300	9500	14420	12392	12821	13374	14000	6597	5880	5844	5000	4430
Achats de fu-sils.	855	»	6611	»	»	»	»	»	»	»	»	»	»
— Id.. . . .	»	»	»	»	»	»	»	»	»	»	»	»	»
Réparations des armes.	»	»	5400	»	»	»	»	»	»	»	»	»	»

26.	1827.	1828.	1829.	1830.	1831.	1832.	1833.	1834.	1835.	1836.	1837.	1838.	1839.	1840.
5213	26213	36869	36869	36869	36869	36869	38996	38996	38996	38996	38996	38947	37947	37947
»	»	»	»	»	1000	»	»	»	»	»	»	»	3700	3700
»	»	»	»	»	»	»	»	»	»	»	»	»	»	»
8000	8000	8600	10000	10000	5300	6300	6300	6300	6300	6300	6300	6300	6300	8895
»	»	»	»	»	»	»	»	»	»	»	1000	1000	1000	1000
6080	5216	4947	4743	3860	5390	6999	7161	7461	8414	7655	9438	11302	10842	11532
900	2700	1200	1200	821	1200	1031	1002	773	1200	1117	1047	1149	1200	1200
»	»	»	»	»	»	»	»	»	»	»	»	»	»	1000
»	»	37500	56184	»	»	84374	1964	4978	15012	2234	1539	12900	2000	1000
»	»	»	»	800	»	»	»	»	800	1138	»	»	»	»
4530	2057	1445	1459	16230	29128	31509	29083	33314	32729	30166	27905	25295	25335	25400
»	»	»	»	»	»	»	»	»	»	»	»	»	»	»
»	»	»	»	»	11808	»	»	»	»	»	»	»	»	»
»	»	»	»	»	»	»	»	»	»	»	»	689	»	»

GARDE NAT.^{le}, POMPES ET DÉP.^{ses} MILIT.	1813.	1814.	1815.	1816.	1817.	1818.	1819.	1820.	1821.	1822.	1823.	1824.	18
Achat d'instruments de musique . .	»	»	»	»	630	»	»	»	»	»	»	»	
Pompes à incendie . . .	2000	2000	2000	4000	2000	4678	1793	2000	2000	2000	2000	2000	20
Inspect.^r des pompes. .	900	900	900	900	900	900	900	900	900	900	900	900	9
Compag.^{ie} de réserve . .	33956	32397	»	»	»	»	»	»	»	»	»	»	
Invalides: on pour cent. .	6791	16000	15694	»	»	»	»	»	»	»	»	»	
Entret^{ien} des corps - de - garde . . .	600	600	600	1200	860	690	975	1000	842	958	2432	1500	15
Bois et lum^{re} des c.-de-g.	3000	3000	3000	3000	3416	3597	3586	3600	4097	3472	4890	6000	60
Casernement de l'infanterie. . . .	»	»	5000	»	»	»	»	»	»	»	»	»	
Casernement de la caval.	»	»	»	»	»	»	»	»	»	»	»	»	
Entret.^{en} des bâtim.^{ts} militaires. . .	3000	2500	2500	2500	2500								
Entretien et location des établissem.^s militaires. .	2600	2600	2600	2600	2600	3600	4049	15560	7739	14198	9000	9000	90
Lits milit^{res}.	3500	2000	11104	8843	1259								
Loyer d'un magasin à fourrages. .	1000	1000	900	900	»	»	»	»	»	»	»	»	
Logem.^t des troupes par les habit.^{ts} .	»	»	»	»	»	»	»	»	»	»	»	»	
Conservat.^r et conservation des bâtim.^{ts} militaires. . .	1200	1200	1200	1200	1200	1175	»	»	»	»	»	»	
Loyer du dépôt de pompes et du corps-de-g. de la place Louis XVI.	»	»	»	»	»	»	»	»	»	»	»	»	

1826.	1827.	1828.	1829.	1830.	1831.	1832.	1833.	1834.	1835.	1836.	1837.	1838.	1839.	1840.
»	»	»	»	»	»	»	»	»	»	»	»	»	»	»
2000	5000	2000	2000	2000	2500	4995	2500	2500	2500	2500	2500	2181	2500	2500
900	900	900	900	900	500	900	900	900	900	900	900	813	900	»
»	»	»	»	»	»	»	»	»	»	»	»	»	»	»
»	»	»	»	»	»	»	»	»	»	»	»	»	»	»
1500	1334	1373	1395	1500	2310	1242	2060	1114	1937	599	1560	1500	1500	1500
6000	6000	7552	7500	7029	8556	6042	6635	6093	6056	5380	6433	5219	5500	5000
»	»	»	»	»	»	»	»	»	»	»	»	»	»	»
»	»	»	»	»	»	1217	4763	2261	2497	10484	14291	9284	»	14850
9000	9000	9000	9000	9000	9000	9000	11200	11036	11041	10890	11200	11200	11200	12700
»	»	»	»	»	»	»	»	»	»	»	»	»	»	»
»	»	»	»	»	6456	7616	8755	2562	3349	3085	299	274	»	»
»	»	»	»	»	»	»	»	»	»	»	»	»	»	»
»	»	»	»	»	»	»	»	»	»	»	»	»	60	60

TRIBUNAUX.	1813.	1814.	1815.	1816.	1817.	1818.	1819.	1820.	1821.	1822.	1823.	1824.	1825.
TRIBUNAUX.													
Justices de paix. Frais de prétoire.	»	»	»	»	»	»	»	»	»	»	»	»	»
Logement du prés.ᵗ de la cour d'asˢᵉˢ.	»	»	600	600	500	500	500	600	500	500	600	600	600
POLICE.													
Huit com.ʳᵉˢ de police. .	14400	14400	14400	14400	14400	14400	14400	14400	14400	14400	14400	14400	14400
Indemnit. de frais de bur.	4800	4800	4800	4800	4800	4800	4800	4800	4800	4800	4800	4800	4800
Commissaire spécial de police. . . .	6900	2450	800	600	600	»	»	»	»	»	»	»	»
Fonds de la police municipale. . .	»	»	»	»	»	»	»	»	«	»	»	»	»
Gardes-ville.	6000	6550	6550	6550	6531	6550	6550	6550	6550	6550	6550	6550	6550
Surveillants de nuit. . .	»	»	»	»	»	»	»	»	»	»	»	«	»
Habillement des gardes-ville. . . .	1000	»	»	3175	»	2532	»	1020	1344	912	2012	1720	674
Supplément de traitem.ᵗ au comm.ʳᵉ de police en chef	»	»	»	»	»	»	»	»	»	»	»	»	»
SALUBRITÉ.													
Com.ˢⁱᵒⁿ de salubrité. .	»	»	»	»	»	»	»	»	»	»	»	»	300
Inspect.ʳˢ de la salubrité.	»	»	»	»	»	»	»	»	»	»	»	»	»
Épidémies. .	»	»	»	»	»	»	»	»	»	»	»	»	»
Répurgation des rues. .	»	»	»	»	»	»	»	»	»	1700	»	»	»
Établissem.ⁿᵗ de cuvettes à la Déparcieux. . . .	»	»	»	»	»	»	»	»	»	»	»	»	»

1826.	1827.	1828.	1829.	1830.	1831.	1832.	1833.	1834.	1835.	1836.	1837.	1838.	1839.	1840.
»	»	»	»	»	»	»	»	»	»	»	»	900	900	900
600	600	600	600	600	600	600	600	600	600	600	600	400	700	700
14400	14400	14400	14400	14400	14400	14400	14400	14400	14400	14400	14400	20000	14400	14400
4800	4800	4800	4800	4800	4800	4800	4800	4800	4800	4800	4800	4800	4800	4800
»	»	»	»	»	»	»	»	»	»	»	»	»	»	»
»	»	1200	1200	1200	1200	1200	1200	1200	2800	2800	2800	2800	2800	2800
6550	6550	6550	7850	7850	7850	7850	7850	7850	13179	14400	15400	15400	16650	16650
»	»	»	»	»	»	»	»	»	»	»	2615	9137	10000	10000
921	1834	1698	2093	1052	2172	1704	541	1137	3614	1503	3789	1800	4000	1800
»	»	»	»	»	»	»	»	»	»	»	»	»	600	600
»	600	600	600	600	600	600	600	600	600	600	600	600	600	600
»	»	»	»	»	»	»	1200	»	»	»	»	»	»	»
»	»	»	»	»	»	»	3672	»	»	»	2500	»	»	»
»	»	»	»	3422	7700	7700	7700	7700	7700	9314	17449	29684	29995	29995
»	»	»	»	»	»	»	»	»	»	»	»	»	3000	1000

SALUBRITÉ.	1813.	1814.	1815.	1816.	1817.	1818.	1819.	1820.	1821.	1822.	1823.	1824.	182
Traitement médical des filles publ. . .	»	»	»	»	»	»	4000	4000	4000	4000	4000	4000	1000
Cimetières. (Voir trav. publics). . .													
Loy.r d'un cimetière r.te de Clisson.	35	35	35	35	»	»	»	»	»	»	»	»	»
Fourniture de cercueils aux indig. .	»	»	»	»	»	»	»	»	»	»	»	»	»
Préposé aux inhumat.ns .	»	»	»	»	»	»	»	»	»	»	600	600	600
Entretien et administr.n de l'Abatt.r .	»	»	»	»	»	»	»	»	»	»	»	»	»

OCTROI.

	1813.	1814.	1815.	1816.	1817.	1818.	1819.	1820.	1821.	1822.	1823.	1824.	182
Frais de perception et remises légales. . . .	ont été l'objet d'un compte séparé jusqu'en.										»	»	»
Dix p.r cent du prod. net de l'octroi.	61084	57727	52314	54940	43628	53497	62192	59893	61396	59838	67925	63753	6773
Dépenses sur le produit brut des saisies et amendes. . .	»	»	»	»	»	»	»	»	»	»	»	»	»
Remise accordée par le gouvernement aux employés. .	»	»	»	»	»	»	»	»	»	»	»	»	»
Pataches. . .	4317	4600	»	»	»	»	»	»	»	»	»	»	»

ASSURANCES ET CONTRIBUTIONS.

	1813.	1814.	1815.	1816.	1817.	1818.	1819.	1820.	1821.	1822.	1823.	1824.	182
Assurances contre l'incendie. . .	»	»	»	»	»	»	»	600	800	820	820	820	820

1826.	1827.	1828.	1829.	1830.	1831.	1832.	1833.	1834.	1835.	1836.	1837.	1838.	1839.	1840.
10000	9043	9213	10570	9819	12800	16789	17926	15800	16759	17060	15415	15800	15800	12800
»	»	»	»	»	»	»	»	»	»	»	»	»	»	»
»	»	»	»	»	»	»	»	»	»	1204	1357	1327	2000	1200
600	600	600	600	600	600	600	600	600	600	600	600	600	600	600
»	»	»	2280	9848	8855	8913	10283	9400	10588	13381	10370	19976	11000	13000
»	155176	140950	157050	140527	121816	129742	132576	155709	156944	145381	144219	149164	140950	163054
6089	80440	87691	79538	71138	84993	88839	97660	99007	86481	86258	94398	94634	92905	90694
»	2641	2373	2045	2725	2255	2268	2285	4103	3975	3391	2380	2364	4000	3000
»	»	»	»	»	»	»	»	»	»	»	»	2774	2500	2500
»	»	»	»	»	»	»	»	»	»	»	»	»	»	»
820	»	744	738	738	1054	1031	1031	1545	786	700	800	715	900	900

C

ASSURANCES et CONTRIBUTᵒⁿˢ	1813.	1814.	1815.	1816.	1817.	1818.	1819.	1820.	1821.	1822.	1823.	1824.	1825
Rachat de la contribut.ᵒⁿ pers.ᵉˡˡᵉ et d'une partie de la contrib.ⁿ mob.	145153	127 20	176188	192175	244694	150000	184864	185061	185448	185448	185460	185461	1853
Contrib.ᵒⁿˢ des biens communaux	1250	1250	1250	1250	1463	1536	1495	1800	1168	1204	1183	1500	120
Avances des quatre 12.ᵉˢ pour les contrib.ᵘˢ foncière et mobilière. . .	»	»	»	»	»	»	»	»	»	»	»	»	»
Cadastre. (Etats de section; refonte, expertise)	»	»	1400	»	»	»	2000	»	4000	»	»	»	»
Assurances de la salle de spect.ˡᵉ	»	»	»	»	»	»	»	»	4000	4000	4000	4000	400
VOIRIE.													
Plan de la ville. (Exécution). . .	»	»	»	»	»	»	»	»	»	»	»	»	»
Plan de la ville. (Alignement et nivellemᵗ.).	»	»	»	»	3000	»	»	»	2000	»	1000	1000	»
Archit.ᵗᵉˢ et agents chargés du service de la voirie municipale. . .	3500	3500	3500	4100	4100	4100	4596	4100	4100	4100	4100	4100	410
Inspecteurs de salubrité (Voir *salubrité*). . . .	»	»	»	»	»	»	»	»	»	»	»	»	»
Gard.-champêtres . .	»	»	»	»	»	30	30	200	630	630	630	630	63

826.	1827.	1828.	1829.	1830.	1831.	1832.	1833.	1834.	1835.	1836.	1837.	1838.	1839.	1840.
181895	185461	185461	185100	185100	»	39484	40000	40000	40000	30000	30000	30000	30000	30000
1151	1097	1152	1166	1185	800	737	778	773	808	966	961	1000	1000	1300
»	»	»	»	»	61849	»	»	»	»	»	»	»	»	»
»	»	»	»	»	»	»	»	»	»	»	»	»	»	1200
4000	»	4000	4046	4046	4046	4046	4046	3113	3867	3867	3867	3867	3900	3900
)0000	2966	»	»	»	»	»	»	»	»	»	»	55916	»	1000
»	»	»	»	»	»	»	»	»	»	1000	»	»	10000	2000
5800	5800	6000	6000	6000	5100	5800	5800	6350	6900	6900	14700	14700	15500	15500
»	»	»	»	»	»	»	»	»	»	»	»	»	»	»
630	630	630	630	630	630	630	630	630	630	630	630	630	630	»

VOIRIE.	1813.	1814.	1815.	1816.	1817.	1818.	1819.	1820.	1821.	1822.	1823.	1824.	1825
Pavage. Entretien. . .	12000	12000	12000	12000	11916	11875	11848	12000	12000	12000	15000	12000	12000
Déblaiement de la carrière Mizéry.	»	»	»	»	»	»	»	5000	»	»	»	»	»
Carrière Mizéry. Acquisitions . . .	»	»	»	»	»	»	»	»	»	»	»	»	»
Entret.n des propriétés communales	»	»	2000	2000	1977	1160	1939	2000	1259	2000	2000	2000	2000
Chemins vicinaux. Entretien. . .	6000	»	3000	3000	3000	2421	3000	3000	2843	3000	521	8728	6000
Aqueducs, ponts et fontaines. Entretien. . .	1000	800	800	800	794	797	2259	800	800	590	800	1460	800
Eclairage de la ville. . .	35000	35000	56290	35000	34984	34989	35000	48094	37740	42000	44146	42000	4875
Pavage au compte des propriétres.	»	»	»	»	»	»	»	»	»	»	»	»	»
Cadastre (V. *Contributions*). . .	»	»	»	»	»	»	»	»	»	»	»	»	»
Cadastre. Opérations ; frais. . . .	»	»	»	»	»	»	»	»	»	»	»	»	»
Plan cadastri de Nantes. Copies. . .	»	»	»	»	»	»	»	»	»	»	»	»	»

PORT DE NANTES.

	1813.	1814.	1815.	1816.	1817.	1818.	1819.	1820.	1821.	1822.	1823.	1824.	1825
Officiers de port. Loyers et fr. de bur.	»	»	»	100	200	200	200	200	200	200	200	200	20

HALLES, MARCHÉS, PROMENADES, HORLOGE.

	1813.	1814.	1815.	1816.	1817.	1818.	1819.	1820.	1821.	1822.	1823.	1824.	1825
Entret.n des halles et marchés. .	1000	800	800	800	797	»	800	800	497	800	800	800	800
Entret.n des promenades	2000	1600	1600	1600	770	1338	2166	1600	1600	1521	1380	1600	1600

1826.	1827.	1828.	1829.	1830.	1831.	1832.	1833.	1834.	1835.	1836.	1837.	1838.	1839.	1840.
25360	12000	10640	12000	12000	12000	12000	14000	17000	24000	21825	19967	23978	24000	40000
"	"	"	"	"	"	"	"	"	"	"	"	"	"	"
"	"	"	"	"	"	14414	6844	6844	"	"	"	"	"	"
2000	2000	2500	2500	2500	2000	2000	2000	2000	2000	4000	3000	3000	4000	4000
10000	8663	9240	5713	10000	7285	"	3134	10000	10832	11469	14000	12937	14000	12000
800	5650	1600	2368	1600	2678	2250	2500	5371	5240	7907	4249	5998	3000	3000
48600	52690	48554	52034	56506	54386	51488	50669	54424	57355	59354	55330	60000	60000	61000
"	"	"	"	"	"	"	"	"	"	"	"	11369	"	100000
"	"	"	"	"	"	"	"	"	"	"	"	"	"	"
"	"	"	"	"	"	"	"	"	"	"	1836	896	1600	"
"	"	"	"	"	"	"	"	"	4000	1261	3500	"	"	"
200	"	"	"	"	"	150	150	150	150	150	150	150	150	150
800	1200	1200	1200	1200	1200	1200	363	2070	1228	1600	879	894	1200	1200
2800	1170	1600	1406	1600	1052	1600	1600	1593	1336	1600	2400	2660	6000	4000

HALLES, MAR-CHÉS, PROM. HORLOGE.	1813.	1814.	1815.	1816.	1817.	1818.	1819.	1820.	1821.	1822.	1823.	1824.	1825.
Frais de régie de la Halle aux Blés....	»	»	»	»	»	»	»	»	»	»	»	»	»
Inspect.n de la halle aux blés....	»	»	»	»	»	»	»	»	»	»	»	»	»
Concierge de la halle aux Toiles...	»	»	»	»	»	»	»	»	»	»	»	»	»
Pesage publ.	»	400	»	»	»	»	»	»	»	»	»	»	»
Horloge...	»	»	»	»	»	»	»	»	5000	»	»	»	»
Entretien de l'horloge..	800	800	800	800	697	2800	753	800	1325	512	450	800	529

TRAVAUX PUBLICS, ACQUISITIONS DE TERRAINS, INDEMNITÉS.

	1813.	1814.	1815.	1816.	1817.	1818.	1819.	1820.	1821.	1822.	1823.	1824.	1825.
Indemnités de reculs sur rues..	»	»	»	»	»	»	»	10000	10000	18000	11600	10000	6000
Indemnit. de reculs sur chemins..	»	»	»	»	»	»	»	»	»	»	»	»	»
Cimetières. Etablissemt	11500	»	»	»	»	»	2990	»	»	»	»	»	»
Promenades.	»	»	»	»	»	»	2990	»	4375	600	»	1320	»
Aqueducs. Construct.n	»	»	»	»	»	»	»	»	»	»	»	8250	»
Cimetières. Travaux et acquisitons.	»	»	»	»	»	»	»	»	»	»	»	1500	»
Escaliers publics...	»	»	»	»	»	»	»	»	»	»	»	»	»
Indemnités à divers...	»	»	»	»	»	»	»	»	»	»	»	»	»
Fontaines publiques...	»	»	»	»	»	»	»	»	»	»	»	»	»
Fortificat.ons en 1815..	»	»	»	22305	»	76	5100	»	»	»	»	»	»
Fortificatons.	»	»	33167	»	»	»	»	»	»	»	»	»	»
1.re Arche-Sèche. Complément..	21900	4000	2368	»	»	»	»	»	»	»	4595	»	»
2.me Arche-Sèche...	»	»	»	»	»	»	»	»	»	»	»	18000	»
Rue de l'Abreuvoir..	»	»	»	»	»	»	»	»	»	»	»	»	»

826.	1827.	1828.	1829.	1830.	1831.	1832.	1833.	1834.	1835.	1836.	1837.	1838.	1839.	1840.
»	»	1600	1561	1567	1549	1547	1547	1555	1539	1542	1593	1565	1600	1600
»	»	»	»	»	»	»	»	»	»	»	»	»	.»	»
»	»	550	600	600	600	600	600	600	600	600	600	600	600	600
»	»	»	»	»	»	»	»	»	»	»	»	»	»	»
»	»	»	»	»	»	»	»	»	»	»	»	»	»	»
612	592	450	629	632	461	390	390	390	526	500	500	800	800	800
5000	8874	3347	2777	2641	8552	374	9894	15884	7788	»	27	»	»	»
»	»	»	22	»	»	5	29	12	»	87	»	»	»	»
»	»	»	»	»	»	»	»	»	»	»	»	»	»	»
»	»	»	»	»	»	»	»	»	»	»	»	»	»	»
»	»	»	»	»	»	»	»	»	»	»	»	»	»	»
»	1921	»	»	18755	»	10680	»	»	»	»	»	»	500	»
»	»	»	»	925	»	»	»	»	»	»	»	»	7993	»
»	»	»	2000	»	»	»	»	»	»	»	»	1630	19000	»
»	»	»	»	»	»	»	»	»	»	3270	»	»	»	»
»	»	»	»	»	»	»	»	»	»	»	»	»	»	»
»	»	»	»	»	»	»	»	»	»	»	»	»	»	»
»	»	»	»	»	»	»	»	»	»	»	»	»	»	»
»	3908	9080	»	3000	900	»	»	14120	253	4060	»	»	»	»
»	»	»	»	»	»	3000	»	»	»	»	»	»	»	»

TRAV. PUBL. ACQUISITIONS etc.	1813.	1814.	1815.	1816.	1817.	1818.	1819.	1820.	1821.	1822.	1823.	1824.	1825.
Rue Moque-chien....	»	»	»	»	»	»	»	»	»	»	»	»	»
Place Saint-Similien ..	»	»	»	»	»	»	»	»	»	»	»	»	»
Rue des Arts.	»	»	»	»	»	»	»	»	»	»	»	»	»
Chaussée de Barbin. ...	5491	»	»	»	»	»	»	»	»	»	»	»	»
Poudrière de Barbin ...	»	»	»	»	»	1500	»	»	»	»	»	»	»
Pont du quai Brancas ..	»	»	»	»	»	»	»	»	»	»	»	»	2387
Pont des Pe-tits-Mors..	»	»	»	. »	»	»	»	»	»	»	»	»	»
Ilot de Bar-bin.....	»	»	»	»	»	»	»	»	»	»	»	»	»
Rue de Ver-sailles. ..	»	»	»	«	»	«	»	»	»	»	»	»	»
Canal, quai, etc.....	»	»	»	»	»	»	»	»	»	»	»	»	»
Quai de Ver-sailles ...	»	»	»	»	»	»	»	»	»	»	»	»	»
Quai des Tan-neurs....	»	»	»	»	»	«	»	»	»	»	»	»	»
Quais de la Loire....	»	»	»	»	»	»	»	»	»	»	»	»	»
Quai Bélidor ou q. Mail-lard	1090	»	»	»	»	»	»	»	»	»	»	»	»
Pont Maudit.	»	»	»	»	»	360	»	»	»	»	»	309	»
Quai d'Ai-guillon...	»	»	»	»	»	»	»	»	»	»	»	3000	»
Pont de l'En-trepôt et chaussée de la rue Pen-thièvre...	»	»	»	»	»	3000	2355	»	743	»	»	»	15274
Pont sur la Chésine...	»	»	»	»	»	»	»	»	»	»	»	»	7000
Hôtel des Monnaies..	»	»	»	»	»	»	40000	»	»	»	»	»	925
Place de la Monnaie. .	»	»	»	»	»	»	»	»	»	»	»	»	»
Cours Henri iv. Clôture.	»	»	»	»	»	»	»	2800	2306	1345	»	»	»
Rue Crébil-lon.....	»	»	»	»	»	»	»	»	»	»	»	»	»

1826.	1827.	1828.	1829.	1830.	1831.	1832.	1833.	1834.	1835.	1836.	1837.	1838.	1839.	1840.
»	»	»	»	»	»	10461	»	»	»	»	»	»	»	»
»	»	»	»	»	»	6736	»	»	»	»	»	»	»	»
»	»	»	»	»	»	»	»	»	»	»	17946	7484	7331	6998
»	»	»	892	»	»	»	»	»	»	»	»	»	»	»
»	»	»	»	»	»	»	»	»	»	»	»	»	»	»
»	»	»	0	»	»	»	»	»	»	»	»	»	»	16666
»	»	»	»	7935	16296	1419	»		»·	»	»	»	»	1200
»	»	»	»	»	22252	»	»		»	»	»	»	»	»
»	»	»	»	»	»	7816	373		»	»	»	»	»	»
»	»	»	»	»	»	»	»	»	920	603	»	»	»	»
»	»	»	»	»	»	»	»	»	»	»	15207	»	»	»
»	»	»	»	»	»	»	»	»	»	»	16000	5989	»	»
»	»	»	»	»	»	»	»	»	»	10000	»	»	»	»
»	»	»	»	»	»	»	»	»	»	»	»	»	»	»
»	»	»	»	10000	8400	»	»	»	»	»	»	»	12000	»
»	»	»	»	»	»	»	»	»	»	»	»	»	»	»
»	»	»	»	»	»	5696	»	500	567	»	»	»	»	»
»	»	»	»	»	»	»	»	»	»	»	»	»	»	»
»	»	9000	2445	»	»	»	»	»	»	»	»	»	»	»
»	»	2199	»	»	»	»	»	»	3875	4029	»	»	»	»
»	»	»	6000	3000	1573	»	1920	»	»	»	»	»	»	»
»	»	10300	»	279	»	»	»	»	»	»	»	»	»	»

D

TRAV. PUBL. ACQUISITIONS etc.	1813.	1814.	1815.	1816.	1817.	1818.	1819.	1820.	1821.	1822.	1823.	1824.	1825.
Rue de la Verrerie. .	»	»	»	»	»	»	»	»	»	»	12000	»	8246
Rue Penthièvre. . . .	»	»	»	»	»	»	»	»	»	»	»	27000	63733
Rue des Capucins . . .	»	»	»	»	»	»	»	»	»	»	»	8900	7350
Terrain des Cadeniers .	»	»	»	»	»	»	»	»	»	»	»	»	24229
Rue des Cadeniers. . .	»	»	»	»	»	»	»	»	»	»	»	»	»
Rue du Calvaire. . . .	»	»	»	»	»	»	»	»	»	»	»	»	»
Rue de Flandres	»	»	»	»	»	»	»	»	»	»	»	»	»
Rue Boileau. . . .	»	»	»	»	»	»	»	»	»	»	»	»	»
Quartier de Launay. . .	»	»	»	»	»	»	»	»	»	»	»	»	»
Sanitat. Nivellement .	»	»	»	»	»	»	»	»	»	»	»	»	»
Rue sur le terrain de la Verrerie. . . .	»	»	(l	»	»	»	»	»	»	»	»	»	»
Lycée, depuis Collég. royal. . . .	23000	8000	»	»	1954	2000	1077	»	381	»	»	»	»
Jardin des Plantes. . . Voyez aussi Instruction publique.). . . .	»	»	»	»	»	»	»	»	3515	3850	6000	9150	6000
Rue du Jardin des Plantes. . . .	»	»	»	»	»	»	»	»	»	»	»	»	»
Colonne de la place Louis XVI. . . .	»	»	»	»	»	»	»	»	»	»	»	10118	»
Rue Charles X, depuis rue d'Orléans. . . .	»	»	»	»	»	»	»	»	»	»	»	»	»
Rue Poissonnerie. . . .	»	»	»	»	»	»	»	»	»	»	»	»	»

1826.	1827.	1828.	1829.	1830.	1831.	1832.	1833.	1834.	1835.	1836.	1837.	1838.	1839.	1840.
»	»	»	»	»	»	»	»	»	»	»	»	»	»	»
4077	601	»	»	»	»	»	»	»	»	»	»	»	»	»
»	»	»	»	»	»	»	»	»	»	»	»	»	»	»
22473	20049	19187	»	»	»	»	»	»	»	»	»	»	»	»
»	»	»	»	8000	10424	2142	10781	2085	»	»	»	»	»	»
3280	»	»	»	»	»	»	»	»	»	»	»	»	»	»
»	4500	3500	»	4720	4500	»	»	»	»	»	»	»	»	»
»	»	28506	14084	8964	»	64253	»	»	»	»	»	»	»	»
»	»	»	»	»	»	»	6180	5194	5000	5000	»	»	»	»
»	»	»	»	»	»	»	»	»	20000	13059	»	»	»	»
»	»	»	»	»	»	»	»	»	»	2650	»	»	»	»
»	»	»	»	»	»	»	»	»	»	»	2198	»	1600	»
6000	16470	1825	»	»	»	»	»	»	»	»	2000	»	»	»
»	»	»	»	»	»	»	»	»	»	»	»	»	»	»
»	»	»	»	»	»	»	»	»	720	945	»	»	»	»
»	»	»	»	»	»	»	»	»	»	»	»	»	»	»
»	70000	24994	»	»	872	6300	549	»	»	»	»	»	»	»
»	»	»	»	»	»	»	»	825	6081	5000	»	»	»	»

TRAV. PUBL. ACQUISITIONS etc.	1813.	1814.	1815.	1816.	1817.	1818.	1819.	1820.	1821.	1822.	1823.	1824.	1825.
Place N.-D.	»	»	»	»	»	»	»	»	»	»	»	»	»
Temple protestant. . .	»	»	»	»	»	»	»	»	»	»	»	»	»
Eglise Saint-Jacques. . .	»	»	»	»	»	»	2600	»	»	»	»	»	»
Musée des Tableaux. .	»	»	»	»	»	»	»	27500	11480	»	»	»	»
H. aux Toiles et marché couvert. . .	»	»	»	»	»	»	»	27500	»	35600	16710	600	49086
Ecoles. . . .	»	»	»	»	»	»	»	»	»	»	»	»	»
Acquisitions dans l'Erail.	»	»	»	»	»	»	»	»	»	»	»	»	1060
H. aux Blés.	»	»	»	»	»	6000	5000	»	6000	5000	5000	14371	»
Portail et bâtiments de l'Hôtel.-de-Ville. . . .	»	2000	2129	472	»	»	»	»	»	30180	»	30244	24484
Maisons des Sœurs de la Charité. . .	»	»	»	»	»	»	»	»	3891	4000	7342	»	»
Eglise Saint-Louis.(N.D)	»	»	»	»	»	»	»	»	»	»	»	»	»
Acquisitions autour de l'Hôt.-de-Ville . . .	»	»	»	»	»	»	»	6000	13686	6000	13865	»	»
Rue Belle-Image. . .	»	»	»	»	»	»	»	»	»	»	»	10788	»
Rue Kerveg.	»	»	»	»	»	»	»	»	»	»	»	»	»
Abattoir. . .	»	»	»	»	»	»	»	»	»	»	»	»	3888
R. Barillerie.	»	»	»	»	»	»	»	»	»	»	»	»	»
Numérotage des rues. .	»	»	»	»	»	2233	»	»	»	»	»	»	»
Achat de terrains pour chemins vicinaux . . .	»	»	»	»	»	»	»	»	»	»	»	»	»
Achat de terrains pour l'exécution du plan de la ville. . .	»	»	»	»	»	»	»	»	»	»	»	»	»
Trav. divers.	»	»	»	»	»	»	»	»	»	»	»	»	»
Pont suspen. de la Magdelaine. . .	»	»	»	»	»	»	»	»	»	»	»	»	»

1826.	1827.	1828.	1829.	1830.	1831.	1832.	1833.	1834.	1835.	1836.	1837.	1838.	1839.	1840.
»	»	»	7263	»	3124	22428	7000	7000	7000	4239	»	»	»	»
»	»	»	»	»	»	»	»	»	»	»	1199	»	»	»
»	»	»	»	»	»	»	»	»	»	»	»	»	»	»
»	»	»	5000	3300	»	»	»	»	»	»	»	»	»	»
12000	36735	8406	1815	»	»	»	»	»	520	»	»	»	»	»
»	4600	»	»	»	»	»	»	»	»	»	»	»	»	»
»	»	21500	17472	»	»	»	»	»	»	»	13293	»	»	»	»
3000	»	»	»	»	»	»	»	»	»	»	»	»	»	»
9758	140000	1000	810	»	»	»	»	»	»	»	1629	2218	»	3000
»	»	»	»	3297	»	»	»	»	»	»	»	»	»	4600
»	18500	15728	693	»	»	513	»	»	»	»	»	»	»	»
»	»	»	»	»	»	»	»	»	»	»	»	»	»	»
»	»	»	»	»	»	»	»	»	»	»	»	»	»	»
»	18000	1859	»	»	»	»	»	»	»	»	»	»	»	»
158200	254220	165968	»	125605	»	26542	6075	25568	»	2682	»	»	»	»
»	»	»	»	»	»	117911	2868	1800	1800	1800	1800	1800	»	»
»	»	»	»	»	»	»	»	»	»	987	957	990	2000	1800
»	»	»	»	»	»	»	»	»	»	»	»	»	3000	3000
»	»	»	»	»	»	»	»	»	»	»	»	»	40000	10000
»	»	»	»	»	»	»	»	»	»	»	5189	»	»	»
»	»	»	»	»	»	»	»	»	»	»	»	»	12162	12000

TRAV. PUBL. ACQUISITIONS etc.	1813.	1814.	1815.	1816.	1817.	1818.	1819.	1820.	1821.	1822.	1823.	1824.	1825.
Réparat.n de la façade de l'église S.te. Croix. . . .	»	»	»	»	»	»	»	»	»	»	»	»	»
Réparat.n de l'hôtel de la Bourse. . . .	»	»	»	»	»	»	»	»	»	»	»	»	»
Achat de la maison Pesneau. . . .	»	»	»	»	»	»	»	»	»	»	»	»	»
Construction d'échelles graduées pr obs. la variation de la h.r des eaux	»	»	»	»	»	»	»	»	»	»	»	»	»
Achat de la maison rue B.-Imag. 12	»	»	»	»	»	»	»	»	»	»	»	»	»
Quai de l'Hôpital	»	»	»	»	»	»	»	»	»	»	»	»	»
Achat de la maison rue B.-Image, 8	»	»	»	»	»	»	»	»	»	»	»	»	»
Plantatns. du c. S.-Pierre	»	»	»	»	»	»	»	»	»	»	»	»	»
COMMERCE.													
Musée commercial et industriel. (V. Instruction publique). . . .	»	»	»	»	»	»	»	»	»	»	»	»	»
INDUSTRIE.													
Expositions publiques. .	»	»	»	»	»	»	»	»	»	»	»	»	»
Ecole indust. (V. Ins. pub.)	»	»	»	»	»	»	»	»	»	»	»	»	»
Ecole prim. supére (id.)	»	»	»	»	»	»	»	»	»	»	»	»	»
Musée commercial et indust. (id.)	»	»	»	»	»	»	»	»	»	»	»	»	»

1826.	1827.	1828.	1829.	1830.	1831.	1832.	1833.	1834.	1835.	1836.	1837.	1838.	1839.	1840.
»	»	»	»	»	»	»	»	»	»	»	»	»	2900	»
»	»	»	»	»	»	»	»	»	»	»	»	»	1500	»
»	»	»	»	»	»	»	»	»	»	»	»	»	1800	1800
»	»	»	»	»	»	»	»	»	»	»	»	»	300	»
»	»	»	»	»	»	»	»	»	»	»	»	»	751	751
»	»	»	»	»	»	»	»	»	»	»	»	»	26666	»
»	»	»	»	»	»	»	»	»	»	»	»	»	»	982
»	»	»	»	»	»	»	»	»	»	»	»	»	»	3500
»	»	»	»	»	»	»	»	»	»	»	»	»	»	»
»	1000	»	»	»	»	»	»	1000	»	3000	2850	»	3000	»
»	»	»	»	»	»	»	»	»	»	»	»	»	»	»
»	»	»	»	»	»	»	»	»	»	»	»	»	»	»
»	»	»	»	»	»	»	»	»	»	»	»	»	»	»

AGRICULTURE.	1813.	1814.	1815.	1816.	1817.	1818.	1819.	1820.	1821.	1822.	1823.	1824.	1825.
AGRICULTURE.													
Gardes - Ch. (V. voirie.)	»	»	»	»	»	»	»	»	»	»	»	»	»
Primes d'encouragem.^t	»	»	»	»	»	»	»	»	»	»	»	»	»
COURSES DE CHEVAUX.													
Hippodrome permanent.	»	»	»	»	»	»	»	»	»	»	»	»	»
Subvention p^r les courses de Nantes......	»	»	»	»	»	»	»	»	»	»	»	»	»
ÉTABLISSEMENTS DE CHARITÉ, HOSPICES, BIENFAISANCE.													
Hospic. Subventions..	220000	220000	220000	215000	220000	220000	220000	235000	220000	220000	220000	220000	220000
Secours extraordin.^{res} aux hosp..	»	7385	»	»	»	»	»	»	»	»	»	6000	23350
Bur. de bienfaisance..	24000	24000	24000	24000	20000	26000	35000	35000	40000	40000	40000	40000	40000
Ateliers de charité...	»	»	26584	»	»	4000	1991	5000	5000	5000	5000	5000	5000
Reliquat donné aux hosp. de la contribution pour l'occupat.^{on} étrangère.	»	»	»	»	8721	»	»	»	»	»	»	»	»
Soupes économiques..	94500	»	7875	»	»	»	»	»	»	»	»	»	»
Secours et subventions à la maison des Sœurs de Charité.	»	»	»	»	»	»	»	11000	8000	8000	8000	8000	8000
Loyer de la maison de mendicité..	»	»	»	»	»	.	»	»	»	»	»	»	»
Subvention à cet établissement...	»	»	»	»	»	»	»	»	»	»	»	»	»

1826.	1827.	1828.	1829.	1830.	1831.	1832.	1833.	1834.	1835.	1836.	1837.	1838.	1839.	1840.
»	»	»	»	»	»	»	»	»	»	»	»	»	»	»
»	»	»	»	»	»	»	»	»	»	500	»	»	»	»
»	»	»	»	»	»	»	»	»	»	»	»	»	»	»
»	»	»	»	»	»	»	»	»	»	»	»	2000	2000	2000
220000	220000	220000	220000	220000	210000	200000	190347	191055	190000	200000	210000	240000	240000	240000
45000	40000	25230	38386	16000	16066	164875	12000	14867	15626	12774	42500	12000	12000	10000
44000	44000	44000	44000	44000	44000	44000	44000	44000	44000	44000	44000	44000	44000	50000
5000	5000	1345	4000	19286	222	650	5000	3331	4903	5000	4389	4949	5000	5000
»	»	»	»	»	»	»	»	»	»	»	»	»	»	»
»	»	»	»	»	»	»	»	»	»	»	»	»	»	»
8000	8000	8563	8000	8000	8000	8000	8000	8000	8000	8000	8000	8000	8000	8000
»	»	»	»	»	»	»	»	»	»	»	»	»	2500	2500
»	»	»	»	»	»	»	»	»	»	»	»	»	10000	11000

E

ÉTABLISS.ᵗ DE CHARITÉ, HOS-PICES, BIENF.ᵉ	1813.	1814.	1815.	1816.	1817.	1818.	1819.	1820.	1821.	1822.	1823.	1824.	1825.
Secours à la charité ma-ternelle . .	»	»	»	»	»	»	»	1500	1500	1500	1500	1500	1500
Secours à la maison de la Providence.	»	»	»	»	»	»	»	»	»	»	»	»	500
Secours à la maison de Refuge. . .	»	»	»	»	»	»	1500	1500	2000	2000	2000	2000	2000
Secours à l'hospice d'Aliénés. .	»	»	»	»	»	»	»	»	»	»	»	»	»
Subvention à la caisse de sec.ʳˢ de la Soc.Indust.	»	»	»	»	»	»	»	»	»	»	»	»	»
Secours à d'auc.empl.	»	»	»	»	»	»	»	»	»	»	»	»	»
Dotatⁿ.d'une rosière. . .	600	»	»	»	»	»	»	»	»	»	»	»	»
Construction de loges d'a-liénés . . .	»	»	»	»	12607	»	»	»	»	»	»	»	»
A la disposi-tion du mai-re pour au-mônes . . .	»	»	»	»	4000	4000	4000	4000	4000	4000	4000	4000	4000
Noyés et as-phyxiés. . .	»	»	»	»	»	240	236	1200	953	1200	1084	1200	1101
Dépᵗ de men-dicité . . .	25000	»	»	»	»	»	»	»	»	»	»	»	»
Soupes éco-nomiques. .	12677	»	»	»	»	»	»	»	»	»	»	»	»
Fonds à la dis-posit.ⁿ per-sonnelle du Maire . . .	»	»	»	»	3000	3000	3000	3000	3000	3000	3000	3000	3000

INSTRUCTION PUBLIQUE, LETTRES, SCIENCES, BEAUX-ARTS.

	1813.	1814.	1815.	1816.	1817.	1818.	1819.	1820.	1821.	1822.	1823.	1824.	1825.
Secours aux Sal. d'Asile.	»	»	»	»	»	»	»	»	»	»	»	»	»
Secours aux écoles grat.ˢ de petites filles. . . .	»	»	»	»	»	»	1000	2000	3000	6000	5000	4000	4300

1826.	1827.	1828.	1829.	1830.	1831.	1832.	1833.	1834.	1835.	1836.	1837.	1838.	1839.	1840.
1500	1500	1500	1500	1500	2000	2000	2000	2000	2000	2000	2000	2000	2500	2500
»	500	500	500	500	»	»	500	»	500	»	500	500	500	500
2000	2000	2000	2000	2000	»	»	»	»	»	»	»	»	»	»
»	»	»	»	»	»	»	»	»	4886	»	18513	15593	15000	15000
»	»	»	»	»	»	6000	6400	1000	1000	1500	3599	2500	2500	2500
»	»	»	»	»	»	»	»	»	»	»	»	600	960	960
»	»	»	»	»	»	»	»	»	»	»	»	»	»	»
»	»	»	»	»	»	»	»	»	»	»	»	»	»	»
»	»	»	»	»	»	»	»	»	»	»	»	»	»	»
1034	1009	982	1023	964	932	792	743	869	783	780	802	778	1200	1000
»	»	»	»	»	»	»	»	»	»	»	»	»	»	»
»	»	»	»	»	»	»	»	»	»	»	»	»	»	»
3000	3000	3000	3000	3000	3000	3000	3000	3000	3000	3000	3000	3000	3000	3000
»	»	»	»	»	»	»	»	500	4600	1550	1950	2350	3350	4067
4300	4300	4300	4800	4700	4800	5500	6000	6000	7500	6000	6500	7700	7700	7700

INSTRUCTION PUBLIQUE, Lettres, Sciences Beaux-Arts.	1813.	1814.	1815.	1816.	1817.	1818.	1819.	1820.	1821.	1822.	1823.	1824.	1825.
Secours aux écoles chrétiennes, gratuites. . . .	»	»	»	»	»	»	2500	2500	4000	4000	6000	6000	6000
Secours aux écoles gra.ᵃ d'enseigne.ᵗ mutuel. . .	»	»	»	»	»	»	2500	2500	2500	2500	2500	2500	2500
Ecole prim.ʳᵉ élémentaire des ponts. .	»	»	»	»	»	»	»	»	»	»	»	»	»
Frais de bureau des 6 com.ᵉˢ d'instruct.ⁿ primaire . . .	»	»	»	»	»	»	»	»	»	»	»	»	»
Ecole de sourds-muets	»	»	»	»	»	»	»	»	»	»	»	»	100
Ecole grat.ᵉ de la Soc. Industriel.ᵉ	»	»	»	»	»	»	»	»	. »	»	»	»	»
Ecole grat.ᵉ de dessin. .	2200	2200	2200	2200	2050	2050	2050	2050	2050	2050	2050	2050	2050
Ecole prim.ᵉ supérieure.	»	»	»	»	»	»	»	»	»	»	»	»	»
Ecole grat.ᵉ d'adultes. .	· »	»	»	»	»	»	»	ʼ»	»	»	»	»	»
Ecole normale prim.ᵉ départem.ᵗᵉ	»	»	»	»	»	»	»	»	»	»	»	»	»
Entret.ⁿ des bâtiments et du mobilier du Lycée impér.ˡ, devenu Collé.ᵉ Royal . . .	»	»	»	»	335	849	1500	1500	1500	1500	1500	1500	1500
Travaux au même coll.ᵉ (Voir Travaux pub.)	»	»	»	»	»	· »	»	»	»	»	»	»	»
Travaux arriérés au même coll.ᵉ	12677	»	»	»	»	»	»	»	»	»	»	»	»
Bourses communales au même coll.ᵉ	12675	12675	12675	12675	12675	12675	12675	12675	12675	12675	12675	12675	12675

1826.	1827.	1828.	1829.	1830.	1831.	1832.	1833.	1834.	1835.	1836.	1837.	1838.	1839.	1840.
6000	6000	6000	6000	12000	8000	8000	9000	6000	6000	6000	6000	6000	6000	6000
2500	2500	2500	2500	2500	2500	1500	1500	1500	1500	1500	1500	1500	1500	1500
»	»	»	»	»	»	»	»	9200	13935	17771	18386	20429	3200	3000
»	»	»	»	200	200	300	300	150	150	150	»	»	»	150
100	163	230	207	275	1000	232	159	127	112	186	150	150	500	300
»	»	»	»	»	»	»	»	»	»	»	»	»	»	2224
2050	2050	2050	2050	2050	2050	3448	2500	2730	2760	2500	2754	2386	3200	2800
»	»	»	»	»	»	»	»	»	»	»	»	»	17400	16800
»	»	»	»	»	»	»	»	»	1500	1000	1000	918	1000	1000
»	»	»	»	»	»	2000	3000	»	»	»	»	»	»	»
1500	1500	1500	1500	1500	1500	846	1000	1000	1000	1990	1500	1363	1500	1500
»	»	»	»	»	»	»	»	»	»	»	»	»	»	»
»	»	»	»	»	»	»	»	»	»	»	»	»	»	»
12675	12675	12675	12675	12675	12187	9465	6378	6825	6337	6337	6337	6337	6337	6337

INSTRUCTION PUBLIQUE, Lettres,Sciences Beaux-Arts.	1813.	1814.	1815.	1816.	1817.	1818.	1819.	1820.	1821.	1822.	1823.	1824.	1825.
Prix communaux au même coll.e	»	»	»	»	»	»	»	»	»	»	»	»	1000
Observatoire astronomiq.	»	»	»	»	»	»	»	»	»	»	175	175	698
Musée industriel et commercial . .	»	»	»	»	»	»	»	»	»	»	»	»	»
Jardin des P.	»	»	»	»	»	»	»	»	»	»	»	»	»
Construct.ns à ce jardin (V. Trav. publics). .	»	»	»	»	»	»	»	»	»	»	»	»	»
Entretien de ce jardin. .	»	»	»	»	»	»	»	»	600	800	600	»	»
Ecole de botanique. . .	»	»	»	»	»	»	»	»	»	»	»	»	»
Entr.n duMuséum d'histoire nature	300	300	300	800	300	300	300	300	1700	640	897	950	500
Traitem.t du conservat.r de ceMusée	1200	1200	1500	1500	1500	1500	1500	1500	1500	1500	1500	1500	1500
Carte minéralogique. .	»	»	»	»	»	»	»	»	»	»	»	»	»
Recher.s minéralogiq.es	600	600	600	600	»	600	600	600	600	600	600	600	»
Rente viag.re à M. Dubuisson, p.r achat de sa collection. .	»	»	»	»	»	»	»	»	»	»	»	»	»
Concierge du Mus. d'histoire naturelle. . . .	600	600	600	600	600	600	600	600	600	600	600	600	600
Secours aux écoles primaires-privées de filles. . . .	»	»	»	»	»	»	»	»	»	»	»	»	»
Entretien de la Biblioth.e publique. .	300	300	300	300	251	284	242	300	300	300	300	300	400
Achat de livres. . . .	»	»	2000	2000	500	500	500	800	800	800	1240	1550	1195

1826.	1827.	1828.	1829.	1830.	1831.	1832.	1833.	1834.	1835.	1836.	1837.	1838.	1839.	1840.
1000	1000	1000	1000	1000	»	»	»	»	»	300	300	300	300	300
362	612	1362	1362	1362	1326	1181	1000	750	1350	750	993	750	1000	1000
»	»	»	»	»	»	»	»	»	500	3985	2300	1558	1500	700
»	»	»	»	»	»	»	»	»	»	»	»	»	»	»
»	»	»	»	»	»	»	»	»	»	»	»	»	»	»
»	4262	4000	4000	4000	4000	4000	3000	3700	3499	4304	6900	4436	6903	5000
»	»	»	»	»	»	»	»	»	»	2000	2000	2000	4874	3200
500	885	500	500	500	250	250	1850	1581	1898	1250	550	799	700	700
1500	1500	1500	1500	1500	1000	1000	1000	1000	1000	1000	1000	1000	1000	1000
»	»	»	»	»	»	890	»	»	»	»	»	»	»	»
»	»	»	»	»	»	»	»	»	»	»	»	»	»	»
1200	1200	1200	1200	1200	1200	1200	1200	1200	1200	»	»	»	»	»
600	600	600	600	600	600	600	600	600	600	600	600	600	600	600
»	»	»	»	»	»	»	»	»	»	»	»	»	600	600
400	450	450	450	450	300	300	300	300	294	450	300	300	300	300
1000	1000	2000	2000	2000	1000	1000	2000	2000	2227	2000	2000	2000	2000	2080

INSTRUCTION PUBLIQUE, Lettres, Sciences Beaux-Arts.	1813.	1814.	1815.	1816.	1817.	1818.	1819.	1820.	1821.	1822.	1823.	1824.	1825.
Bibliothéc. re	1800	1800	1800	1800	1800	1800	1800	1800	1800	1800	1800	1800	1800
Bibliothéc. re adjoint. . .	»	»	»	»	»	»	»	»	»	»	»	»	»
Concierge de la Bibliothèque.	600	600	600	600	600	600	600	600	600	600	600	600	600
Rente viag.re à M.me v.e Cacault p.r achat du Musée de Clisson. . .	2500	2500	2500	2500	2500	2500	2500	2500	2500	2500	2500	2500	2500
Construction du Musée de tableau (V. Tr. pub.)	»	»	»	»	»	»	»	»	»	»	»	»	»
Restauration et conservation des tableaux. . .	»	»	600	600	»	195	889	900	900	165	848	900	900
Rente viag.re à Madame Fournier p.r acquisitn de tableaux. .	»	1000	1000	1000	1000	1000	1000	1000	1000	1000	1000	1000	1000
Conserv.r de ce Musée. .	»	»	»	»	»	»	»	»	»	»	»	»	»
Entretien de ce Musée. .	»	»	»	»	»	»	»	»	»	»	»	»	»
Achats pour ce Musée. .	»	»	»	»	»	»	»	»	»	»	»	»	»
Conservn du Musée de Clisson. . .	1000	300	»	»	»	»	»	»	»	»	»	»	»
Trav. divers de sculpture	»	»	300	»	»	»	»	»	1200	1200	1200	1200	1200
Statues pour les promenades et les monuments.	»	»	»	»	»	»	»	4000	1454	»	»	»	»
Buste du Roi à l'Hôtel-de-Ville. . . .	»	»	»	700	»	»	»	»	»	500	»	»	»
Ecole de médecine (V. Hospices).	»	»	»	»	»	»	»	»	»	»	»	»	»

1826.	1827.	1828.	1829.	1830.	1831.	1832.	1833.	1834.	1835.	1836.	1837.	1838.	1839.	1840.
1800	1800	1800	1800	2000	1800	1800	1800	1800	1800	1800	1800	1800	1800	1800
»	»	1200	1200	1200	1200	800	800	800	800	800	800	800	800	800
600	600	300	300	300	300	300	300	300	300	300	300	300	300	300
2500	1340	»	»	»	»	»	»	»	»	»	»	»	»	»
»	»	»	»	»	»	»	»	»	»	»	»	»	»	»
900	900	900	900	900	900	900	600	600	600	600	600	582	600	600
1000	1000	1000	1000	1000	1000	1000	1000	1000	1000	1000	1000	1000	1000	1000
»	»	»	»	1000	1000	1000	1000	1000	1000	1000	1000	1000	1000	1000
»	»	»	»	300	150	150	150	150	150	150	150	148	150	150
»	»	»	»	»	»	»	1527	2691	1800	2600	2000	2500	4000	»
»	»	»	»	»	»	»	»	»	»	»	»	»	»	»
1200	1200	1200	1200	1200	1200	300	300	»	»	»	295	231	»	»
»	»	»	»	»	»	»	»	»	»	»	»	»	»	»
»	»	»	450	»	»	»	»	»	»	600	»	»	»	»
»	»	»	»	»	»	»	»	»	»	»	»	»	»	»

F

INSTRUCTION PUBLIQUE, Lettres, Sciences Beaux-Arts.	1813.	1814.	1815.	1816.	1817.	1818.	1819.	1820.	1821.	1822.	1823.	1824.	1825.
Subvention à la Société Royale Académique. .	»	»	»	»	»	»	»	»	»	»	»	»	»
Artistes-élèves pensionn.res de la ville. . . .	»	»	»	»	»	»	»	»	»	»	»	»	»
Entretien et restaurat.n des statues des promenades et monuments. .	»	»	»	»	»	»	»	»	»	»	»	»	»
Buste de M. de S.t-Aignan. . . .	»	»	»	»	»	»	»	»	»	»	»	»	»

FÊTES PUBLIQUES.

	1813.	1814.	1815.	1816.	1817.	1818.	1819.	1820.	1821.	1822.	1823.	1824.	1825.
Fêtes publiq.	2400	2400	2400	4000	4000	3905	3162	4552	20000	3761	4000	4000	4000
Récept.n du duc d'Angoulême . .	23335	»	»	»	»	»	»	»	»	»	»	»	»
Réception du duc de Bourbon. .	»	»	»	2507	»	»	»	»	»	»	»	»	»
2.e réception du duc d'Angoulême. .	»	»	»	»	»	»	»	»	»	»	»	»	»
Réception de la duchesse d'Angoul.me	»	»	»	»	»	»	»	»	»	»	»	5142	»
Réception de la duchesse de Berry. .	»	»	»	»	»	»	»	»	»	»	»	»	»
Mariage du dc d'Orléans.	»	»	»	»	»	»	»	»	»	»	»	»	»

SPECTACLE.

	1813.	1814.	1815.	1816.	1817.	1818.	1819.	1820.	1821.	1822.	1823.	1824.	1825.
Rembourse.t à la caisse d'amortis.t - pr la restauration de la SalleGraslin	»	»	»	34000	11000	34492	»	»	»	»	29186	29186	29186

1826.	1827.	1828.	1829.	1830.	1831.	1832.	1833.	1834.	1835.	1836.	1837.	1838.	1839.	1840.
»	»	»	»	»	»	»	»	»	500	500	500	500	500	»
»	»	»	»	»	»	»	»	1000	1500	1000	1000	1000	1000	»
»	»	»	»	»	»	»	»	»	»	»	»	»	300	300
»	»	»	»	»	»	»	»	»	»	»	»	»	750	750
3859	3418	4000	4000	1531	4000	5000	5000	6000	6000	6000	14000	9807	6000	6000
»	»	»	»	»	»	»	»	»	»	»	»	»	»	»
»	»	»	»	»	»	»	»	»	»	»	»	»	»	»
»	»	»	»	»	»	»	»	»	»	»	»	»	»	»
»	»	»	»	»	»	»	»	»	»	»	»	»	»	»
»	»	19982	»	»	»	»	»	»	»	»	»	»	»	»
»	»	»	»	»	»	»	»	»	»	»	5000	»	»	»
29186	29186	29186	29186	29186	29186	29186	29186	29186	29186	22186	29186	29186	29186	29186

SPECTACLE.	1813.	1814.	1815.	1816.	1817.	1818.	1819.	1820.	1821.	1822.	1823.	1824.	1825.
Achèvement des travaux. Décorations	»	15000	»	2130	»	»	1236	8700	3194	»	5192	»	»
Entretien de la Salle. .	»	»	»	»	»	2000	1989	2000	2000	2000	2000	2000	2000
Renouvelle.t des décorations. . .	»	»	»	»	»	»	»	»	»	»	»	»	»
Réparations.	»	»	»	»	»	»	»	»	»	»	»	»	»
Eclairage de la Salle. . .	»	»	»	»	»	»	»	»	»	»	»	»	»
Subvention à l'entreprise théâtrale. .	15000	12000	12000	15000	11950	15000	15000	15000	15000	15000	15000	15000	15000

DETTES ET EMPRUNTS.

	1813.	1814.	1815.	1816.	1817.	1818.	1819.	1820.	1821.	1822.	1823.	1824.	1825.
Liquid.n d'une créance ancienne à M. Leroux-Durandrie. . .	»	»	»	»	»	»	»	10000	»	»	»	»	»
Liquid.n d'une somme due par la Mairie , pour impres-sions, à A.-J. Malas-sis.	»	»	»	»	»	»	»	5000	2500	2464	»	»	»
Emprunt de 800,000 fr.	»	»	»	»	»	»	»	»	»	»	»	»	7457
Emprunt de 300,000 fr.	»	»	»	»	»	»	»	»	»	»	»	»	»
Emprunt et remboursem.t de l'em-prunt pré-cédent. . .	»	»	»	»	»	»	»	»	»	»	»	»	»

CULTE.

	1813.	1814.	1815.	1816.	1817.	1818.	1819.	1820.	1821.	1822.	1823.	1824.	1825.
Secours aux églises pour travaux,etc	»	»	»	»	»	»	»	»	»	»	650	6000	9000

1826.	1827.	1828.	1829.	1830.	1831.	1832.	1833.	1834.	1835.	1836.	1837.	1838.	1839.	1840.
»	»	4922	1556	13098	9650	1404	600	»	3823	3203	»	851		
2000	2000	2000	2000	2000	2000	3045	2000	3000	3000	5014	4000	955	5000	5000
»	»	»	»	»	»	»	»	»	»	»	»	»	1200	»
»	»	»	»	»	»	»	»	»	»	»	»	»	1200	»
20500	15000	15000	30000	30000	15000	15000	15000	16648	20000	25600	26200	39222	25000	50000
»	»	»	»	»	»	»	»	»	»	»	»	»	»	»
6205	24973	62328	88125	85600	82900	80625	78125	75625	73125	70625	68125	65625	63125	60625
»	»	»	»	3577	26705	25805	24905	22982	23150	22250	21350	20450	»	»
»	»	»	»	»	110386	110000	105000	»	»	»	»	»	»	»
4000	4000	4700	»	»	»	»	»	1500	»	»	1199	»		

CULTE.	1813.	1814.	1815.	1816.	1817.	1818.	1819.	1820.	1821.	1822.	1823.	1824.	1825.
Logem.ᵗ des Curés....	3000	3000	3000	3000	3600	3800	3800	3800	3800	3800	3800	3800	3800
Supplém.ᵗ de traitement aux Curés et Desser-vants....	»	»	»	»	533	500	500	800	375	375	375	375	375
Traitem.ᵗ des Vicaires.	600	500	500	500	500	500	500	1000	1000	1500	1500	1500	1500
Loge.ᵗ du ministre pro-testant...	500	500	500	500	500	500	500	500	500	500	500	500	500
Etablissem.ᵗ de la cha-pelle Notre-Dame et 2.ᵉ vicaire...	800	800	800	800	»	»	»	»	»	»	»	»	»

DÉPENSES DIVERSES.

	1813.	1814.	1815.	1816.	1817.	1818.	1819.	1820.	1821.	1822.	1823.	1824.	1825.
Dépens.ˢ im-prévues..	4000	4000	12000	8000	8000	4068	4432	8000	5541	6470	8000	8000	8000
Fonds com-mon p.ʳ les dépeus.ˢ va-riables dé-partemen-tales....	33956	»	»	»	»	»	»	»	»	»	»	»	»
10.ᵉ du re-venu fon-cier....	1190	1075	»	»	»	»	»	»	»	»	»	»	»
Dépens.ˢ du séjour de l'armée é-trangère à Nantes en 1815....	»	»	292282	»	»	»	»	»	»	»	»	»	»
Approvision-nement de 1812 en grains....	3249	»	»	»	»	»	»	»	»	»	»	»	»
Souscription au monum.ᵗ de Char-rette....	»	»	»	»	»	»	»	»	»	»	»	»	1000

1826.	1827.	1828.	1829.	1830.	1831.	1832.	1833.	1834.	1835.	1836.	1837.	1838.	1839.	1840.
3800	3800	3800	3800	3800	3800	3800	3800	3800	3800	3800	3800	3800	3800	3800
375	375	375	375	375	375	375	375	375	375	375	375	375	375	375
1500	1500	1500	1500	1500	1500	1500	1500	1500	1500	1500	1500	1500	1500	1500
500	500	500	500	500	500	500	500	500	500	500	500	500	500	500
»	»	»	»	»	»	»	»	»	»	»	»	»	»	»
8000	8000	3928	8000	8000	8000	5814	8000	4713	3185	4153	6214	7882	8000	8000
»	»	»	»	»	»	»	»	»	»	»	»	»	»	»
»	»	»	»	»	»	»	»	»	»	»	»	»	»	»
»	»	»	»	»	»	»	»	»	»	»	»	»	»	»
»	»	»	»	»	»	»	»	»	»	»	»	»	»	»
»	»	»	»	»	»	»	»	»	»	»	»	»	»	»

DÉPENSES DIVERSES.	1813.	1814.	1815.	1816.	1817.	1818.	1819.	1820.	1821.	1822.	1823.	1824.	1825.
Souscription pour l'achat de Chambord. . . .	»	»	»	»	»	»	»	»	»	»	»	»	»
Souscription au monument de juillet.	»	»	»	»	»	»	»	»	»	»	»	»	»
Dépenses accidentelles et diverses.	400	12722	2737	4646	5822	3559	»	39	»	3637	»	1081	155?

CHIFFRE DES BUDGETS

1449	1450	1486	1514	1531	1539	1681	1751
5096	6476	19163	17246	18715	16322	17144	234513

1803	1813	1814	1815	1816	1817	1818	1819
410747	1004408 94	794699 76	803089 70	713918 30	1130529 88	758913 43	814745 85

1828	1829	1830	1831	1832	1833	1834	1835
1599144 22	1355953 59	1331970 46	1114254 47	1106417 73	1194769 72	1249379 13	1180962 52

POPULATION DE NANTES

1700	1720	1760	1780	1790	1792	1797	1802
42309	41499	48762	54434	81648	72695	74818	77356

1823	1825	1826	1829 à 1834	1834 à 1840	
68427	71697	71739	77992	75895	

1826.	1827.	1828.	1829.	1830.	1831.	1832.	1833.	1834.	1835.	1836.	1837.	1838.	1839.	1840.
»	»	»	»	»	»	»	»	»	»	»	»	»	»	»
»	»	»	»	»	»	500	»	»	»	»	»	»	»	»
1263	3581	3019	2798	1011	698	1235	818	»	63	5542	»	3585	»	»

A DIVERSES ÉPOQUES.

1753	1760	1787	1788	1790	1791	1792	1802
435488	412512	La dette est de 1022134	470920	437000	1001938	La dette est de 4692529	417730

1820	1821	1822	1823	1824	1825	1826	1827
897855 55	1020069 04	982861 90	972149 95	1004304 15	1235124 35	1225497 17	1521982 08

1836	1837	1838	1839	1840			
1196674 49	1257071 31	1291997 10	1472608	1446416			

A DIVERSES ÉPOQUES.

1803	1806	1812	1814	1818	1819	1820	1822
73000	77356	77165	67067	67067	76127	68427	69462

De 1813 à 1838, c'est-à-dire pendant un quart de siècle, l'excédant des naissances sur les décès n'a été que de 3415, ce qui donne une moyenne par année d'environ 136 à 137. Ainsi, la population de la ville reste stationnaire.

ARTICLES DE PERCEPTION.	MESUR.ª ou QUANT.ª	Rég. intér. CUPIN AN 13. 1804 à 1805 Quantité	Régie intéressée : MOREAU et DELAHAYE. 1806 Quantité	1807 Quantité	1808 Quantité	Ferme simple : MOREAU-DELAHAYE. 1809 Quantité	1809 produit	1810 Quantité	1810 produit
Vins en barriques.	Hectol.	259257	186128	212145	238906	131572	306795	153566	343047
	Barriq.	112938	80925	92237	103872	57205		66768	
Vins en bouteilles.	Boutei.	29216	27422	20315	26199	16824	3187	11299	3500
Cidre en barriques.	Barriq.	615	562	328	892	812	1760	770	1670
	Hectol.	1415	1293	754	2052	1868		1771	
Fruits secs à cidre.	Décali.	»	»	»	»	»	»	»	»
E.-de-V. au-d.ous de 22	Barriq.	2000	525	662	723	452	10158	538	12326
Id. de 22 à 28.	Id.							2276	2319
C.-de-V. au-dessus 28 et l.r	Boutei.	7175	2993	3172	3267	2437	2484		
Huiles d'ol. et blanch.	Hectol.	149059	141601	109323	126917	133177	18600	126574	17623
Huiles végét.ª autres.	Id.	66026	224972	244000	192610	141909	4963	167248	5854
Bière de la ville.	Barriq.	108	128	163	171	403	1839	779	3677
Bière de hors ville.	Id.	248	294	375	393	938		1792	
Bœufs et vaches.	Tête.	3573	3250	3246	3549	3144	47160	3036	45540
Veaux.	Id.	23715	20731	20926	22021	21829	38201	21334	37335
Moutons.	Id.	35628	29776	33577	35887	32930	27991	28844	24517
Porcs.	Id.	7503	6234	7798	8453	7426	29704	6639	26556
Porcs de lait.	Id.	9188	8378	6608	5343	815	815	2646	2646
Viande dépecée.	Kilogr.	209824	171852	128770	119699	13958	9677	115825	8842
Poissons salés.	Id.	198080	79917	134419	143547	154	3689	64813	4327
Harengs et sardines.	Baril.	»	»	»	»	»	»	»	»
Citr., limons, orang.	Caisse.	1070	3114	1505	640	357	589	476	786
Fr.ts s. compris amen.	Kilogr.	119172	139188	96385	151606	83047	3930	63554	2995
Fromages étrangers.	Id.	»	»	»	»	»	»	»	»
Vinaigre.	Barriq.	»	»	»	»	»	avec vin	»	au vin.
	Hectol.								
Châtaignes.	Décali.	»	»	»	»	»	»	»	25145
Foin.	Kilogr.	4095940	4805780	4475100	6327740	5807980	29040	5028906	25145
Paille et rouche.	Id.	836140	930660	1034860	969770	904790	3619	1004770	4019
Avoine.	Tonn.	1459	597	1125	11925	792	11885	13920	13919
	Hectol.	21885	8955	16875	795	11880		928	
Noix sèches.	Décali.	»	»	»	»	»	»	»	»
Suif.	Kilogr.	»	»	»	»	»	»	»	»
Chandelles.	Id.	»	»	»	»	»	»	»	»
Bois en bûches rég.	Cordes	12881	12835	9799	10748	12477	26681	13030	27863
	Stères.	41735	41585	31749	34824	40426		42217	
Bois en bûches irrég.	Cordes	»	»	»	»	»	2995	»	3119
	Charr.	5607	4990	5256	6149	6806		7089	
Fagots cotterets.	Nombr.	1221755	1060660	840854	785007	813415	13421	903157	14962
Fagots boulangers.	Id.	546280	484954	412531	441131	475325	3137	482863	3187
Fagots dits curés.	Id.	384180	438996	414470	467208	597490	2390	611290	2445
Fag. petits, à 1 ou 2 l.	Id.	620545	578635	465145	450000	469885	258	655872	361
Charbon de bois.	Hectol.	32151	32697	32978	39382	39233	11770	43426	13029
Charbon de terre.	Id.	30440	57132	56142	46452	42524	6379	53663	8050
Cire.	Kilogr.	8696	8873	7803	7020	9480	1782	7010	1260
Bougie.	Id.								
Chaux.	Hectol.	29153	31201	30364	30564	»	»	»	»
Plâtre.	Kilogr.	93750	875840	551080	322807	»	»	»	»
Ard.ª, car.x, tuil., bri.	Nombr.	3969730	3626990	4366633	3956474	»	»	»	»
Tuffeaux.	Id.	105200	104727	119210	88647	»	»	»	»
Savons.	Kilogr.	»	»	»	»	320670	18324	625350	34110
Fers et aciers.	Id.	»	»	»	»	»	»	»	»
Objets divers.		»	»	»	»	»	»	»	»
Produits bruts.							649434		699937

| GESTION MUNICIPALE. | | | | RÉGIE DES DROITS RÉUNIS. | | | | | |
| 1811. | TARIF. | 1812. | | 1813. | | 1814. | | 1815. | |
Quantité		Quantité	produit	Quantité	produit	Quantité	produit	Quantité	produit
13752	3 35	129368		90523	378005	86954	379376	86524	315611
58153		56247		39458		37806		37619	
6975	10	9100		18898	2865	11261	1859	12955	1968
625	1 20	1700		6532	23641	5193	19550	4525	10048
1438		3910	03	15024		11944		10408	
»	»	»		»	»	»	»	»	»
355	12 20	325	388309	384	10877	362	10595	337	8179
					878		520		295
1434	»	1675		2538	1364	1511	831	4795	1712
»	»	145520		102030	20067	83190	22799	85897	18990
»	»	127508		149509	6532	143733		164087	7222
881	»	344		584	4378	774	5836	954	7178
2026		791		1343		1780		2194	
		2305		2757	53973	2684	53153	3024	60022
		18726		20183	53028	18180	49997	19843	54869
		26973		26914	35562	24262	33365	26324	36203
		6347		4857	30532	5392	35586	5891	38882
		3716		9043	4107	11536	5076	10065	4429
171390		76500	171412	50651	6430	43492	5615	55021	7272
		58918		64201	7977	107990	14256	105783	13964
		»		»	»	»	»	859	991
		372		325	722	769	1693	620	1366
		145520		200675	14944	153165	11795	149662	11526
		10401		77	2	»		119838	2637
		229		171	1684	168	1685	293	2941
42317		527		393		386		674	
		»		»	»	»	»	»	»
		3906030	44880	3936620	30275	3875400	29843	4604110	35455
		793442		816190	5306	830770	5494	956610	6325
		13845		10035	19484	6255	12393	615	18375
		923		669		417		9225	
		94397		52537	2834	20022	1102	14687	809
		64993		152172	10761	94181	6665	73981	5228
				11941		6727		5277	
		8749		10575	30027	10797	30818	9032	25782
76449		28347		34263		34982		29064	
		»		»	»	»	»	»	»
		5860		6225	3687	7455	4529	7865	4773
		566741	77382	726822	15952	783598	17241	669233	14723
		371359		521197	4572	651320	5744	582024	5135
		618468		957576	4171	837422	4615	701382	3866
		491493		721511	561	864684	668	666889	515
		34087		40942	19979	42132	20861	36558	18103
		31422		32337	6713	25013	5503	24243	5334
		5332		5370	1392	3752	992	6568	1736
		9971		28018	4471	16208	2675	14791	2606
		75850	8936	770026	1694	847400	855	349137	768
31722		»		»	»	»	»	3401577	2246
		»		»	»	»	»	»	»
		484957	23396	372524	36689	408400	37842	398683	39060
		27284		251821		159453		137707	
»		»	»	»	»	»	»	»	61733
715426		716482		857179		841323		863494	

A commencer, de 1816 un nouveau tarif est établi, et la recette de l'Octroi est faite municipalement.

	ARTICLES DE PERCEPTION.	MESUR.s ou QUANT.s	TARIF. 1816.	RÉGIE MUNICIPALE.					
				1816. Quantité	produit	1817. Quantité	produit	1818. Quantité	produit
LIQUIDES.	Vins en barriques.	Hectol. / Barriq.	10 12	71180 / 30861	297429	31975 / 13902	139483	50421 / 21922	221880
	Vins en bouteilles.	Boutei.	» 20	12726	2426	14250	2850	12415	2485
	Cidre en barriques.	Barriq. / Hectol.	3 76	10246 / 23566	50459	12905 / 29682	90661	5347 / 12298	37887
	Fruits secs à cidre.	Décali.	» 12 1/2	17863	»	8068	1009	10413	1309
	E-de-V au-d.sous de22	Barriq.	34 20	368	11889	468	15972	570	19577
	Id de 22 à 28.	*Id.*		195		105		121	12
	.-de-V.au-dessus28 et l.r	Boutei.	» 40	4368	1947	4097	1639	5134	2054
	Huiles d'ol.et blanch.	Hectol.	10 3	121298	29084	1155	9116	1615	10309
	*Id.*végétals autres.	*Id.*		135225	11197	36267	6920		10660
	Bière de la ville.	Barriq.	10 3	671	7692	778	4292	1111	6624
	Bière de hors ville.	*Id.*	13 68	1543		1789	4782	2544	6293
COMESTIBLES.	Bœufs et vaches.	Tête	25 »	2619	62168	2725	68081	2724	68092
	Veaux.	*Id.*	3 »	20187	50387	20597	61791	20192	60573
	Moutons.	*Id.*	1 50	22919	33941	24278	36418	25208	37812
	Porcs.	*Id.*	8 »	6243	48143	7079	56581	7117	56934
	Porcs de lait.	*Id.*	» 45	7518	3367	1986	894	1663	748
	Viande dépecée.	Kilogr.	» 15	41947	5992	38948	5843	32666	4900
	Poissons salés.	*Id.*	» 10	110126	12310	247483	24892	185472	18547
	Harengs et sardines.	Baril.	1 »	1943	2051	2876	2876	3138	3138
	Citr., limons, orang.	Caisse.	2 20	387	852	852	427	939	470
	Fr.s s.compris aman.	Kilogr.	» 15	65734	7421	38147	5723	47781	7167
	Fromages étrangers.	*Id.*	» 5	111552	3835	128733	6337	91998	4600
	Vinaigre.	Barriq. / Hectol.	10 3	284 / 653	2847	398 / 915	3997	348 / 800	3511
FOURRAGES.	Châtaignes.	Décali.	» 5	20089	1005	43946	2197	162820	8141
	Foin.	Kilogr.	»8/10	2847400	22757	3993130	31945	3782000	30256
	Paille et rouche.	*Id.*	»7/10	762630	5292	931070	6518	956200	6693
	Avoine.	Tonn. / Hectol.	22 50	518 / 7770	12103	573 / 8595	14132	701 / 10515	15769
COMBUSTIBLES.	Noix sèches.	Décali.	» 5	18313	946	9340	467	10345	517
	Suif.	Kilogr.	» 7	120188	9061	139994	9800	67556	4729
	Chandelles.	*Id.*	» 10	8164		11543	1154	7042	704
	Bois en bûches rég.	Cordes / Stères.	3 89	8466 / 27430	31073	9272 / 30041	36063	9914 / 32121	38561
	Bois en bûches irrég.	Cordes / Charr.	2 43 / » 60	364 / 6477	886 / 3897	558 / 5929	1357 / 3558	540 / 5107	1314 / 3064
	Fagots cotterets.	Nombr.	» 2 1/2	531220	12978	672250	16808	726504	18164
	Fagots boulangers.	*Id.*	» »	470444	4607	485565	4855	597825	5978
	Fagots dits curés.	*Id.*	» 6/10	701838	4158	1015465	6098	933563	5605
	Fag. petits, à 1 ou 2 l.	*Id.*	» 1/150	1089814	1626	1167026	1754	1410199	2119
	Charbon de bois.	Hectol.	» 50	32493	16219	52366	26184	47607	23804
	Charbon de terre.	*Id.*	» 20	31813	6494	93793	18759	49504	9901
DIV.s MATÉRIAUX.	Cire.	Kilogr.	» 20	5049	1228	5440	1088	4883	977
	Bougie.	*Id.*	» 40	419		436	174	363	145
	Chaux.	Hectol.	» 30	12802	3246	13937	4182	14192	4258
	Plâtre.	Kilogr.	» 6/10	674036	3491	500461	3003	551825	3311
	Ard.s, car.s, tuil., bri.	Nombr.	» 1/150	2678750	3699	3635383	5453	3221446	4832
	Tuffeaux.	*Id.*	» 1	75395	754	124740	1247	127943	1279
	Savons.	Kilogr.	» 12	387508 / 53292	54233	317405	38380	331796	39766
	Fers et aciers.	*Id.*							
	Cant. aux barrières.		»	»	11703	»	2339	»	4763
	Produits bruts.				869237		793723		820988

RÉGIE MUNICIPALE.

1819.		1820.		1821.		1822.		1823.		1824.	
Quantité	produit	Quantité	produit	Quantité	produit	Quantité	produit	Quantité	produit	Quantité	produit.
92622 / 40301	404322	98939 / 43017	431562	83451 / 36283	364007	85830 / 36013	364475	93895 / 40824	413159	99505 / 43263	437840
13656	2731	12906	2581	15468	3093	15582	3116	14059	2812	17717	3543
534 / 1228	2036	330 / 759	1245	1068 / 2456	4018	295 / 679	1117	362 / 863	1378	1779 / 4092	3891
4380	547	6022	831	3642	455	2966	371	3069	384	983	123
377 / 282	12900	324 / 293	11073	355 / 147	12018	403 / 15	13883	343 / 118	11849	348	11931
5925	1918	4987	1525	4339	1735	4074	1630	5093	1849	4529	1812
1502 / 8475	13182	1379 / 8120	11248	1411 / 8349	11403	994 / 6208	7225	50352 / 138840	12588 / 13849	56072 / 115042	14018 / 11504
850	5889	2114	6389	2190	7574	1259	10888	962	8200	1392	12891
1955	3595	919	3871	952	2700	2896	2532	2213	2159	3202	1632
2675	66881	3014	75350	2952	73787	3007	75189	3070	76758	3111	77770
19548	58646	20797	62391	20291	60873	18968	56905	20015	60046	22104	66312
24672	37009	23679	35519	23584	35375	25035	37552	26620	39930	27971	41956
5274	42188	6860	54886	6914	55312	6117	48939	6663	53305	6910	55278
1556	700	1769	796	1633	734	1604	722	1291	581	1163	523
29650	4447	33516	5028	33620	5043	33503	5026	32712	4907	40172	6026
130224	13022	85328	8533	108429	10842	107311	10731	135508	13551	119926	11993
1720	1720	919	920	1289	1289	1844	1844	2084	2084	1820	1820
558	1228	496	1092	638	1404	934	2055	510	1123	823	1810
68026	10204	58432	8765	57458	8618	56100	8415	53881	8082	73783	11067
133581	6679	149108	7455	159260	7963	160911	8046	192482	9624	169882	8494
688 / 1582	6901	890 / 2047	8937	1211 / 2785	12149	1283 / 2951	12990	1768 / 4066	17895	1266 / 2912	12814
106461	5328	81527	4076	82285	4114	232354	11617	54684	2734	102230	5111
5388854	43108	3542520	28340	4889720	39117	4902460	39219	4714200	37713	10342160	43369
905410	6338	1096010	7672	1204160	8429	1208970	8463	1458895	10213	10194528	7367
10620 / 708	15921	632 / 9480	14221	13395 / 893	20103	844 / 12660	19006	14265 / 951	21414	1053 / 15795	23692
20206	1011	15180	759	9101	455	12085	604	16314	816	18177	909
78096	5467	91629	6414	55065	4528	73640	5155	59612	4173	49789	3485
11059	1106	14629	1463	16923	1692	15459	1545	10628	1063	6748	675
8740 / 28318	33990	8897 / 28826	34604	9961 / 32274	38744	8320 / 26957	32363	9608 / 31130	37376	9954 / 32251	38716
370	900	414	1007	449	1092	324	788	394	958	306	744
4457	2674	5406	3244	5348	3208	5179	3107	5119	3071	4258	2555
626359	15660	643773	16096	836422	20912	569536	14239	778861	19472	636471	15913
405705	4057	382136	3821	538142	5321	508457	5085	538561	5386	596072	5961
841640	5053	908487	5424	1063126	6382	926265	5561	981023	5890	953606	5726
932584	1401	920084	1382	1114151	1673	904672	1359	950860	1429	770282	1157
41470	20736	41970	20986	51488	25744	45196	22598	45654	22827	48171	24086
54933	10987	42216	8443	59043	11808	66884	13377	48092	9618	54746	10949
6612	1323	5211	1042	4151	830	5924	1185	7970	1594	6040	1208
224	90	297	119	290	116	350	140	200	80	308	123
9881	2965	10868	3261	15937	4781	18929	5680	21013	6305	29187	8757
680963	4086	567295	3404	724176	4345	375535	2253	498098	2989	556086	3337
2928485	4393	2423134	3635	2933402	4400	4083991	6126	3753445	5630	3798745	5698
108078	1081	89664	897	155098	1550	185952	1860	245457	2455	310431	3104
300798	36060	274184	32834	242015	28830	180078	21170	198232	23606	168885	20161
»	4044	»	6905	»	7569	»	8729	»	6446	»	6542
	933279		958463		934649		911106		989486		1034520

H

ARTICLES DE PERCEPTION.	MESUR.s ou QUANT.s	TARIF. 1825.	RÉGIE MUNICIPALE.					
			1825 2 tarifs.		1826.		1827.	
			Quantité	produit	Quantité	produit	Quantité	produit
LIQUIDES								
Vins en barriques	Hectol. / Barriq.	10 12	93070 / 40465	409532	99169 / 43117	436361 5	111161 / 48331	489135 15
Vins en bouteilles	Boutei.	» 9³/₁₀	15969	2528	24922	2319 66	22693	2112 30
Cidre en barriques	Barriq. / Hectol.	3 80	2676 / 6155	10163	679 / 1562	2579 83	1001 / 2302	3801 44
Fruits secs à cidre	Décali.	» 6⁶/₁₀	454	57	»	»	»	»
E-de-V.au-d.sous de22	Barriq.	25 »	565	17955	634	21168 17	609	17846 16
Id. de 22 à 28	Id.		56		213		105	
E.-de-V.au-dessus 28 et.r	Boutei.	» 05						
Huiles d'ol.et blanch.	Hectol.	» 25	52149	13037	71153	17788 25	104439	26109 75
Huiles végét.s autres	Id.	» 10	121840	12184	109348	10934 80	139729	13972 90
Bière de la ville	Barriq.	11 50	1421 / 3268	15095	1494 / 3436	17177 90	1335 / 3071	15355 75
Bière de hors ville	Id.							
COMESTIBLES								
Bœufs et vaches	Tête	25 »	2903	72580	3049	76230 50	3074	76860 75
Veaux	Id.	3 »	21467	64400	22704	68112 »	22360	67078 50
Moutons	Id.	1 50	28555	42832	28645	42967 11	26865	40296 93
Porcs	Id.	8 »	6589	52710	7565	60519 60	7463	59704 40
Porcs de lait	Id.	» 45	1325	596	1241	558 45	1291	580 95
Viande dépecée	Kilogr.	» 15	40810	6121	45079	6761 85	17696	2654 40
Poissons salés	Id.	» 10	104866	10487	120533	12053 30	151817	15181 70
Harengs et sardines	Baril.	1 »	1887	1887	3641	3641 26	2186	2185 75
Citr., limons, orang.	Caisse.	2 20	937	2040	1322	2908 40	1360	2992 84
Fr.s s. comprisamau.	Kilogr.	» 15	61218	9183	93519	14027 85	79662	11949 30
Fromages étrangers	Id.	» 5	130467	6523	140918	7045 90	171452	8572 60
Vinaigre	Barriq. / Hectol.	10 12	976 / 2244	9881	952 / 2190	9665 37	821 / 5888	8305 2
FOURRAGES								
Châtaignes	Décali.	» 5	209427	10471	133045	6652 25	62355	3117 75
Foin	Kilogr.	» ³/₁₀	4365980	34928	5132040	41056 32	5836630	46693 4
Paille et rouche	Id.	» ⁷/₁₀	1365800	9561	1469660	10287 62	1404890	9834 23
Avoine	Tonn. / Hectol.	15 »	911 / 13665	16365	1138 / 17070	17074 47	1158 / 17670	17363 84
Noix sèches	Décali.	» 5	12223	611	14426	721 44	14683	734 26
Suif	Kilogr.	» 7	63406	4438	102926	7204 82	60572	4240 4
Chandelles	Id.	» 10	7471	747	6913	691 25	8692	869 15
COMBUSTIBLES								
Bois en bûches rég.	Cordes / Stères.	3 89	8288 / 26853	32237	9417 / 30611	36630 58	8753 / 28360	34046 94
Bois en bûches irrég.	Cordes	2 43	357	868	313	760 22	430	1046 44
	Charr.	» 60	5275	3165	4903	2941 80	3992	2395 20
Fagots cotterets	Nombr.	» 2¹/₂	535970	13400	754369	18860 28	688218	17206 41
Fagots boulangers	Id.	» 1	581505	5817	615972	6159 72	637892	6378 92
Fagots dits curés	Id.	» ⁶/₁₀	935065	5615	1057314	6349 2	1020840	6128 96
Fag. petits, à 1 ou 2 l.	Id.	» ¹/₁₅₀	982458	1477	928252	1395 50	867414	1304 44
Charbon de bois	Hectol.	» 50	56471	28236	53355	26677 83	59776	29888 »
Charbon de terre	Id.	» 20	58953	11791	96291	19258 20	90773	18154 50
DIV.s MATÉRIAUX								
Cire	Kilogr.	» 20	4832	966	8201	1640 20	8816	1763 20
Bougie	Id.	» 40	256	103	324	133 40	360	143 80
Chaux	Hectol.	» 30	28644	8590	43511	12177 51	35338	9920 52
Plâtre	Kilogr.	» ⁶/₁₀	483263	2900	1002434	6013 17	1046100	6275 67
Ard.s, car.x, tuil., bri.	Nombr.	» ¹/₁₅₀	4593884	6891	4495331	6743 14	4116061	6174 22
Tuffeaux	Id.	» 1	354289	3543	407500	4075 »	358882	3588 82
Savons	Kilogr.	» 12	172574	20655	164059	19687 8	217342	26081 4
Fers et aciers	Id.	»	»	6407	»	6328 49	»	6661 8
Caut. aux barrières		»						
Produits bruts				989592		1072340 56		1124767 44

RÉGIE MUNICIPALE.

1828.		1829.		1830.		1831.	
Quantité.	produit.	Quantité.	produit.	Quantité.	produit.	Quantité.	produit.
124803	549163 54	107601	469364 42	87763	382838 49	85528	376457 4
54262		46783		38158		37186	
19403	1806 19	26192	2437 55	23260	2162 97	21475	2141 19
351	1335 49	849	3197 87	2126	8078 78	907	3443 39
808		1953		4890		2086	
»	» »	»	» »	»	» »	»	» »
474	13917 58	627½	15689 26	536	14654 92	761	19026 50
82							
131449	32862 25	105468	26367 6	105279	26319 75	79342	19835 62
196730	19673 »	190527	19052 70	206396	20639 60	178835	17883 50
1144	13161 50	993	11318 25	895	10177 80	1294	14875 15
2631		2284		2059		2976	
2943	73581 75	2677	66925 50	2699	67473 50	2942	73562 »
21954	65860 50	21571	64712 25	22833	63467 50	21506	64519 50
25510	38264 75	23968	35651 33	21116	31674 56	19963	29943 84
7199	57590 40	7415	59323 60	7216	57725 60	7060	56481 60
826	371 70	1430	643 50	1211	544 95	1080	486 2
14562	2184 30	16879	2531 85	29069	4360 30	35137	5270 56
125155	12515 50	138232	13823 80	111864	11186 40	99509	9950 90
2727	2727 »	2391	2391 25	2021	2020 75	3159	3159 »
1605	3531 »	925	2035 »	1441	3169 65	971	2136 20
99562	14934 30	83279	12491 79	66321	9949 74	64876	9731 66
204245	10212 25	170860	8542 98	181965	9098 34	139212	6960 65
925	9358 47	952	9549 2	1237	12402 20	1349	13650 17
2128		2190		2845		3103	
100931	5046 55	116863	5843 15	123732	6186 60	153532	7676 60
6535580	52284 64	5156130	41249 4	6130760	49046 8	5442450	43539 60
1345520	9418 64	1324380	9270 66	1431630	10021 41	1378100	9646 »
1279	19180 76	1268	19027 64	1251	18775 83	1029	15433 33
19185		19020		18765		15435	
10609	530 58	1416	708 7	988	494 31	10664	533 29
54779	3834 53	67460	4722 20	61746	4322 27	74298	5200 86
8255	825 55	11414	1141 40	6843	684 25	7642	764 15
8870	34499 92	10275	39965 2	10675	41523 78	7302	28425 83
28739		33291		34587		23678	
404	982 50	473	1151 24	502	1220 80	434	1055 7
156	93 30	4421	2652 30	4319	2591 10	3750	2250 »
645538	16138 93	815733	20393 93	882587	22065 19	795133	19878 96
981188	9811 88	752776	7527 76	731774	7317 74	710685	7106 85
889424	5339 27	1314422	7892 69	1206025	7242 8	873140	5242 59
552863	830 18	1036646	1557 71	1012829	1522 10	843859	1268 43
56141	28070 58	58445	29222 56	61808	30904 24	44545	22272 39
75834	15166 90	81716	16343 19	90750	18150 11	72597	14519 46
9614	1922 70	7923	1584 50	9153	1830 50	6169	1233 80
396	158 20	480	192 »	290	156 »	219	87 40
42743	11407 84	48002	12354 64	48192	14040 96	33110	9659 41
1040166	6240 63	903685	5419 20	1168235	7009 36	1117606	6705 24
5613421	8420 43	5927515	8891 51	6247764	9372 1	5733101	8599 93
482831	4828 31	6131135	6311 35	687405	6874 5	380945	3809 45
288817	34658 4	227715	27325 86	240626	28875 6	188499	22619 88
»	7909 48	»	6442 55	»	6971 34	»	7628 24
Fr. 137756 18	1200651 81	Fr. 137123 39	1104247 47	Fr. 140252 12	1040065 97	Fr. 121816 55	974671 95

	ARTICLES DE PERCEPTION.	MESUR.s OU QUANT.s	RÉGIE MUNICIPALE. 1832. Quantité.	produit.	1833. Quantité.	produit.	1834. Quantité.	produit.
LIQUIDES.	Vins en barriques.	Hectol.	90645	398923 16	101807	447985 54	113337	498715 10
		Barriq.	39411		44264		49277	
	Vins en bouteilles.	Boutei.	20603	907 39	35876	1579 66	32371	1425 42
	Cidre en barriques.	Barriq.	616	2340 24	1942	7373 36	666	2529 81
		Hectol.	1417		4466		1532	
	Fruits secs à cidre.	Décali.	»	» »	»	» »	»	» »
	E-de-V au-d.sous de 22	Barriq.						
	Id de 22 à 28.	*Id.*	716	17904 7	717	17926 25	600	15003 81
	E. de-V. au-dessus 28 et l.r	Boutei.						
	Huiles d'ol. et blanch.	Hectol.	72750	18187 59	82501	20625 36	85502	21375 62
	Id. végétals autres.	*Id.*	220896	22089 60	202106	20210 60	225645	22564 50
	Bière de la ville.	Barriq.	873	10044 40	1916	9583 70	1715	19719 45
	Bière de hors ville.	Hectol.	2008		833		3945	
COMESTIBLES.	Bœufs et vaches.	Tête.	3133	78322 75	3117	77925 75	3036	75895 »
	Veaux.	*Id.*	23142	69426 75	23914	71742 »	23051	69152 25
	Moutons.	*Id.*	23043	34564 71	21279	31919 18	22335	33501 92
	Porcs.	*Id.*	6007	48052 80	6481	51846 80	7389	59118 40
	Porcs de lait.	*Id.*	1167	525 15	1477	664 65	1542	693 90
	Viande dépecée.	Kilogr.	33041	4956 39	32997	4950 6	32866	4930 84
	Poissons salés.	*Id.*	95322	9532 25	101256	10125 60	95949	9594 90
	Harengs et sardines.	Baril.	3446	3446 50	2911	2910 85	2815	2815 50
	Citr., limons, orang.	Caisse.	1858	4089 47	1627	3578 58	1440	3166 90
	Fr.s s. compris aman.	Kilogr.	73151	10973 »	60769	9115 68	69316	10397 69
	Fromages étrangers.	*Id.*	122031	6101 63	160275	8013 84	224746	11237 34
	Vinaigre.	Barriq.	2244	22713 67	2147	21727 »	2485	25144 85
		Hectol.	5161		4938		5716	
	Châtaignes.	Décali.	138255	6912 75	146990	7349 69	117553	5877 68
FOURRAGES.	Foin.	Kilogr.	4872530	38980 24	698140	37585 12	4929195	39433 56
	Paille et rouche.	*Id.*	1635440	11448 13	794871	12564 14	1722015	12054 13
	Avoine.	Tonn.	1373	20606 7	1384	20760 79	1174	17614 27
		Hectol.	20595		20760		17610	
COMBUSTIBLES.	Noix sèches.	Décali.	8898	445 3	13393	669 79	11100	555 16
	Suif.	Kilogr.	79289	5550 26	82021	5741 53	62291	4360 58
	Chandelles.	*Id.*	5863	586 30	8265	826 50	6316	631 55
	Bois en bûches rég.	Cordes	7695	29935 22	10962	40305 4	10468	40718 12
		Stères.	24932		33573		33816	
	Bois en bûches irrég.	Cordes	266	645 47	303	510 19	196	475 43
		Charr.	2068	2240 10	3915	2348 70	3440	2063 85
	Fagots cotterets.	Nombr.	695898	17398 3	688698	17218 1	783853	19596 82
	Fagots boulangers.	*Id.*	727955	7279 55	735227	7352 27	667385	6673 85
	Fagots dits curés.	*Id.*	977965	5872 72	1221555	7336 22	1167078	7010 81
	Fag. petits, à 1 ou 2 l.	*Id.*	923652	1387 88	784754	1179 54	856934	1288 25
	Charbon de bois.	Hectol.	46696	23347 90	55797	27898 97	56794	28397 57
	Charbon de terre.	*Id.*	85922	17184 50	80381	16076 21	100671	20134 37
	Cire.	Kilogr.	5047	1009 40	5069	1013 80	6987	1397 40
	Bougie.	*Id.*	624	249 40	317	126 60	320	127 80
DIV.s MATÉRIAUX.	Chaux.	Hectol.	47012	13862 12	45990	13359 50	39946	11573 54
	Plâtre.	Kilogr.	1284635	7707 27	880245	5280 48	1049419	6293 12
	Ards, carx, tuil., bri.	Nombr.	4311607	6467 61	5480793	8221 69	5276242	7914 86
	Tuffeaux.	*Id.*	389057	3890 57	440352	4403 52	341000	3410 »
	Savons.	Kilogr.	196577	23589 27	235607	28272 78	233955	28074 54
	Fers et aciers.	*Id.*						
	Caut. aux barrières.		»	7421 9	»	7341 97	»	9135 1
	Produits bruts.		F. 129742 32	1017118 40	Fr. 132576 73	1093547 64	Fr. [illegible] 15	1161795 47

TARIF.	RÉGIE MUNICIPALE.				TARIF 1825 modifié.	RÉGIE MUNICIPALE.	
	1835.		1836.			1837.	
	Quantité.	produit.	Quantité	produit.		Quantité.	produit.
7 36	111395 47998	354913 27	108749 47282	348027 21	3 20 7 36	110291 54331	399911 36
7 36	38609	1240 70	44564	1427 93	10 56	52506	1682 26
3 80	2018 4641	7666 66	1931 4441	7332 87	3 80 1 65⁵/₁₀	1931 4441	4793 31
» »	»	» »	»	» »	» »	»	» »
16 »	630	10267 57	760	12166 36	16 »	940	15049 97
» 25	100303	25076 40	95479	23870 23	» 25	109560	27390 43
» 10	253848	25385 85	222584	22258 38	» 10	309833	30963 35
11 50	1581 3636	18177 90	1662 3823	19118 70	11 50 5 »	1452 33.0	16702 85
25 »	3046	76161 25	2904	72601 »	25 »	2941	73537 25
3 »	23446	70338 75	23006	69016 50	3 »	23360	70079 25
1 50	22401	33602 3	22645	33968 »	1 50	22114	33170 82
8 »	7482	59852 40	8058	64462 40	8 »	7794	62348 40
» 45	1302	585 90	1002	450 90	» 45	1000	450 »
» 15	45653	6849 25	37492	5625 93	» 15	52158	7826 50
» 10	114398	11439 80	131688	13168 75	» 10	121852	12185 20
1 »	3059	3059 25	3773	3772 63	1 »	2239	2239 38
2 20	1618	3559 5	1518	3339 5	2 20	1207	2654 62
» 15	82426	12364 46	84411	12662 35	» 15	65198	9780 14
» 5	257148	12857 56	202400	10120 15	» 5	272438	13622 9
10 12	2238 5147	22654 84	978 2240	9899 20	10 12 4 40	1071 2463	10837 37
» 5	119113	5955 66	126522	6326 17	» 5	171835	8591 87
» »⁸/₁₀	4559690	36477 52	6297260	50378 8	» »⁸/₁₀	5455415	43643 32
» »⁷/₁₀	1980265	13861 91	2015020	14105 61	» »⁷/₁₀	2160665	15125 63
15 »	1392 20880	20879 14	1433 21495	21495 56	15 » 1 »	1585 23775	23767 82
» 5	11690	584 62	10609	530 62	» 5	12288	614 64
» 7	72971	5108 27	56103	3927 43	» 7	51208	3584 91
» 10	13029	1302 91	10416	1041 55	» 10	7214	721 35
3 89	9426 30540	36666 72	10812 35031	42053 56	3 89 1 20	35806 11360	44147 78
2 43	127	309 42	81	198 65	2 43	112	272 14
» 60	3221	1932 45	2415	1449 15	1 35	2864	1718 55
» 2⁵/₁₀	786010	19650 76	700760	17519 56	» 2⁵/₁₀	815191	20380 64
» 1	705917	7059 17	731718	7317 18	» 1	790518	7905 18
» »⁶/₁₀	1168040	7015 92	1214062	7293 66	» »⁶/₁₀	1572060	9444 46
» »/₁₅₀	732421	1101 18	750159	1127 88	» ¹⁵/₁₀₀	772974	1152 21
» 50	52229	26115 13	56246	28123 35	» 50	73879	36940 19
» 20	116617	23323 60	102914	20582 78	» 10	136262	17484 18
» 20	8871	1774 20	6673	1334 60	» 20	6876	1375 25
» 40	476	190 20	413	165 20	» 40	500	200 »
» 50	55588	16322 57	50853	14950 73	» 50	40162	11500 46
1 5	1863726	11178 64	1301932	7808 74	1 5	1858467	11145 79
» »/₁₅₀	5015238	7523 38	8153261	12232 42	» ¹⁵/₁₀₀	7506809	11263 41
» 1	537188	5371 88	372417	3724 17	» 1	359943	3599 43
» 12	241702	29004 24	229283	27513 93	» 12	237721	28526 55
»	»	8888 95	»	11495 29	» »	Droits accesso.⁵	11143 43
	Frais 135707 10	1043651 33	Fr. 143992 72	1035999 43		Fr. 144219 42	1111143 77

I

ARTICLES DE PERCEPTION.	MESUR.ˢ ou QUANT.ˢ	GESTION MUNICIPALE. 1838. Quantité.	produit.	1839. Quantité.	produit.
LIQUIDES. Vins en barriques. .	Hectol. Barriq.	121646 56194	413627 2	111888 48647	358077 50
Vins en bouteilles. .	Boutei.	58759	1908 7	59742	1935 76
Cidre en barriques.	Barriq. Hectol.	190 437	721 3	884 2033	3358 22
Fruits secs à cidre.	Décali.	»	» »	»	» »
E-de-V.au-d.ˢᵒᵘˢ de 22.	Barriq.				
Id. de 22 à 28.	Id.	963	15404 57	1035	16562 24
E.-de-V.au-dessus 28 etlʳ	Boutei.				
Huiles d'ol.et blanch.	Hectol.	99857	24964 68	85629	21407 82
Huiles végétˢ autres.	Id.	252631	25263 10	242933	24293 35
Bière de la ville. . .	Barriq.	1217	14001 20	1401	16108 15
Bière de bors ville.	Id.	2799		3222	
COMESTIBLES. Bœufs et vaches. .	Tête.	2927	73163 25	2736	68399 »
Veaux.	Id.	23205	69614 25	21900	65699 25
Montons.	Id.	22522	33782 85	21590	32384 52
Porcs.	Id.	7869	62953 60	8701	69605 20
Porcs de lait. . . .	Id.	1311	589 95	1485	668 25
Viande dépecée. .	Kilogr.	53024	7956 71	65293	9797 71
Poissons salés. . .	Id.	117129	11712 85	115947	11594 65
Harengs et sardines.	Baril.	2693	2693 42	2191	2190 84
Citr., limons, orang.	Caisse.	1767	3887 40	2898	6374 50
Fr.ˢˢ. comprisaman.	Kilogr.	74436	11165 84	95353	14303 45
Fromages étrangers.	Id.	195929	9896 60	184783	9239 25
Vinaigre.	Barriq. Hectol.	1305 3002	12405 95	1077 2477	10903 71
FOURRAGES. Châtaignes. . . .	Décali.	86336	4316 92	105488	5274 52
Foin.	Kilogr.	5869360	46954 88	5758800	46070 40
Paille et rouche. . .	Id.	1936300	13555 6	2428485	17000 34
Avoine.	Tonn. Hectol.	1545 23175	23162 11	1725 25875	25870 69
Noix sèches.	Décali.	16222	811 40	9147	459 55
Suif.	Kilogr.	82701	5789 39	76798	5376 12
Chandelles.	Id.	7065	706 45	6974	697 40
COMBUSTIBLES. Bois en bûches rég.	Cordes Stères.	12613 40866	49062 24	12434 40286	48361 12
Bois en bûches irrég.	Cordes Charr.	114 2876	277 96 1725 56	70 2366	169 62 1419 45
Fagots cotterets. .	Nombr.	919618	22991 24	893727	22343 99
Fagots boulangers.	Id.	868426	8684 26	847107	8471 7
Fagots dits curés. .	Id.	1642496	9867 90	1227524	7376 »
Fag. petits, à 1 ou 2 l.	Id.	834847	1255 31	702052	1055 62
Charbon de bois. .	Hectol.	68074	34037 30	76622	38311 67
Charbon de terre. .	Id.	159866	15986 70	177603	17760 42
DIV.ˢ MATÉRIAUX. Cire.	Kilogr.	5629	1125 70	6831	1366 10
Bougie.	Id.	401	160 30	643	257 20
Chaux.	Hectol.	59421	17475 53	59951	17522 49
Plâtre.	Kilogr.	2708543	16244 94	1984977	11890 41
Ardˢ, carˣ, tuil., bri.	Nombr.	5990190	8987 28	6651501	9978 42
Tuffeaux.	Id.	315794	3155 94	406365	4063 65
Savons.	Kilogr.	232416	27889 95	237841	28540 95
Fers et aciers. . .	Id.		16015 83		1079984 89
Caut. aux barrières.		»		»	
Produits bruts. . . .		Fr. 149164 8	1125843 39		1079984 89

RECETTES ACCESSOIRES. — OCTROI 1839.

Cautionnement des bestiaux.	7,300
Pesage des foins, pailles, etc.	2,886
Indemnité pour perception de navigation. . .	7,200
Loyer d'un ancien Bureau.	60

17446 89

Produits divers des Octrois de Nantes, de 1730 à 1784.

1730	1751	1760	1761	1762	1763	1764	1765	1766	1767	1768	1769	1770	1771
140000	188000	84966	75759	77742	129083	199230	176289	190891	177620	211337	217619	209018	225407

1772	1773	1774	1775	1776	1777	1778	1779	1780	1781	1782	1783	1784
245014	240640	239106	259234	254571	237346	223031	142665	133650	137258	211005	246176	268383

Les autres revenus de la ville consistaient en rentes, loyers de maisons et terrains appartenant à la ville, ferme de 4 deniers par pot de vin, pêcheries, ferme des moulins, etc. — En 1786, ces divers revenus s'élèvent à 68,000 livres.

Recettes totalisées des Octrois de Nantes et frais de perception, de 1799 à 1840.

La 1.re somme forme la recette brute; la 2.e indique le chiffre des frais; et la 3.e la recette nette.

OCTROI MUNICIPAL.			RÉGIE CUPIN.			RÉGIE INTÉRESSÉE.			
An 8. (*)	An 9.	An 10.	An 11.	An 12.	An 13.	An 14 100 jours.	1806	1807	1808
261462	376489	394730	508342	472314	581539	195187	690378	759312	778846
100000	104998	79444	49440	53262	82400	21293	75315	82834	93461
161462	271491	315286	458902	419052	499139	173894	615063	776478	685385

FERME SIMPLE.		GESTION MUNI.le	RÉGIE DES DROITS-RÉUNIS.				OCTROI MUNICIPAL.		
1809	1810	1811	1812	1813	1814	1815	1816	1817	1818
756000	756000	715426	716482	857179	847328	863494	869237	793723	820903
51666	56063	140000	74654	65951	115728	113027	104449	112745	135923
694434	699937	575426	641828	791928	731600	750477	764788	680978	684980

OCTROI MUNICIPAL.									
1819	1820	1821	1822	1823	1824	1825	1826	1827	1828
933279	958463	934649	911106	989486	1034520	989592	1072340	1124707	1200651
126295	127175	135239	127236	124770	126580	126621	129555	134651	137754
806984	831288	799410	783870	864716	907940	862971	942785	990056	1062897

OCTROI MUNICIPAL.										
1829	1830	1831	1832	1833	1834	1835	1836	1837	1838	1839
1104247	1040065	974671	1017118	1093547	1161795	1043651	1035999	1111143	1125843	1007984
137125	140252	121816	129742	132576	134184	135507	143992	144919	149164	
977122	99813	853855	887376	960971	1027611	908144	892007	966224	976681	

(*) Les ans 8 à 14 comprennent les années 1799 à 1805.

TABLE

DES MATIÈRES DU 2.ᵉ VOLUME.

DOCUMENTS DIVERS.

NOMS CITÉS DANS LE 2.ᵉ VOLUME.

Milton Keynes UK
Ingram Content Group UK Ltd.
UKHW050838261023
431376UK00009B/357